共生

互联网人才模式
重构、变革与红利

闫 伟◎著

人民邮电出版社
北京

图书在版编目（CIP）数据

共生：互联网人才模式重构、变革与红利 / 闫伟著
. -- 北京：人民邮电出版社，2017.2
（互联网+时代企业管理实战系列）
ISBN 978-7-115-44118-8

Ⅰ. ①共… Ⅱ. ①闫… Ⅲ. ①互联网络－影响－企业管理－人才管理－管理模式－研究 Ⅳ. ①F272.92-39

中国版本图书馆CIP数据核字(2016)第271844号

内容提要

互联网思维给企业带来组织变化，本书带领读者深入理解“互联网+”时代下，企业人才管理模式发生的巨变，掌握互联网思维下的人才培养逻辑、手段及方法。企业管理者只有转变旧思维，用创新的视角用好互联网人才，才能打造一支具有战略眼光和创新精神的互联网领军人才队伍。本书适合企业总经理、企业首席教育观、人力资源总监、培训总监阅读和学习。

◆ 著　　　闫　伟
责任编辑　冯　欣
责任印制　彭志环
◆ 人民邮电出版社出版发行　　北京市丰台区成寿寺路 11 号
邮编　100061　　电子邮件　315@ptpress.com.cn
网址　http://www.ptpress.com.cn

◆ 开本：700×1000　1/16
印张：18　　　　2017 年 2 月第 1 版
字数：247 千字　　2017 年 2 月北京第 1 次印刷

定价：49.80 元

读者服务热线：(010)81055488　印装质量热线：(010)81055316
反盗版热线：(010)81055315

前言

一个充满变革的时代正在开启，一个全新的数字化的商业世界迎面扑来，我们被卷入一场前所未有的伟大变革当中。这次变革给企业和身处在互联网时代的人才带来了巨大挑战，波及企业的方方面面，尤其对企业的人力资源冲击巨大：企业人才数量不足、质量不高、匹配度不足，人才缺口越来越大，人才危机不断加剧，优秀人才总是青黄不接，等等。这表明传统的人才模式已经过时了，无法吸引优秀人才。而人才是企业的“长寿秘方”，逐渐成为企业的关键竞争力。因此，传统的人才模式不得不改变，管理者必须将传统的人才模式变革为互联网人才模式。

随着互联网浪潮入侵到更多领域，我们生活的环境发生了翻天覆地的变化，随之引发了新商业世界的一系列变化。

首先，人们的工作方式改变了。某公司的业务经理告诉客户：“您无法与我们电话联系，请您发邮件！”如果你为这样对待客户的企业担心，说明你严重落伍了。事实上，邮箱、QQ、微信、微博等互联网媒体成为人们工作常用的交流工具。

其次，雇佣关系发生了巨变。终身雇佣制已成历史，被全新的自由雇佣制所取代。人才与 BOSS 之间的关系不再是简单的雇佣关系，而是同盟关系。BOSS 只有与人才建立互惠互利、共赢的关系，方可吸引、留住优秀人才，拥有稳定的人才队伍。俗话说，得民心者得天下。进入互联网时代，得人才者，方可得市场。

最后，在社交网络中，员工拥有了前所未有的话语权。这促使管理者变革人才管理的方式方法，更让管理者认识到友好对待人才的重要性，从而包容地解决人才离职的问题。朱莉·霍瓦斯是美国 GitHub 公司的一名女程序员，离职之后，在社交网络推特上，抱怨公司的大男子主义文化，被众多媒体高度关注和海量报道。结果，这引发了该公司首席执行官离职。显然，管理者不尊重员工，会招来不必要的麻烦。一旦遇上这样的麻烦，几乎没有一家企业能安然无恙地度过，往往会导致高管离职。互联网催生了一系列变化，这提醒管理者进行互联网人才模式重构刻不容缓。

互联网人才模式重构要从七大方面入手。

第一，确定人才重构的航向。它的目的是明确人才重构的目标，有 2 个核心要素：一是互联网时代的新型人才标准，二是互联网人才重构模式的核心目标。

第二，组织结构重构。它的目的是塑造互联网人才环境。俗话说，近朱者赤，近墨者黑。某企业家也曾说，好的人才环境能使庸才变成精英，坏的人才环境会让精英变成庸才。可见，环境深深影响着人才的成长，什么样的人才环境塑造什么样的人才。企业培养互联网人才离不开塑造互联网人才环境。

第三，人才招聘重构。它的目的是为企业引入联盟型人才。进行人才招聘重构，管理者需要掌握 4 个步骤：（1）弄清楚人才招聘困惑；（2）重组招聘流程，从源头把控人才；（3）掌握互联网时代的招聘新渠道——社交招聘、竞价招聘、人才众筹；（4）利用现有人才搜寻新人才。

第四，人才培养重构。它目的是做人才的“领航员”，有 4 个方面的内容：（1）互联网时代人才培养新思路；（2）企业人才培养的 4 个阶段；（3）用成长氛围促进人才自发自强；（4）引领人才突破“职业高原”。

第五，人才激励重构。人才激励是人才热情和忠诚的“催化剂”，它可以让人才成为企业内部“粉丝”。人才激励重构有三大措施，即薪酬奖励、鲶鱼效应和情感联系。

第六，人才管理重构。它可以帮助企业建设高效和谐的团队。成功的企业往往有一个与众不同的团队，而不仅有企业家。苹果公司的成功因为有创新的苹果团队，而不仅有乔布斯。阿里巴巴的成功因为有阿里巴巴团队，而不仅有马云。有人曾问比尔·盖茨："让你离开微软，你还能建立起一个微软公司吗？"比尔·盖茨说："只要让我带走 100 名工程师，绝对可以。"微软的 100 名工程师足以组建起一个优秀的技术团队。因此，我对比尔·盖茨的话深信不疑。这既强调了人才的重要性，又强调了团队的不可替代性和创造力。而高效和谐的团队对于企业的重要性更不言而喻。

第七，人力资源重构。它可以让企业在世代更替中保持持久动力。

我们广大的管理者针对这些新变化，进行人才模式重构，将会设计出全新的互联网人才模式。无论是大企业还是初创公司采用它都能高效地进行人才培养、建立起高效而和谐的团队。雇主可以将全世界的人才发展为自己的人脉、合作者和同盟军。优秀人才参透互联网人才模式，可将不确定的行业转变为可掌控的职业生涯，发掘未来职业成功的秘诀。

俗话说，适者生存，不适者淘汰。传统企业面对这场势不可当的互联网人才变革，只有唯一的选择，即主动地适应互联网的变革浪潮，方可避免颠覆。管理者、HR 和高级人才顺应互联网人才变革潮流，在未来的人才争夺战中，在激烈的人才竞争中，方可占据制高点，获得源源不断的优秀人才，打赢企业常青之战。

目录

第1章 互联网时代，人才危机来临

互联网浪潮席卷着人们生活的诸多方面，不断改变着人们的需求，进而改变着企业的业务，改变着企业的人才结构。例如，企业发展电商业务，需要电子商务的专业人才；企业发展互联网金融业务，需要既懂金融又懂互联网的复合型人才。企业向互联网发展模型转型，对人才有着巨大的需求。企业拓展业务、发展产业遭遇了前所未有的人才危机，尤其是高级人才，可谓是“一人难求”。企业领导者只有把人才视为企业的长寿秘诀，积极地变革人才模式，才能让企业成为互联网时代的主角。

1.1 人才是企业的“长寿秘方”

人才是企业之本。明白这个道理的企业管理者很多，而不折不扣落实“人才是企业之本”的管理者却屈指可数。百年老字号企业的管理者无不重视人才。

酱料王国“李锦记”是一家驰名世界的百年老字号企业，拥有近 130 年的发展历史。其第四代传人李惠民在清华大学演讲时曾说，无论是个人还是社会，能够可持续发展才是有意义的。李惠民重视企业的可持续发展。“李锦记”企业的确获得了持久发展，其管理者很重视“人才”培养。“李锦记”的第四代家族成员都曾远赴海外深造，回国之后利用自己的所长来大力支持企业发展。“李锦记”还设立奖学金，帮助中餐烹饪培养复合型人才。

中华老字号“同仁堂”根据人们对健康、保健、长寿等需求，开拓了中西药结合的研究领域，为了尽快出结果，一边借助科学技术，一边积极地通过同仁堂中医院和同仁堂学院培养出了一代又一代优秀的中医药人才。这成为“同仁堂”发展源源不断的动力，更是其成为享誉海内外老药铺的秘诀。

我们再看看阿里巴巴、百度、小米等发展快速且持续的企业，哪家不把人才视为企业的珍宝？

由此可见，人才就是企业的“长寿秘方”。

1.1.1　百年企业看人才

自古以来，得人心者，得天下。管理国家的道理同样也适用于管理企业。一个国家能不能富强关键看领导重不重视人才，有没有人才可用。一家公司具不具备百年企业的发展潜力，能不能成长为百年企业，同样要看人才。

人才是企业发展的原动力。企业只有有了人才才能不断地提高工作效率，才能跟得上“万众创新”的步伐。从来没有哪家企业不重视人才，还能获得持续发展的。那些持久发展、实力雄厚的企业无不重视人才，IBM 是其中最典型的一家。

IBM 是一家拥有百年发展历史的国际企业，它成立于 1911 年，位于美国纽约，其创始人是托马斯 • 沃森。它最初从事商业打字机业务，之后经营文字处理机，现在的主要业务是计算机和有关服务。IBM 的管理者很重视人才培养，并因此促进了业务飞速发展。它的业务覆盖了全球 160 多个国家和地区，员工突破了 30 万人。如今，IBM 成为全球最大的信息技术和业务解决方案公司。

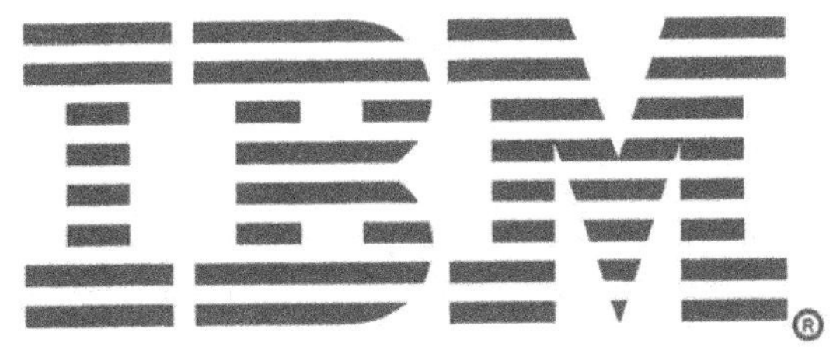

IBM 在发展的过程中制定了“智慧的成长”人才培养战略，“IBM 中国高校合作项目”是其中的一项内容。IBM 与中国 60 多所大学合作十余年，联手建成了 100 多个合作实验室和合作技术中心，25 个 IBM 技术中心。IBM 的管理者一直把人才培养视为 IBM 生态环境中的重要环节，十分重视“高校合作项目”。此项目提高了高校学生的实战能力，为 IBM 的持续发展输送了源源不断的优秀人才和创意。IBM 技术创新全球副总裁伯纳德 • 梅尔森（Bernard S. Meyerson）博士认为，云计算、大数据等新技术的应用将促使企业“智慧的成长”，而“培养和重塑新人才”就是“智慧的成长”人才战略成功不可或缺的因素。

IBM 的管理者重视人才，IBM 人才辈出，使 IBM 拥有了持续的生命力。如今 IBM 拥有 105 年的发展历史，一直是计算机产业的领导者。这得益于 IBM 的管理者坚持不懈地重视人才、培养人才。其他企业管理者、创业者要实现百年企业梦想不妨向 IBM 学习人才培养经验。

IBM 的人才培养包括 3 种类型：第一类是新入职的员工培训；第二类是卓越领导人培训；第三类是培养接班人，为企业储存后备力量。

第一类是新入职的员工培训。新员工经过 IBM 的员工培训体系这个“染色机”最终会变成 IBM 需要的“新蓝”。IBM 的新员工培训往往是根据职位属性分为两类：一类是行政管理人员培训；另一类是销售、市场和服务人员培训，这是企业的主力军培训。

行政人员先经过两周培训，然后跟着指定的“师傅”，一边学习一边工作，这有利于新员工快速熟悉工作。

与行政管理人员培训相比，销售、市场和服务人员培训不仅时间长而且强度高，他们的培训分两步完成。首先，接受 3 个月的集中培训。其次，回到岗位上学习 6 ～ 9 个月的业务。而应届大学生会有 4 个月的全面培训。管理者进而根据他们的能力安排职位，让老员工与他们分享经验。IBM 的管理者会一直关注应届毕业生的成长情况，想方设法地帮助他们成长。

在这 4 个月里，应届毕业生要经过 3 个阶段的考验——考试、解决方案销售培训、学以致用，才能真正成为 IBM 的员工。

第 1 阶段，考试。每天学习完就考试，考试的后几名就会被淘汰掉。

第 2 阶段，解决方案销售培训。它由教授解决方案的知识和销售技巧两部分内容组成。新学员需要做大量的模拟客户拜访的练习。在练习的过程中，由 IBM 的资深销售员、销售经理扮演客户，学员扮演 IBM 的销售代表，这种练习便于学员熟悉销售流程，尤其是拜访客户的流程，如图 1-1 所示。

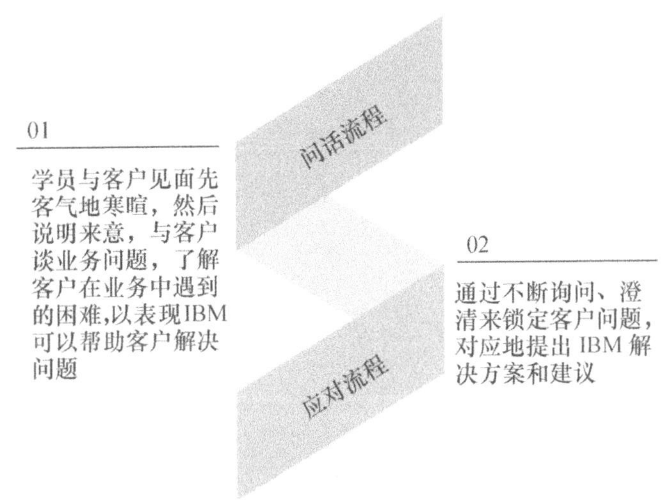

图 1-1　学员拜访客户的两个流程

这个阶段对学员的意义最大，可以让学员懂得如何分享彼此的领导能力，如何共同协作。

第 3 阶段，学以致用，进一步使用之前学到的知识和技能。每一位学员熬过这三大考验，就会发现自己有明显的变化。经过严格的培训，IBM 获得了需要的人才。

第二类是卓越领导人培训。IBM 培养领导者对事业的热情、突破性思维、协作能力、组织能力、带人能力，并通过问卷形式评估管理者，促使管理者主动与时俱进。

第三类是培养接班人，为企业储存后备力量。IBM 制订优秀人才计划，不断地从自己的人才队伍中选拔顶尖人才，还通过“长板凳接班人计划”（指 IBM 的管理者必须确定自己的岗位 1 ~ 2 年内的接任者和 3 ~ 5 年内的接任者，每一个重要的岗位都设置两名替补人员）为企业的重要职位培养接班人。成为接班人的候选人有两个绝佳的学习机会：一是可以做总经理等高级管理者的特别助理，向高级管理者学习；二是可以接受量身定做的技能培训，从课堂上学习。

企业坚持不懈地重视人才、培养人才和发展人才，方可满足企业对人才的不断需求，在竞争不断加剧的市场中获得持久的发展。可惜的是，大多数企业对人才的重视、培养远远不够，在发展中不可避免出现人才危机。

IBM 的发展告诉我们，只有重视人才的企业才能获得持续发展，才能晋升到百年企业的行列。所以，创业者要从创业的那一刻起就有人才意识，就要重视人才，坚持不懈地吸引人才、培养人才、珍惜人才和爱护人才。

而那些轰然倒下的企业表面上是管理出现了问题，归根到底是缺乏具有创新思维的人才。如今很多知名手机商因诺基亚的衰落受到了深深启发：企业缺乏创新的人才，就会像诺基亚一样，从成功的巅峰摔下深渊。全球最著名的智能手机公司苹果的 CEO 蒂姆 · 库克居安思危，他曾预言，苹果不培养创新人才，不大力创新，就会重蹈诺基亚的覆辙。这警示所有的手机市场的竞争者，要想不被市场淘汰，要想获得更持久的发展，需要快马加鞭地发展创新人才。

企业想要获得长久、持续、健康的发展，万万不能没有优秀的、懂高科技的、创新的人才。创业者在创业的最初都拥有百年企业的梦想，但是他们很多并不知道百年企业成功的关键。数不胜数的企业经过实践告诉我们，百年企业成功的关键就是人才，百年企业关键看人才。

1.1.2 人才成为企业的关键竞争力

企业的外部环境越来越不乐观，人口老龄化严重，适龄劳动力持续紧张，市场竞争不断加剧，跨界竞争者防不胜防。在这样的形势之下，企业想发展，仅靠政策、投资等已经行不通了。企业要富强要走科技创新的道路，就离不开人才。毫不夸张地说，未来哪家企业拥有高级人才，就拥有竞争力，未来企业与企业之间的竞争将演变为人才与人才之间的较量。

一家创业公司要成功，一家企业要不断做大做强，不能没有竞争力。一家企业要实现自己百年企业的伟大梦想，就要不断地提升企业的竞争力，尤其是关键竞争力。而很多企业的发展证明人才成为了企业的关键竞争力。

一家企业在某些领域有着顶尖人才，往往能大幅增强企业的关键竞争力。苹果公司以创新起家，创新是苹果公司发展的动力。苹果的创始人乔布斯是一位具有超级创新能力的人才，他凭借创新思维，带领苹果公司跨界发展，进军智能手机市场，大获成功。他重视产品研发，并带领自己的创新团队，不断地创新产品。苹果公司因为拥有超群的创新人才，在智能手机市场上迅速地攻城略地，成为了智能手机的领军者，长期统领着智能手机市场。

乔布斯在苹果公司深陷困境的情况下重回苹果公司。引发苹果公司危机的原因是之前的领导带领苹果团队在专有技术道路上一条路走到黑。这给乔布斯敲响了警钟。1997年，乔布斯重新执掌苹果，当机立断地改革苹果公司，不再一味地追求技术创新，而是带领苹果朝着消费类电子产品方向发展。这样就可以在市场中抢到先机。乔布斯重返苹果，以临时总裁的身份召开了第一次高层会议，他身穿短裤和运动鞋，留着一脸胡子，坐在旋转椅子上，严肃地质问道："告诉我哪儿出了问题？"大家不仅不敢正视他的眼睛，甚至连气都不敢出，全场鸦雀无声。乔布斯立即从椅子上跳起来吼道："是产品！那么，产品又出了什么问题？"仍旧听不到回答声。乔布斯再次暴跳如雷地喊道："是产品！产品一点也不性感！"熟悉互联网的乔布斯坚信只有拥有好产品，拥有创新的产品，企业才会有未来。事实证明，这是对的。乔布斯执掌苹果的时候，苹果不断地追求好产品，不断地创新产品。于是，每一款苹果产品都俘获了用户的心，成为了经典，让苹果成为了全球第一大智能手机品牌。

很显然，苹果公司的兴衰与乔布斯密切相关，更准确地说，乔布斯的创新能力直接决定着苹果公司的命运。乔布斯在世的时候，每一款苹果手机都会令果粉赞不绝口，畅销全球。苹果公司成为盈利能力最强的科技创新企业，甚至被称为"苹果王国"，苹果公司成为了全球最富强的公司之一，成为所有企业效仿的楷模。其他企业如果能有乔布斯这样出类拔萃的创新人才，就不用担心研发不出创新的产品、令用户尖叫的产品，就会在产品同质化严重的市场中不断胜出，抢到更大的市场份额。可以说，人才是企业竞争的筹码，企业拥有的人才水平越高，企业的竞争力越强。

乔布斯成了"创新"的代名词。乔布斯带领苹果走向辉煌。苹果要想继续辉煌，有一条现成的路，就是把创新进行到底。

传统营销人才在“烧钱”的前提下为企业创造财富，而互联网营销人才可以以低廉的成本或零成本为企业创造财富。因此，互联网营销人才决定着企业的竞争力。移动互联网创业公司小米近两年产品销量不尽如人意，业绩还被竞争对手华为超越了。这虽然受供应商、智能手机市场行情、小米发展速度放缓等因素影响，但不可否认其也与小米的营销天才黎万强暂时告别小米公司有较大的关系。

2014 年年底小米辉煌的时候，黎万强宣布暂别小米一年。其中的原因不得而知。但是，黎万强离开小米的这段时间，小米手机的销量增加乏力，小米的新产品一再推迟发布，小米的市场发生了翻天覆地的变化。小米手机 2015 年的预计销量为 8000 万～ 1 亿台，结果出货量仅为 7000 余万台。2015 年年度旗舰小米 5 一直出不来，发布时间比计划晚了半年多。2015 年小米手机在国内市场上的霸主地位被华为夺走了。

黎万强离开小米的这段时间里，小米的竞争力不增反降。这说明企业发展离不开顶尖的营销人才的全力支持。小米的成功得益于抓住了移动互联网大好商机、开创了互联网营销渠道等，一个较为重要的成功因素是黎万强开辟的互联网营销渠道。黎万强开创的互联网营销渠道为小米节省了很多广告费用、店铺租金，是小米手机低价的基础。可以说，没有零成本的互联网营销渠道，“高配置低价”小米手机不可能诞生，小米手机不会深深吸引众多智能手机用户，也不会获得飞速成功。互联网营销大师黎万强离开小米一年的时间里，小米丢掉了中国智能手机销量的桂冠，这表明顶尖营销人才对企业的发展很重要，人才逐渐成为企业的关键竞争力。

人才能使企业快速成功、富强起来。这启示我们，企业要想富强起来，一定要重视人才、网罗人才。因为人才在竞争中发挥的作用越来越重要，人才逐渐成为企业的关键竞争力。

1.2 人才危机，企业人才模式不得不变

无论是一个城市的发展还是一家企业的发展，都与其拥有的高级人才数量、人才模式息息相关。一家没有高级人才的企业很难拥有强大的竞争力，一家人才模式不合理的企业很容易被淘汰掉。企业遭遇人才危机，一个主要原因就是其人才模式不合理。因此，企业想早日摆脱人才危机，必须改变人才模式，这是企业发展的最好出路。

改变企业人才模式，我们需要关注三大要素（图 1-2）：**第一，人才数量；第二，人才质量；第三，人才匹配度**。这也是人才管理的维度。如果我们抓住这三个要素来改变企业的人才模式，将会看到人才辈出、充满竞争力的企业。

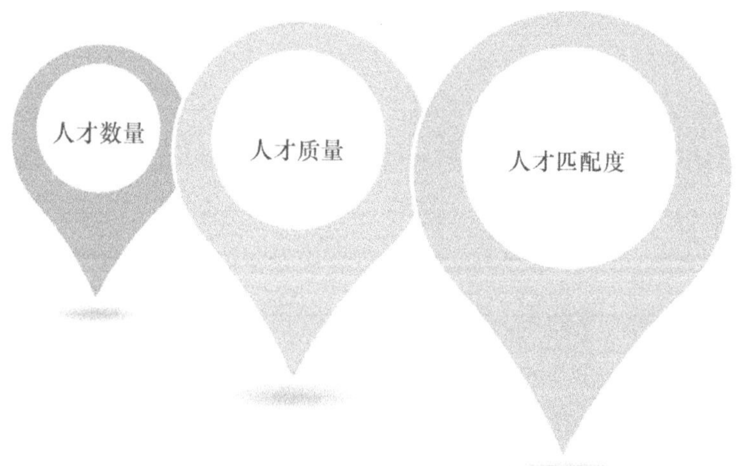

图 1-2 改变企业人才模式需关注的三大要素

1.2.1 数量不够，人才都去哪儿了

移动互联网、大数据、云计算等新科技的发展，促使人才结构变革，企

业对从事重复工作的员工的需求越来越小，甚至不需要，因为机器人可以代替这些人。企业对技术型人才、管理型人才和科技创新型人才的需求越来越大，但此类高需求人才严重数量不够。那些长期不重视培养技术人才、管理人才的企业遭遇了前所未有的人才危机。

很多企业专业人才的数量严重不够，为了顺利经营下去，只好寻找挂靠的人才，这样做风险很大。某集团有限公司的注册建造师数量不够，为了顺利经营下去，在社会上寻找了 9 名一级建造师来解决公司的建造师数量不足问题，这为企业的发展埋下了隐患。

2014 年，湖北省住房城乡建设厅在资质动态核查中，发现了某集团有限公司的注册建造师数量没有达到房屋建筑工程施工总承包一级资质标准要求，并给予了该公司 3 个月的整改期。但是整改期满后，该公司的注册建造师人数仍然不够。同年 11 月 24 日，湖北省住房城乡建设厅拟撤回该公司房屋建筑工程施工总承包一级资质。一个月后，该公司向湖北省住房城乡建设厅递交书面陈述“注册建造师人数达标了”。湖北省住房城乡建设厅经过审查，发现该公司与新补充的 9 名注册建造师没有劳动合同关系，最后以该公司注册建造师数量不够为依据，于 2015 年 10 月 21 日撤回了该公司的房屋建筑工程施工总承包一级资质的行政许可，还依法撤销了这 9 名建造师的行政许可。

该公司受到这么严重的行政制裁便无法经营下去，这归根结底是由其人才数量不够造成的。在 3 个月的整改期内，该公司没有解决注册建造师人数不够的问题。可见，不只它一家企业此类人才数量不足，整个行业该类人才数量也不足。最后该公司为了正常经营，采用不正当手段找了 9 名注册建造师，很不幸，它的不法计谋被湖北省住房城乡建设厅快速识破。结果是该公司和这 9 名注册建造师受到了最严厉的制裁，都失去了行政许可证书。该公司因为专业人才数量不足，最后无法经营，这个教训不可谓不惨痛。

对于其他行业的企业来说，遇到人才数量不足的困难，也许不会这么快就无法经营下去，但是它们的命运是一样的。所以，企业管理者在变革企业人才模式的过程中，不可忽视人才数量不足的问题。

在适龄劳动力不断减少的背景下，很多企业管理者开始正视人才数量不足的问题，他们一边感叹“人才都去哪儿了”，一边思考解决的办法。很多企业的首选办法就是从外界高薪挖人。一场大范围的人才危机寒流袭来，大企业、科技企业受到了巨大挑战，他们一边不断地从优秀的企业挖人，一边又成为被挖角的对象，它们的人才危机在短时间内无法解决，很苦恼自己的人才数量远远不够。

金融业、高科技产业、农业、零售业、通信业等行业纷纷遭遇人才数量不足的人才危机。互联网金融浪潮汹涌而至，互联网金融公司如雨后春笋般涌现，这一现象立即掀起了高端人才争夺战，金融人才、高科技人才严重短缺，就连应届毕业生都是“一人难求”。这都因为互联网金融机构数量不断增加，并呈现出持续增加的趋势。2016 年互联网金融机构可达上万家，按照每家企业配置 5 个职位来计算，互联网金融的人才需求数量也相当巨大。大型的互联网金融机构往往需要补充上百人，甚至数百人，例如，网贷之家计划招聘 500 名的应届毕业生。而互联网巨头阿里巴巴、京东等企业也正在为自己的互联网金融业务铺路，大张旗鼓地招聘与金融业务相关的人才。

所以，普通的互联网金融企业遇到了严重的人才危机，即使开出高薪也很难抢到熟练的人才、名校的好学生。大部分新兴的互联网金融企业一边从传统的 IT 行业和金融行业挖成熟人才，一边在名校抢好学生。互联网金融的成熟人才很吃香，平均月薪高达 5 万元。然而，普通的互联网金融企业仅凭高薪还不能快速吸引人才，补足人才数量。

许多互联网金融机构深深地感受到了人才危机，于是不惜打出期权牌、薪金牌来吸引名校的学生，结果还是没有抢到名校好学生。好学生仍然被巨头企业抢走。金融行业的人才局面，仍然是普通金融人才一人难求，高端金融人才一将难求。互联网金融机构的管理者不禁慨叹“人才都去哪儿了”！

随着越来越多的投资主体涌入商业地产，每年新增的商业项目约上百个，而商业地产并没有专业人才，商业地产面临很大的人才缺口。财大气粗的地产商往往走捷径，即以高薪为诱饵从上游的零售企业挖人。

一位商业运营公司的总裁曾经抱怨道：“我们公司准备提拔一个经理为总监，还没来得及提拔，就被商业地产企业挖去担任项目总经理。我们公司的这位经理月薪6000元，而挖走他的公司竟然开出了6万元的月薪。”而零售业中的管理人员常常能接到猎头的挖人电话。商业地产商为了挖人还真舍得花钱。国内发展最快的商业地产的总裁在他们的年会上曾表示，每年会支付猎头1亿元费用。商业地产商万科为了挖走广州某百货公司的首席运营官，开出了高达200万元的年薪。

在商业地产商的高薪抢人大战之中，零售企业只能眼睁睁地看着自己辛辛苦苦培养起来的人才流失掉。长此以往，这将造成零售业的人才断层，将会给零售业留下严重的后遗症。面对商业地产企业的疯狂挖人，零售业将如何生存？这不得不令零售企业家们时刻忧虑。

企业要解决人才数量不够的问题，除了挖人、招聘应届毕业生，还可以招聘一些社会成员，按照企业需求对他们进行专业培训，这可以在短期内解决企业人才数量不够的问题。

1.2.2 质量不高，企业缺乏革命性人才

现在的企业普遍面临人才危机，不仅人才数量不够，人才队伍得不到有效补充，而且人才质量也不高，尤其是创新人才、科技人才等革命性人才很缺乏，这严重制约着企业的发展。

很多行业在发展的过程中会遭遇发展瓶颈，往往是因为人才质量不高。

会计领域从业人员数量不少，但是缺乏高端会计人才。金融领域人员数量也不少，但缺乏完整运作项目的人才。在热门的云计算和大数据领域，人才质量更不用说了。总而言之，很多行业缺乏全能人才、尖端人才、创新人才、革命性人才，其中最缺乏革命性人才，导致企业工作效率、效益上不去。

企业人才匮乏已成普遍现象，不仅人才数量不足而且人才质量不高。而企业的大部分利润是高级人才创造的。若企业的人才队伍中长期缺乏高质量人才，企业发展将会举步维艰，入不敷出，甚至走上破产的道路。因此，管理者一定要重视企业的人才质量，殚精竭虑地提高企业的人才质量。

随着“一带一路”战略、纺织服装产业带动就业等政策的东风吹来，纺织服装企业发展持续升温，并得到了很多投资者的投资，很多上市纺织企业热情高涨地到新疆投资建设纺织服装企业。但是，纺织服装企业遇到了巨大挑战，即缺乏高质量的高端人才。这将影响刚刚在新疆站稳脚跟的许多纺织服装企业的发展。

纺织服装企业的管理者一致认为缺乏高端人才是万万不行的，他们高度重视高级专业人才。

新疆德汇集团董事长钱金耐曾感慨地说：“新疆纺织服装产业人才缺口很大，其中高端设计型人才严重短缺，要打造国际纺织服装产业新高地，就亟待突破人才瓶颈。”

刚刚在新疆投资建厂的克州希望服饰有限公司也遇到了专业人才匮乏的困难。该公司的总经理王绪学情绪低落地表示，招聘专业人才很困难，留住专业人才更加不易。一线纺织工人可以手把手教，在短时间内就能上手；但是印染、设计等人才无法在短时间内获得，只有高学历、有经验的专业型人才能胜任这些工作。

纺织服装企业缺乏高水平的设计、印染人才，已经严重制约其发展，引起了管理者的高度关注。大多数纺织服装企业管理者认识到了人才质量不高对企业发展的危害，开始积极地寻求解决办法。我们经过深入探究，找到了 2 个有效措施。

第一，高薪聘请高级人才。市场竞争异常激烈，若不快速出手就会被对手抢走商机。因此，企业需要快速获得有利于发展的高级人才。事实上，对于创业企业来说，这个方法很奏效。

和田霸丽穆商贸有限责任公司在发展的过程中发现员工的技术水平低下，无法适应国内外市场需求，其董事长乌布力艾散 • 乌布力喀斯木经过一番痛苦的抉择，最后决定从纺织发达的浙江嘉兴寻觅高质量的技术人才，以年薪 30 万元招聘到了两名高级技师，并委以重任，担任公司设计和技术指导。此措施虽然增加了企业的成本，但是最终回报大于投资。其董事长表示：“在高级人才的支持下，企业取得了事半功倍的效果。”此措施常常用来解决企业对人才需求的燃眉之急。

第二，加强现有员工的技能培训。这是一个漫长的过程，但是可以解决企业对高质量人才的持续需求。新疆纺织服装企业的当务之急是抓紧时间培养一批适应新疆纺织服装产业需求的高端人才，这样方可驱动纺织服装产业实现飞跃式发展，再续丝绸之路的辉煌。

很多大企业在前进的过程中会遇到发展瓶颈。此时往往是现有的人才水平已经不能满足企业的发展，缺乏敢于大刀阔斧改革的人才。此时，企业要想快速地冲破发展瓶颈，就要从人才着手，想方设法地提高自己的人才质量，激发人才的创新、改革潜能，使自己的团队成员早日成长为革命性的人才，快速地提高工作效率，为企业的发展不断地开创出新的天地、新的发展空间。

1.2.3　匹配度不足，企业留不住人才的心

人才流失在每个企业都会发生，很多企业习以为常，老员工离职，再招聘新员工，年复一年。当企业遇到发展的好机遇，需要增加人才的时候，才

发现根本招聘不到现成可用、忠心追随企业的人才。企业花高薪挖来的高级人才，往往在几个月之后，又被其他企业挖走了。企业的招聘管理者们不得不开始思考为什么自己的企业总是留不住人才的心。我们经过长期的调查研究找到了企业留不住人才的根源——人才匹配度不足。

很多招聘管理者费了九牛二虎的力气招聘到了满意的人才，结果没多久就遇到了很多头痛的问题，主要有三类问题。

第一类，新入职的员工快速适应了企业文化环境，工作能力也达到了企业的要求，然而却不能与团队成员友好相处，不能与领导合拍，进而选择离职。

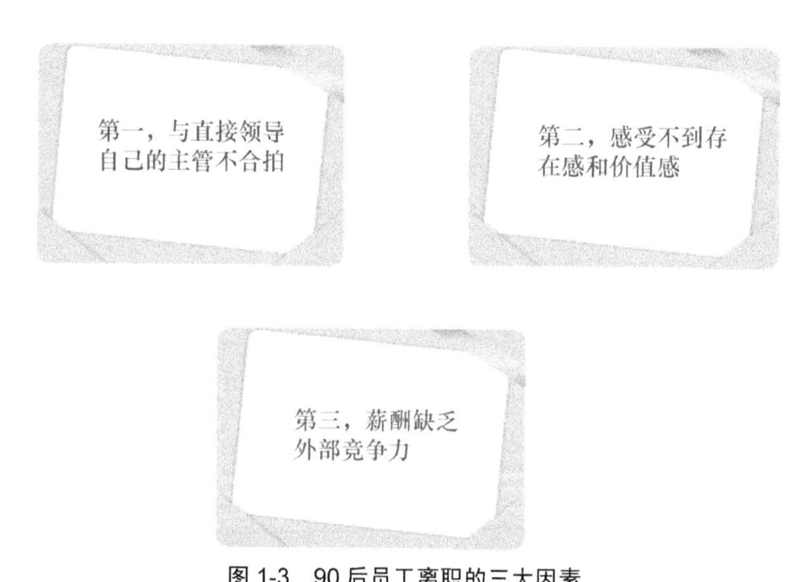

图 1-3　90 后员工离职的三大因素

很多企业员工离职是因为与直属领导或老板不合拍。在众多的离职人员中，90 后是主力军。调查显示，90 后离职的首要原因是与直接领导自己的主管不合拍。2015 年 11 月，权威第三方机构北京众达朴信管理咨询有限公司发布了《2015 年厦门薪酬管理白皮书》。该报告是通过对厦门地区 200 多家企业进行调研得出的，总结了企业员工离职的原因。厦门企业员工离职的原因排在第一位是薪酬缺乏外部竞争力，第二位是个人发展前景，第三位是福利津贴。而 90 后离职的原因排在首位的是与直接领导自己的主管不合拍，第二位是感受不到存在感和价值感，第三位是薪酬缺乏外部竞争力，如图 1-3 所示。

90 后小文是某公司的互联网运营，工作了 6 个月，她向自己的直属陶主管提出了辞职申请。有个规定，辞职员工必须写 500 字的辞职信。小文在辞职信中坦诚地写了自己的辞职理由。第一条，受不了陶主管给他们洗脑。无论是部门例会，还是聚餐，陶主管一遍又一遍地给他们洗脑，说的都是工作上的事情。有一次部门聚餐，陶主管让大家点完菜，然后开始谈论工作的事情，菜上全了也不张罗大家吃，继续讲会议上老生常谈的设定目标、责任感、价值观、年轻人要自觉加班等内容。一直讲到小文爱吃的大虾都凉了，大家没胃口，陶主管还没让大家吃饭的意思。从此，陶主管提起部门聚餐，大家都打心里不愿意去。第二条，陶主管安排任何任务都表示十万火急，强制要求员工快速完成，从来不关注员工的想法、需求。第三条，员工工作强度很大，大部分员工每天加班加点才能完成工作。陶主管还举办周读书会，命令员工一周读一本书并在读书会上谈读书心得，这令小文和大部分员工叫苦连天。

可见，小文离职，缘于与直属主管在部门聚餐、工作方式、部门活动等方面不合拍，小文无法认可陶主管的管理工作方式、团结员工的方式、促进员工学习的方式，最终做出了离职决定。陶主管看到小文的辞职理由，也许会不舒服，但是这确实值得他思考。陶主管部门人才离职，与他本人的管理方式有关。他在管理员工的过程中只考虑自己的工作，而不考虑员工的真实想法、不关心员工。于是，员工无法适应他的领导方式，感受不到的他的关怀，工作不久便想着逃离陶主管的“魔掌”。所以，管理者想留住人才的心，要多了解员工的想法，努力与员工合作。

第二类，新入职的员工工作能力和经验都令人很满意，但是入职之后因

为“水土不服”，往往未“满月”就提出离职请求。

第三类，新入职的人才品德好具有亲和力，与团队关系很融洽，但是入职之后迟迟找不到感觉和位置，能力发挥不出来，绩效上不去。

在普通人的印象中，董事长应该是企业的最后一位辞职者。但是，在新三板领域，董事长辞职成为了一种现象。数据显示，截至 2016 年 3 月 4 日，提交辞职报告的新三板公司董事长高达 82 人。我们来看一个新三板的董事长辞职案例。

曹刚担任展唐科技董事长。展唐科技在新三板市场上规模很大，年营业收入不低于 5.4 亿元，但是展唐科技公司的利润不尽如人意。2014 年亏损达到了 6000 万元，日子越来越难熬，很多供应商上门讨债。董事长曹刚压力巨大，无力扭亏为盈，提出辞职。最后，他 64 岁的阿姨接替了展唐科技公司的董事长职位。

不只展唐科技董事长曹刚因为绩效上不去而辞职，大多数新三板公司的董事长辞职也是因为这个原因。

很多企业高薪挖来高管，并把高管当作孙悟空，要求这些高管既能上九天揽月，又可下五洋捉鳖。试想这样的高管到底有没有？可以肯定一点，这样的高管寥若星辰。很多新入职的高管，往往在这样的高要求下，无所适从，找不到用武之地，痛苦不堪，选择“逃离”。

企业遇到这样的问题，往往因为在招聘的过程中未做到全面系统地考察应聘者，只顾考察应聘者的情况，而忽视了对应聘者与企业的情况相结合的考虑。这使招聘管理者很难找到与企业密切匹配的人才，还为企业的发展埋下“人才匹配度不足”的隐患，进而导致企业投入大量人力、财力招聘进来的人才，还没有享受到人才的回报就流失掉了。这无疑加大了企业的经营成本，不利于企业的长远发展。

这启示我们企业管理者要正视人才危机，要快速改变招聘策略，以企业的人才需求为基础，细致地筛选最优秀的人才转变为选择最合适的人才。而那些与企业文化、岗位、领导匹配度很高的人才，才是企业的合适人选，留下来的概率才会高。也只有这样，企业才能彻底改变留不住人才的心的现状，早日告别人才危机。

第2章 固定航向，明确人才重构模式目标

“互联网+”时代，人才的角逐越来越激烈，企业普遍遇到了招不到人才、留不住人才的问题。企业要想获得更多人才，必须明确自己需要什么样的人才，积极地变革自己的人才模式，刻不容缓地重构人才模式。企业重构人才模式，需要把握一个大的原则，固定航向，明确人才重构模式目标，并从两个方面做起：第一方面，熟悉互联网时代的新型人才标准；第二方面，明确互联网人才重构模式的八大核心目标。

2.1 互联网时代的新型人才标准

不同的时代，企业对人才的需求不一样，人才的标准也是不相同的。人才标准大致有 3 种，即资本论、相对论和进化论。

在工业时代，管理者考核人才的关键标准就是“资本论”，即资格和本领。在 PC 时代，管理者考核人才的关键标准是“相对论”。“相对论”观点是，每一个人的优点和缺点都是相对的，常言道“骏马能历险，耕田不如牛；生才贵适用，慎勿多苛求”。总而言之，相对论最看重人才的胜任力，主张把合适的人安排在合适的职位上。在移动互联网时代，管理者考核人才的关键标准是“进化论”。“进化论”这种观点很重视人的成长和发展，要求人才具有前瞻判断能力和对未来的洞察力，还要求人才具有快速适应新环境的能力、创新变革能力和不断学习的能力。简言之，“进化论”注重人才的潜力，因为潜力决定了一个人的发展高度。潜力大的人，将会成长为顶尖的人才。

由此可见，时代变了，人才标准也随之发生了变化。互联网时代是一个全新的时代，需要全新的人才，即对人才又提出了新的标准。互联网新型人才标准有 3 个主要内容：**第一，互联网时代的人才分类；第二，互联网时代的员工角色；第三，互联网时代的领导者角色。**

2.1.1 互联网时代人才分类

巨人集团的创始人史玉柱曾说："我们绝对属于过得好的 5% 的企业。"巨人集团之所以收益很好，在于他们有顶级的研发人才，在于史玉柱重视研发人员。他说："我们的研发人员可以在公司仰起头走路，他们对企业的贡献最大，是公司最受尊重的人。"他很重视研发人才，2016 年春节后，云游三年的他回归巨人开始工作，亲自抓研发，并宣布给研发人员平均涨薪 50%。这立即成为企业界、互联网界的头条新闻。由此可见，创新人才对企业很重要。难怪一些企业把研发人才称为企业的英雄，顶礼膜拜。

到了互联网时代，企业不仅仅需要研发人才，还需要其他类别的人才。我们根据人才的行为，把互联网时代的人才划分为 6 类（图 2-1），即互联

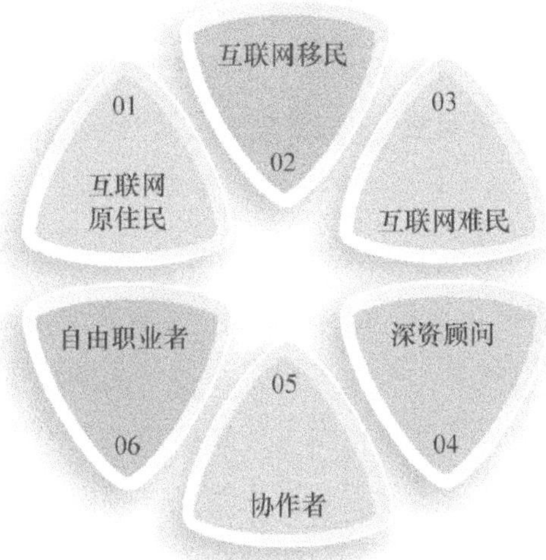

图 2-1 互联网时代的 6 类人才

网原住民、互联网移民、互联网难民、资深顾问、协作者、自由职业者。其中互联网原住民、互联网难民、协作者属于 3 种基本人才类型，互联网移民、资深顾问、（年轻的）自由职业者是这 3 种类型中间过渡时出现的人才类型。

我们之所以这样划分人才的类型，有两方面的原因：**一方面是这样可以避免过分强调心理学的价值，以及与此相关的所有风险；另一方面这种分类方式看重的是不断发展的数字化进程和新的工作形式，对互联网商业时代的领导者进行管理非常重要。**

在互联网时代，无论是大企业、小微企业的管理者，还是其他组织机构的领导者，都需要与这几种类型的人才密切打交道。因此，我们很有必要了解这些类型的人才，以便与他们更好地交流、合作。俗话说："知此知彼，百战不殆。"这样管理者在与这些员工合作的过程中能掌握主动权。

1. 互联网原住民

互联网原住民是时代的新生力量，其主要有 3 个特征。

（1）**一直在寻找新的职业机会，时不时会收到新的职位邀请。**但是，对新职位要求很高。首先考虑的是发展空间、自组织、个人自由，而不是高收入。对预先设定好的职业计划毫无兴趣。

（2）**是真正实现互联网化、全球化的第一代，能更深刻地理解文化差异性。**具有 2 个优势：一是善于站在对方的角度上考虑问题，二是在更大范围内发展人与人之间的合作关系。

（3）**重视生活质量，相对于财富来说，更看重幸福。**为了追求丰富多彩的工作，喜欢不断地更换职位。形成了学习—创造—生活的价值世界。渴求知识，善于聆听他人的意见，拥有开放的心态，善于推销自己，会在脸书等社交媒体上很好地展现自己。自我优化是其生活目标，协作的自组织是他们的生活方式。著名的人力资源顾问埃里斯 • 高德里克很欣赏这类人才，他认为，这类人才并没有想着少做事，他提倡企业应该力所能及地帮助这些人。

互联网原住民在这样的环境中形成了分享与参与、平等和自组织、透明和诚实、合作而非对抗、创造性与快速反应，对话和相互影响的价值观，这样的价值观会对其未来的工作产生深远的影响。

2. 互联网难民

互联网难民指没有接触过互联网的人们，仍然认为领导者应该指示每一位员工，指明要做每件事情，员工唯命是从，只需要认真地完成工作任务即可。在这样的思维下，这些人缺乏远大的抱负，工作的动力来源于恐惧，害怕受到惩罚，缺乏独立思考能力。互联网来了，这些人变成了难民，得从头开始学习如何独立工作和独自承担责任。因为从来没有接受过这样的教育，也没有过这样的锻炼。

3. 互联网移民

互联网移民属于互联网原住民与互联网难民中间的一代，是这两代人之间的桥梁。互联网移民指 1980 年之前出生的那一代人。有的是自觉了解快速发展的数字化趋势，有的则是被迫的。对模拟世界和数字世界都熟悉，互联网原住民与互联网难民合作出现问题，其就会主动调解。

事实上并不存在固定的互联网移民，也很少存在互联网原住民。现实中，不少年龄大的人很时尚，很熟悉数字化；可是有些年纪轻轻的人思维保守僵化，并不熟悉数字化。例如，工作中，他们的电脑出现新故障，第一时间就会找计算机中心的服务人员来修理；他们使用的电脑出现新东西，会直接找计算机中心的服务人员处理。当然，人们在生活和工作中与数字化紧密联系，这才是最重要的。总体来说，互联网移民利用数字化还远远不如互联网原住民得心应手。

互联网移民害怕与数字化失去联系，对数字化的领域并不熟悉，这给他们的生活和工作带来了很大压力。值得庆幸的是，一些先进的企业为互联网移民努力创造了两条平等的晋升之路，**即管理之路和技术之路**。这又被业界人士称为“双轨制”，**即专业的人才晋升为领导并不一定是最佳的出路**。很多企业认为把做出业绩的人提拔为领导者就是对人才的最好奖励，因为领导的收入丰厚、地位高。如果业绩优异的人选择当领导者，往往需要放弃他们擅长的事情，而去做自己并不擅长的事情。其实，有利于企业和人才的做法是，**管理者应该让那些擅长与人打交道的人晋升为领导者，为那些专业人才提供更大的发展空间、更好的待遇**。这样企业的人才才不会为了增加收入而只盯着那屈指可数的领导职位，才不会处心积虑地争夺领导职位，从而能够专注地做自己擅长的事情。

4. 协作者

一家企业中的大部分员工将会成为协作者，即在一定的时间内在某一家企业内工作。例如，李先生是一位律师，他为数家企业当法律顾问。他每个月的第一周要到 A 公司工作，第二周要到 B 公司工作，第三周要到 C 公司工作。**协作者具有游刃有余处理项目、委托人和工作地点之间关系的能力**。他们的休闲时间和集中工作时间不固定，经常变化。协作者往往借助代理人、网络、自己创造的平台来实现自组织。

这一变化对企业的领导任务和管理工作提出了新要求。企业管理者要扮演协作者，必须在最短的时间内把这些独立的员工调动起来，鼓励他们，驱动他们创造更大的价值。这要求企业具有良好的反馈体系和畅通的沟通体制。这 2 个要素是给企业评分的重要标准。企业只有在薪水、环境、公平方面得高分，才会吸引驰名全球的项目经理。例如，很多企业与自己的供应商合作，但诚意远远不够，未来一切都是公开、平等的，企业不拿出诚意，将会失去优秀的供应商，甚至孤军奋战。

未来学家斯温认为，一个顶级的项目经理是否会接受一个项目，有 3 个决定性原则，如图 2-2 所示。

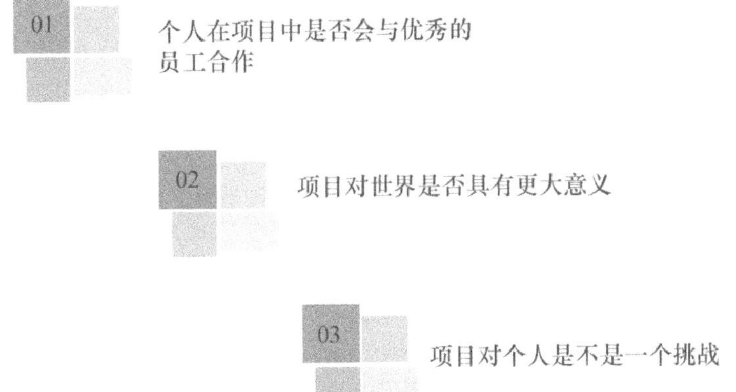

图 2-2　一个顶级的项目经理是否接受一个项目要遵循的 3 个决定性原则

我们认为完成项目很有效的一种方法就是把具有不同经历的优秀员工汇聚在一起，这就离不开协作者这样的人才。可见，优秀的团队成员、有意义的项目、有挑战的项目才能吸引顶级人才。更具体地讲，**与优秀的人才共同完成某项工作对顶级人才具有深深的吸引力**。

互联网时代是英雄退位的时代，人们仅靠个人力量完成某个项目的可能性越来越小。一个项目往往需要数位团队成员合作来完成。要促进这些人密切合作，离不开协作者这样的互联网新型人才。

5. 自由职业者

在“大众创业、万众创新”的潮流中，很多人开始追逐自己的创业梦想，一个人的小微公司不断涌现出来。那些传统的自由职业者如企业咨询师、税务咨询师、律师、建筑师大都建立起了单人公司，产生了很多自由职业者和知识型员工。自由职业者主要从事咨询、创意、在线营销、软件开发工作。因此，他们也可以称为协作者。因为他们在一定的时间内为某家企业工作。他们中不少人凭借短期工作和实习了解了企业的内部情况，并且他们往往在读大学的时候就创立过小公司（如雷军在大学的时期创立过三色公司，开发汉卡），他们对传统公司和自由职业了如指掌，进而选择从事自由职业。然而，他们在工作的过程中有时候也会签订没有固定期限的工作合同，但是他们仍然一心向往自由，不断地追求独立自主的职业。

知识型员工是不断发展的网络经济中拥有知识的高素质员工。他们存在的价值是他们正在创立一个就业市场上的平行空间。知识型员工可以分为 2 类，如图 2-3 所示。

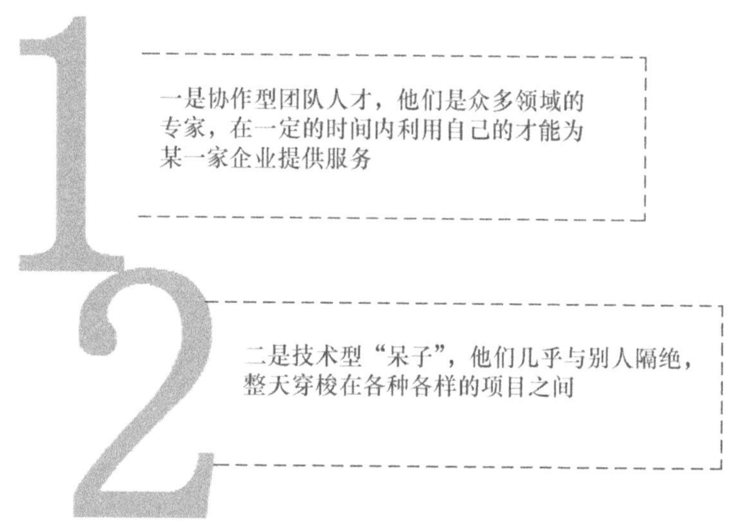

图 2-3　知识型员工的 2 种类型

女性逐渐成为了自由职业的主力军。在过去，女性会受到不公正的待遇，往往每周工作 70 个小时，甚至要承受骚扰和焦虑。女性越来越无法忍受低廉的报酬、不公正的待遇。她们凭借自己受过的良好教育，开始在自由职业中大展身手。她们为了丰富自己的生活和增加自己的收入，开始做一些简单的兼职工作。有了发达的互联网、移动互联网的支持，更多女性可在自由职业中获得成功。

需要强调一下，**自由职业者必须看清未来有着非常大的不确定性，尤其收入会出现波动**。这是自由职业者不得不正视的风险。

自由职业者会与投资者、导师一起共事，在虚拟的网络或者合作场所实现自组织。他们成功的原则就是“协作取代竞争，共存取代对立”。这正符合共赢的合作原则。无论是企业与员工，还是企业与企业、员工与员工，无法实现共赢，就无法合作。他们的工作逐渐被“项目化”。这样的工作形式对优秀的人才很有利，优秀的人才可以在项目中充分展现自己的才华。成功的项目都会拥有星级、分数、排名，自由职业者要在公开、透明的商业环境中获得成功，必须不断地塑造积极的形象，因为这将成为新的商业资本。

6. 资深顾问

资深顾问人才的走俏告诉我们经验很重要。资深顾问往往从一个经验丰富的职业领域退休，然后从事自由职业。

乌尔斯是一位资深的房地产顾问，已经退休，但是他很不安分，仍然对房地产行业很关注，并了如指掌。于是，银行定期委托他评估苏黎世湖边黄金海岸的房地产。他的经验使他能够准确地判断出房地产的价值。他说，迄今，任何电脑程序都比不过他的经验。

的确这样，当人们有了这样的经验，具有了关键能力，就会成为某领域令人顶礼膜拜的资深专家。精通互联网先进技术的互联网原住民却没有这个能力。

资深顾问将成为年轻人最受欢迎的导师。数据显示，33% 的人渴望找到一名资深顾问当自己的导师。资深顾问会成为潜力股。例如，一些资深顾问可以准确地判断出互联网难民还会在哪些领域发挥作用。

很多行业、企业开始聘用年纪很大的员工，就是看中了他们的经验，因为这些经验在互联网上根本找不到，只根植于人们的大脑之中，能让人对事物产生直觉。直觉是一个人在不同的生活阶段的所有感情经历的综合。人们的大脑对策略、认识、方式方法、行为方式积累得越广博，就会想出越好的解决方案。在始终伴随着不确定性、事物越来越复杂的互联网时代，资深顾问无疑是企业的核心人才，可为企业的发展保驾护航。

在处理紧急事情的时候，资深顾问的经验能最大限度地确保决策正确、快速实施。这些资深顾问凭借自己的丰富经验，敢于对大项目做出决策，企业的大项目不能没有他们。毕竟，在大项目上，决策一旦错误，会给企业造成不可估量的损失。资深顾问常常能指引企业实现目标。

资深顾问的决策往往靠的是直觉。直觉比理智具有显著优势。直觉比理智的反应速度快得多，直觉即时出现，理智按照一定的顺序连续出现，相对慢。研究指出，在做复杂决定的时候尽量不要反复考虑，最好按照灵光出现的感觉做决定。这提倡人们利用直觉做决策。有位著名的作家（汉斯·马格努斯·恩岑斯贝格尔）说："大决定靠直觉，小决定靠头脑。"这都表明经验丰富的资深顾问将会成为人才市场中的香饽饽。

2.1.2 互联网时代的员工角色

互联网上无奇不有，未见过面的员工与主管开始在社交媒体上点对点进行交流。

A 公司的员工在自己的博客中对新的生产主管进行了详细点评。这位还没有正式入职的新主管回复说，几周之后，他就会到 A 公司入职，出任新的生产主管。但是他现在还为老东家服务，所以一直没有被正式介绍给 A 公司的新同事。

这位新主管的老东家也会看到这些信息的。此信息会对这位新主管的老东家、新东家产生影响。无论这些信息是有意爆料的还是无意而为的，说明新媒体很容易让人们犯下草率的错误，也说明每一位员工都可成为企业的"发言人"。

YouTube 上有一段视频，某电信公司的财务总监 Y 先生，在公司股东大会上说："我们用什么办法辞掉多余而且不干活的员工？"他并没有意识到，此话被记录下来并上传到了 YouTube 上，引起了员工的公愤。员工纷纷发表自己的不满，此视频的点击率不断飙升，该视频成为了关注焦点，媒体详细地报道了此事。这家电信公司的形象一落千丈，该财务总监也被迫引咎辞职。

可以说，在互联网时代的璀璨舞台上，每一家企业都在"裸身"表演。"裸身"表演，自然需要保持好"身材"。这就要求企业的领导者应该与员工保持合作、友好关系，应该保持正直、谦逊的形象，来增强自己的对外影响力，为企业的形象加分。企业内部不好的现象、领导的不好行为会被员工毫不留情地批判，对企业失望的员工也会在网上不断诉苦。这就有可能影响企业的形象。所以，在这样的情况下，企业要想方设法地维护企业形象。因为，在互联网上，口碑不好的企业，会加大人力资源部门招聘的难度，也会导致企业在将来争夺优秀人才的战争中失败，或者需要支付更高的薪水招聘人才。所以，只有那些设身处地关怀员工的企业才不会有此遭遇。

员工在企业中的话语权越来越大，在企业中扮演的角色也越来越多了。互联网时代，员工有 3 个新角色（图 2-4），即积极的推荐者、HR（Human Resource，人力资源）之外的招聘者和企业网络人格的塑造者。

图 2-4　互联网时代员工的 3 个新角色

1. 积极的推荐者

粉丝级别的员工是企业积极的推荐者。小米企业发展了这样的员工，获得了飞速成功。研究者称，企业能从员工那里得到的宝贵品质除了努力和忠诚，再就是积极的推荐。企业员工在工作之中或者工作之外，积极主动地向身边的人推荐自己的企业品牌、产品，就是在帮助企业创造价值。

人们只有对企业、产品都很满意的情况下才会向自己周围的熟人推荐企业和产品。因为你的推荐能给别人实惠，会让你结识新朋友。如果你推荐的产品无法满足他人的需求，别人就会认为你在推销产品，甚至认为你欺骗了他们，这会为自己树立敌人。接受你推荐的人，往往信任你，一旦你推荐的产品和实际效果不相符，你就会面临失信的风险。可见，员工每一次推荐企业和产品，需要以自己的声誉为赌注。员工自觉当企业的推荐者，足以说明员工对企业的忠心。

企业要将自己的员工发展成为积极的推荐者，需要从 2 个方面做起，**一方面是为员工创造优越的工作环境；另一方面是给员工提供一些充满趣味的话题，这能激发员工主动地在自己的社交网络上分享企业的产品**。

管理者策划话题要具有故事性，这样员工更愿意分享，因为大部分人都喜欢故事。企业策划话题需要把握 3 个原则。

第一，企业应该多说自己的长处，少说自己的缺点。积极的形象更利于深深吸引潜在员工和客户，成功的故事才能够激励人心，人们更愿意传颂它。

第二，企业要努力寻找积极的话题，推出员工引以为荣的内容。

第三，最重要的是让员工传播有趣的、有用的、重要的内容，其次才是自我展示。内容中可以出现企业名称或产品，仅仅作为内容的所有者的身份出现。我们策划话题的目的是激发人们对企业感兴趣，提高人们对企业的信任。这样才能把目标群体的眼球吸引到企业的品牌或产品上。接下来，考虑传播话题的方式，常用的方式有讲故事、视频、演示、图示、图画和专业文章等。当然，讲故事的方式备受人们喜爱。微软的管理者曾经策划了一个话题，以故事的方式向人们展示。

微软的创始人比尔·盖茨的故事有很多，其中有一个与微软招聘有关的故事被人们津津乐道：微软的猎头团队瞄上了一位很有发展潜力的年轻学子。他不仅学业很优秀，而且利用课余时间创办了一家小公司，并把公司经营得有声有色；他还积极地参加学校举办的各种体育运动，并获得了令人羡慕的成绩，尤其是他对社会公益活动很热心。猎头团队立即把这位年轻学子推荐给了比尔·盖茨。比尔·盖茨对这位年轻学子很欣赏。大家猜比尔·盖茨接下来做了什么？比尔·盖茨亲自给这位学子打电话，诚恳地说："我是微软的负责人比尔·盖茨，诚邀你加入微软，不知道你愿不愿意？"从此，此事被传为佳话，并成为了人人愿意讲愿意听的故事。

像这样原创的招聘故事会被很多人传颂，能使企业品牌得到广泛传播。很显然，这个招聘故事向人们展示出了微软的领导求贤若渴、尊重人才的正面形象。这无疑为微软的品牌镀了金，为微软的形象加了分，为微软争夺更优秀的人才做了有效的宣传。员工看到这样的故事，会为自己在一个重视人才的企业而引以为荣，并向自己身边的人津津乐道自己所在的企业。管理者策划的话题若能吸引更多的人谈论，就是一个很成功的话题，从而会轻松地营销企业品牌，也会吸引有潜力的应聘者。

管理者要做有创意的活动，切忌不要抄袭，一定要坚持原创。如果你花了很大功夫策划一个和别人类似的活动，那么等待你的将是冷嘲热讽，而不是掌声和赞美。员工自然不会愚蠢地拿自己的声誉做赌注为企业积极推荐。

调查显示，即使员工对企业满意，也不会立即想起来积极地推荐自己的企业，所以管理者要想办法来提高员工推荐的积极性，常用的方法有10个，如表2-1所示。

表 2-1　管理者提高员工推荐的积极性常用的 10 个方法

序号	方法
1	系统地收集成功的故事，策划一个栏目“每天一个成功故事”，在公司内部的网络上发布出来
2	在每天的例会上，先讲一个成功的小故事，并请员工继续传播此故事
3	在公司的内部网络上，发布尽可能多的成功的员工招聘活动故事
4	在接待处、茶水间等地方摆放电视，播放别人在网上发表的积极评价
5	利用内部邮件下面的签名空间，宣传每天成功的故事
6	如果在企业的网上发布招聘信息，可以主动请求员工定期发表评论，对职位信息点赞、分享
7	在企业的网站上设置所有重要网站的社交媒体（微博、微信、QQ 空间、人人网等）链接，来增强传播效果
8	在招聘页面以及其他网页上设置推荐链接，邀请员工转发企业的招聘信息
9	发布一些数据，告诉人们员工推荐比其他招聘方式具有明显优势
10	请求有微博账号的员工在自己的微博上链接企业的招聘信息，让所有有求职意愿的人都可以通过这个链接了解企业的职位信息

于是，对企业满意的员工会积极地推荐自己的企业，在线上或线下主动地分享、传播企业的信息。企业获得了很多积极的推荐者，犹如获得了许多免费且高效的信息宣传员，再也不用费尽心思地营销企业。

管理者想让员工通过社交媒体推荐企业，必须遵循一个基本原则：**把每一个社交活动都结合起来，采用最简单的传播方式，即员工只需点击一下鼠标就可实现活动信息的分享、传播**。无疑，这会让更多的员工成为企业的积极推荐者。

2. HR 之外的招聘者

很多上规模的企业设有老员工推荐新员工制度。大企业待遇比较好，员工流动性小，通过这样的方式补充员工更可靠，也更省时、省力和省钱。现在，招聘压力越来越大，许多企业管理者开始鼓励老员工为企业推荐新员工，取得了不错的效果。

其实，最有效的招聘方式不是招聘广告、精美的宣传册子和其他专业招聘手段，而是动员粉丝级员工、可信的推荐人、积极的支持者参与企业招聘。粉丝级员工、可信的推荐人、积极的支持者是招聘事业新旧道路上的桥梁。他们最具有说服力，企业需要投入的费用最低。他们能够有针对性地为企业的某一职位或团队物色到合适人选。他们不仅免费为企业招聘人员，而且效果很不错。

在招聘领域，HR 或管理者动员老员工推荐人才，往往可以产生显著的招聘效果。老员工推荐的新员工往往是最适合企业的，他们能够快速适应企业、进入工作状态、融入角色，且工作更长久、更积极、更有效率，同时会积极地当企业的宣传员。此外，研究显示，优秀员工推荐的人选往往与其类似，具有高效、忠诚、积极等品质。良好的员工推荐的人选与其水平也相当，以此类推。所以，管理者应该大力鼓励优秀的员工推荐人才，这样可让企业获得源源不断的优秀人才。

管理者决定借助老员工推荐新员工，需要明白 6 项内容：**(1)明确“员工推荐项目”的招聘比例和其他招聘的招聘比例；(2)明确“员工推荐项目”的应聘者投完简历多长时间得到答复，以及其他招聘所需的时间；(3)明确“员工推荐项目”进来的新员工辞职比例，以及其他招进来的员工辞职比例；(4)明确“员工推荐项目”进来的新员工通过试用期的比例，以及其他招聘的员工通过试用期的比例；(5)明确“员工推荐项目”进来的新员工成为新的推荐者的概率；(6)明确哪个员工会继续成为推荐者、成功概率和推荐效果。**

这可以让管理者制定合理的推荐措施，有效地增加推荐数量，控制应聘者的质量。这是企业未来招聘的必经之路。在互联网时代、社交媒体时代，企业要追求极致。这要求企业在人才方面必须争夺顶尖的人才，顶尖的人才是最宝贵的资源。所以，管理者需要快速建立专业的推荐管理系统，它将会在高端人才招聘中起很大作用。

老员工扮演HR之外的招聘员的现象越来越盛行，很多企业开始赋予员工这一角色，并鼓励老员工来当HR之外的招聘员。就连银行也鼓励老员工推荐新员工，效果令人很满意。

德国汉堡人民银行开始借助自己的老员工的力量来寻找新员工。该银行的人事部经理A先生告诉所有的员工一条好消息："请各位与潜在的新员工积极地建立联系。如果你联系到的应聘者与公司顺利地签下了合同，你将获得惊喜。成功推荐一名新员工，你就可以免费驾驶2个月汉堡人民银行的迷你敞篷跑车。"

老员工听完都兴奋不已，纷纷表示此措施好。很多老员工殚精竭虑地为企业推荐新员工，争取此特权，因为他们觉得开着公司的车是一种至高无上的殊荣，让自己很有面子。银行管理者也很愿意让更多的老员工享受此福利。一方面，银行的车行驶在路上可以产生营销效应；另一方面，驾驶此车的老员工也会在社交网络上分享自己开公司跑车的信息，包括图片、视频、文字等。就连审计部门都很欢迎这项措施，因为这个举措使他们核算成本更加简单。当然受益最大的是人力资源部门，这种方式招聘进来的员工稳定，容易留得住。

人事部经理A先生说："4年内总共补充了89名员工，其中18名是老员工推荐进来的，所占比例约20%。这段时间内，工作一年半左右离职人员共28名，仅有1名是老员工推荐进来的，而且离职原因是需要更换工作城市。老员工推荐进来的其余17名员工在公司工作很积极。尤其是推荐者工作表现进一步提高了，更加忠诚于企业了，将会成为誓死追随企业的粉丝级员工。"

由此可见，推荐引进的员工工作稳定，忠于企业，不仅会成为企业独当一面的人才，而且会成为誓死追随企业的人才。

人力资源管理者想通过推荐获得更多、更优秀的人才，必须要会运作员工推荐项目。

运作员工推荐项目需要掌握 6 个步骤：第一步，要把线上和线下的活动联系在一起；第二步，制作一份清单，把必要的内容解释清楚；第三步，把项目的全部信息都上传到企业的内部网络上，并明确参加这个项目的目标群体，可避免收到不合适的推荐；第四，开通微信或微博，为员工提供分享经验的平台；第五，指定联系人，实时更新空缺职位；第六，定期公布项目成果，表扬优秀的推荐人，鼓励更多的员工参与项目。

为了让更多的目标群体参与到员工推荐项目中来，管理者需要采用必要的激励措施，主要有金钱、诱人的培训机会、带薪年假、为推荐人举办集体庆典、梦幻旅行的抽奖等。

管理者通过老员工推荐新员工，网站上宣传的信息一定要真实，否则所有的激励都不会奏效。M 公司的管理者告诉自己的员工，成功推荐一名新员工，可获得一个月工资的奖励，结果石沉大海。原因是网上标榜的年终奖、领导文化并不存在，与实际情况完全相反。谁愿意把自己的熟人拉近火坑呢？可见，并不是每一家企业都能够让员工成为 HR 之外的招聘员。企业要想通过这样的方式降低招聘成本、获得优秀的人才，要努力内外兼修，先让自己成为一家优秀的企业。

如果企业确实不错，管理者还需要让员工心甘情愿地推荐新员工，决不能逼迫老员工。俗话说，强扭的瓜不甜。管理者强迫员工推荐新员工，就有可能收到不合适的被推荐者。一旦被推荐者知道其中有金钱利益，就会不信任推荐者，即使留下来，他们也无法友好相处，不利于团队合作。

被推荐者成功入职之后，管理者还需要给推荐者提供反馈意见，让他知道推荐效果。管理者不妨对推荐者说，你的朋友是一个很擅长与人相处的人。推荐者也会对被推荐者反馈此内容，彼此都会感谢对方，有利于合作。最重要的是，这能促进被推荐者成长为优秀的推荐者。企业将获得持续不断的 HR 之外的招聘员。

3. 企业网络人格的塑造者

一些喜欢上社交网络的员工，在社交网络上口无遮拦，大事小事、快乐不快乐的事情都会一股脑地分享出来，甚至一些员工直接吐槽自己的领导。在脸书上，只要搜索“我的老板”关键字，你就会看到很多雷人的帖子，例如，“我的老板是个动物学家，整天张口闭口喊我们猪、驴！”“我们的老板是个大混蛋，今天我们老板盛气凌人地让我给他冲杯咖啡，冲完之后，我气急败坏地朝里面唾了一口口水！”这样的内容往往会吸引很多用户的评论，很快成为网络的热点，最终使媒体盯上企业，为企业带来不必要的麻烦。

可见，**员工对企业的影响力越来越大。他们决定着领导的声誉、企业的形象，他们是市场上的传话筒、信息员、舆论制造者**。最令企业担心的是，员工在社交网络中的不经意的话语，会给自己和企业带来意想不到的后果，会被媒体顺藤摸瓜抓住企业的把柄。可见，员工在网络中的一言一行都会深深影响企业的网络人格。在社交网络盛行的年代，员工又有了一个新的角色，即企业网络人格的塑造者。

企业将员工发展成为企业网络人格的塑造者，需要从 2 个方面做起。

第一，企业要制定社交媒体准则。首条准则就是让员工在社交媒体上言行正确。由员工自己制定社交媒体准则，这样会得到员工高度认可。员工会规范自己在社交媒体上的行为。很多员工喜欢在社交媒体上发表积极的内容，他们都想给大家留下一个好印象，因为他们明白没有人会喜欢一个吹毛求疵的人。这对企业来说是一个好消息。只要企业正确引导，给员工自由发表言论的平台，员工的言行迟早会让企业受益。

有一条通用的原则就是告诉员工不要做愚蠢的事情，即员工可以在企业内部批判，个人观点仅限于私下表达，一定要保守企业秘密。谷歌的社交媒体公关经理说：“谷歌的员工可以在社交媒体上评论谷歌对外公布的所有信息。”言外之意就是，员工不能在社交网络上谈论企业的“秘密”。我们还必须明白一个有用的原则，即网络不能解决矛盾。

企业的媒体公关经理也无需一味地提出禁令。人们在社交媒体上往往想展示自己的正面形象。于是，员工在社交媒体上发表言论就会塑造出正面的企业网络人格。企业的媒体公关经理应该鼓励员工在社交媒体上谈论企业，还应该让员工明白自己的一言一行都代表着企业，这会让更多的员工成为企业的免费宣传员。

为了避免员工在社交媒体上发表一些不妥的言论，社交媒体经理应该对新入职的员工进行培训，让他们熟知社交媒体准则，还应该关注他们在社交媒体上的言行，一旦发现某员工言论不妥，一定要保密处理，以免扩大负面影响。

第二，明确社交媒体经理的职权。社交媒体经理既要鼓励员工在社交媒体上谈论企业，落实社交媒体触点，又要在网络中实时监控、分析参与、创造与企业相关的内容，控制社交风险。

社交媒体经理的责任是，坚持不懈地倾听网络中的对话，敏锐地捕捉人们的观点，尤其要监督离职员工在网络中的评论观点。社交媒体经理要具备专业能力，遇到不利于企业的对话，要以通情达理的态度、以记者的敏感度、以非商业性的内容快速终止对话；他们要快速响应用户提出的问题或者请求；他们还需要创造符合目标群体利益的新内容来活跃论坛。

然而，社交媒体上的一些对话并不是用户的本意。

三星的粉丝曾经在网络中发表了一个话题："如果你要去一个荒岛上，只能带一个电子产品，你会带什么呢？"此话题很快就获得了19000个回复，内容清一色是苹果手机。这个回答并获得了46000次点赞，2500次分享，态势继续蔓延。

三星粉丝发表的这个话题本无褒贬，他原本想让人们回答"三星手机"，但事与愿违。很显然，此话题无意中推广了三星的竞争对手——苹果品牌，给三星品牌带来了一定的负面影响。因此，社交媒体经理一定要制定应急预案，以确保利用网络提升企业形象，而不是损害企业形象。

由于互联网的速度非常快，企业的好消息坏消息都会快速传播出去，遇到突发事情的时候，社交媒体经理不可能有时间等待上级的决策。因此，企业要授予社交媒体经理特权，使其可以与任何部门独立联系，可以拥有决策权。当然，很多企业员工利用社交网络可以为企业创造意想不到的价值。

"黑疫苗"事件在网络中继续发酵，成为了每一位网民热议的话题。此时，惠装的员工在微博上也进行了评论，"'黑装修'和'黑疫苗'同样令人讨厌，惠装要结束装修暴利时代，让你的装修费用立即降低40%。"

此评论吸引了很多用户的关注。惠装的员工通过较简单的传播方式，获得了非常好的传播效果，让众多网民认识了惠装品牌，无疑很好地塑造了企业的网络人格，大幅提升了惠装品牌的影响力。员工成为企业网络人格的塑造者就这么简单。

2.1.3 互联网时代的领导者角色

在传统员工的眼中，领导者发号施令、无所不能，是一个"硬汉"形象。随着年轻员工越来越多，员工中互联网原住民不断增加，管理者继续用这样的领导方式就很难开展工作。员工的结构发生了巨大变化，要求工作关系、领导文化也随之发生变化。领导者开始由发号施令的"长官"转变成了"仆人"，由英雄、全能之士向教师转变。研究表明，领导和变革相辅相成，变革改变领导，领导促进变革。基于此，我坚信领导角色改变已成趋势。

那些迷恋权利，一切以结果说话的"暴君"面临灭绝的危险，因为没有人愿意为残暴的人工作。企业急需新一代的领导人才出现（过去领导者就是管理者）。领导者有了 3 个新的角色：**催化剂、促成者和关注客户者**（**或者**

以客户为导向的领导者）。这样的领导者能率领员工推动企业发展，开创企业的美好未来。

面对新型员工，若还采用专制管理方式，会处处碰壁。不通过指导和知识进行管理又会怎样呢？这样的领导者会这样进行管理：他们简单地要求结果的特定水平，你必须这样（一切以数字为标准）销售 N 元或 N 件，这样去研究、传播、节约、搜集或收获！当员工问道：“我们应该怎样做？”他们会轻描淡写地说：“这取决于你自己！”然后，这样的领导者就急急忙忙地赶着参加下一场会议。这样的管理我们称之为“领导型管理”，这样的领导者并不是我们追寻的管理人才的领导者。这样的领导者只适合高知识型员工，其他类型员工面对这样的领导者会感觉到很无助，因为他们缺乏网络、过硬的知识功底，根本没有学过这些。

“一招吃遍天下”的时代过去了，同理，一位领导仅凭借一种领导风格的管理时代也过去了。如今，领导者要根据不同类型的员工随机应变地调整自己的领导策略，方可笼络住每一位员工的心。这就要求领导者最好修炼多种领导风格，来应对不同类型的员工。如果某企业的老板宣称自己的企业只有一种领导风格，那么这个企业很难获得好的管理效果、留住优秀人才。

现在的工作模式越来越多样化，不少员工的工作模式不再是朝九晚五，不再是每周必须工作 5 天，不再是每天必须到办公室工作。甲企业的员工说，他们的工作核心时间是 11:00 ～ 13:00，忙完了可以提早下班。乙公司的员工说，他们旺季的时候连轴转，淡季的时候一周只工作 4 天。丙公司的员工说，他们的工作都可以通过网络完成，为了节省办公空间，他们平时都在家办公。这多亏移动互联网为人们的工作带来了很多自由，同时也节省了企业的办公空间。

工作越来越自由，员工愿意把私人时间贡献给企业，一些企业也开始把工作时间还给了员工，工作关系更加和谐了。

现在的领导者需要面对 10 种工作模式的员工：（1）**每天来公司上班的员

工；（2）只是偶尔来到公司的员工；（3）全职员工；（4）兼职员工；（5）签订固定劳动合同的员工；（6）签订短期劳动合同的员工；（7）承担艰巨工作任务的员工；（8）以低工资完成低难度工作的员工；（9）参加固定团队合作的员工；（10）频繁更换项目的员工。很显然，他们的领导情况变得很复杂了。他们要做好现有的领导工作，需要积极地转变领导方式、领导角色。现在的领导者要学会扮演催化剂、促成者和关注客户者这 3 个角色，如图 2-5 所示。

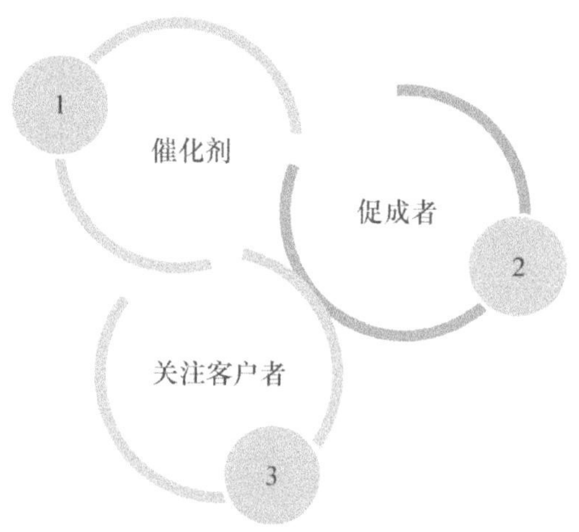

图 2-5　互联网时代领导者的 3 个角色

1. 催化剂

领导者往往在一家企业从小到大的发展过程中发挥着催化剂的作用。这样的新型领导者，就像化学实验室的催化剂，能够加速实验进程，并且可以全身而退。他们热情洋溢，用自己的热情感染员工，能激发员工的热情；他们总能毫不费力地激发员工的创意。所以我们称他们为催化剂。

催化剂是企业领导层中最有洞察力的人，是企业中有创造力的革新者、出色的联系人和核心人物，是人们愿意敞开心扉交流的朋友。

催化剂以什么样的方式领导工作？催化剂通常以两种方式领导员工。

第一种，鼓励方式。他们不会给予员工严格的指令和压力，他们会引导员工工作并给他们良好的建议。

某企业的总经理 G 先生经常会对员工说："我们很信任各位，大家只要订购真正需要的物品，订购单就不需要找我签字！"即使在经济不景气的时候，总经理 G 先生也不会严格限制员工开销，而会充满号召力地说："我并不想要求各位把一个钱掰成两个用那么节俭，但是大家一定要明白在预算紧张的情况下如何活下去。"总经理 G 先生善于集思广益，他会邀请众多的员工讨论企业的做法，他听到了全新的看法，一些员工说出了他从来没有听说过的一些不经济做法。无疑，这对他改进工作具有很大参考价值。

他引导员工只订购必需品，他建议员工节约，而不是强迫他们如何做。这会消除员工的抵触心理，能获得员工的好感、大力支持。总经理 G 先生就是新型的领导者催化剂。在这样的领导方式下，员工和团队仍然承担责任并接受着监督。

领导者（业务流程经理）以这样的领导方式运作项目，在项目启动之后，最关键的是要用自己的热情和积极性来推动项目继续运转。当每一位参与的员工能够互相尊重，获得发挥才能的相应空间的时候，这个项目就不需要领导者投身其中了，领导者就可以随时从项目中撤出，并不会影响项目的进展。在项目运作的过程中，这样的领导者就扮演着催化剂的作用，促使项目中的每一位员工互相尊重，为每一位员工创造发挥才能的空间。这样领导者可以静候项目成功的佳音。

在这样的领导方式下，员工好比球员，催化剂需要确定比赛场地，即员工活动的空间，这个空间不能太大也不能太小。催化剂会不断地为员工提供帮助，只有在突发情况下才会干预员工。催化剂只要改变错误的领导文化，并经常收集员工的反馈意见，就能使项目正常地运转直至项目成功。

在项目的运作过程中，人们需要不断地讨论 5 个问题：（1）**上次事件之**

后我们取得了那些成就？（2）下一步的计划内容是什么？（3）特别成功的事情是什么？（4）碰到了什么困难？（5）下次怎么改善？

于是，参与项目的员工都能坦诚地、很顺利地交流。他们能快速灵活地采取行动，再也不须等待上级的指令。整个团队可以灵活地关注市场的变化以及客户的不同需求。团队中的每一个成员都信任他人、友好协商和自负责任。

第二种，支持员工的自组织。催化剂重视员工，不会使员工焦虑，能使员工更自信，从而主动为企业做奉献。催化剂除了重视员工的知识和能力，还很重视通过人文关怀和亲切友善手段来打造团队。催化剂不仅要求自己做事坚持不懈，充满雄心壮志，而且要求团队成员和自己一起成长，于是催化剂带领的团队能够高效运作起来。

催化剂提倡想成功的人应与朋友相伴，而不是与敌人同行。他们明白企业要实现自己的员工与客户友好相处，**首先企业要善待员工**。因为创造力只有在愉悦和放松的氛围中才会产生，创造力是企业未来的核心资源。不安的情绪会传染给每一位员工，进而使员工形成难以相处的性格，不利于合作，不利于提高业绩。而微笑和爱可以赶走人们内心的恐惧，让人们的思维更活跃，心情愉悦，更有可能产出智慧的点子。传统的领导者不断地给员工施加压力，不能容忍产生错误，他们属于过去的商业世界。催化剂则不断地为员工创造健康的工作环境，不断地促进团队中的自组织。**他们用赞赏员工来代替批评员工，积极打造创新、交流、平等的工作氛围**。催化剂具有超强的预见性，是企业成功的驱动器，是企业决胜未来的不可或缺的人才。

催化剂具有三大要素，**即极高的情商，明显的机会视角，出色的营销才能和卓越的客户关系**。

（1）**具有极高的情商**。催化剂会根据自己的社交能力对形势做出最佳的判断，并确定最佳的措施。他们代表着企业的利益，并拥有良好的人际关系。他们很重视建立关系网，并实现了网络关系。他们激励员工发挥所长，促使团队成长为高效团队。高效团队用积极地语言交流，能够接受外部的新想法和有价值的意见，还能够听从别人的想法和建议，进而使团队不断进步。

（2）**具有明显的机会视角**。催化剂喜欢未来、新的观点、不断数字化的世界。他们勇敢地面对新颖有趣的建议，并勇敢地尝试新事物。谷歌的创始人表示，人们可以让催化剂去改变世界。

（3）**具有出色的营销才能和卓越的客户关系**。催化剂提倡热情工作，并能浑身洋溢着热情。他们对工作的热情深深地感染着与其接触的每一位员工。与这样热情工作的领导者打交道，员工也会热情工作。相对于权力，催化剂更喜欢人才。催化剂领导者能够重视别人的感受，具有一流的交际手段，可以激励员工热情工作，还可以使员工自愿工作。催化剂的领导者往往能赢得员工好感，甚至敬佩。于是，催化剂这样的领导者的一些失误也能得到员工发自内心的谅解。催化剂领导者将会营造出和谐的工作关系，培养出热情、自愿工作的员工，能带给企业无限正能量。

2. 促成者

优异的业绩由能力和意愿构成。领导无法要求每一位员工都做出优秀的业绩，但是可以帮助他们把工作做得更好。因为领导者无法快速提高员工的能力，但是可以快速提高员工的工作意愿。这需要领导把自己当作一个促成者，然后通过 3 个步骤来培养员工的主动积极的工作意愿。

第一步，全力以赴地为员工创造完美的外部条件。促成者亲切友善、明确目标、善解人意，是成功的孵化器。促成者深谙领导者的一个重要任务就是促成合作，他们的目标是创造有利于激发员工工作热情的外部环境。他们明白业绩优异的员工和超级运动员一样，只有在最佳的条件下才能创造出优异的业绩。例如，我国运动员在 2008 年北京奥运会上取得了辉煌业绩，因为环境、场地等外部条件对我国运动员最有利。同理，员工只有在最佳的外部环境中才可发挥出最高的业务水平。

在企业中，促成者要帮助员工把业绩做得更好：**首先，要明确每一位员工的才能和工作动机；其次，要明确并清除企业中的障碍**。为此，促成者要明白不是要求员工去适应工作岗位和任务，而是要求自己所设置的工作岗位和安排的任务符合员工的能力。当员工的能力提高了，促成者就应该随之调整工作岗位和任务。促成者要把自己当成员工潜力的开发者而不是企业的执行者。促成者往往会把员工当作客户，为他们提供贴心服务。

第二步，信任员工，更易激发员工的工作主动性，甚至会让他们变得自愿工作。Spar 贸易连锁贸易企业匈牙利分公司的经理埃尔文 • 施穆克很吃惊自己的员工工作很主动。

有一次，Spar 贸易连锁贸易企业在布达佩斯的 Interspar 市场上开展营销活动，埃尔文 • 施穆克也亲临现场。他们的员工 E 先生工作很愉快、很有激情，竟然兴高采烈地为客户表演起了尊巴舞，向客户展现出了他充满活力、热情洋溢的个性。他的热情感染了在场的客户，许多客户也跟着 E 先生欢快地跳起了尊巴舞，最后赢得了在场所有观众热烈的掌声和尖叫声。

客户投入地跳舞，观众雷鸣般的掌声有力地证明了，Spar 贸易连锁贸易企业在布达佩斯的 Interspar 市场举办的营销活动很成功很受欢迎，效果很让人满意。此次营销的成功，得益于员工 E 先生能主动地工作，没有人要求他为客户跳尊巴舞来活跃活动的氛围，完全是他自愿的。经理埃尔文 • 施穆克就与大家分享了他的管理经验。他说，他领导员工，首先信任员工，因为这样可以提高员工的自信心。其次，他努力使员工“自愿”工作，这样员工才能获得更大的“用武之地”，拥有更大的工作热情，才会形成自己的工作风格和个性。而员工的工作风格和个性对客户最有吸引力。很显然，这样的领导者能够提高员工的业绩，能够使员工更易于与客户打成一片，为企业带来持续稳定的效益。

第三步，拒绝亲力亲为，学会放权。管理大师加里 • 哈默尔曾经说：“没有比管理员工更没有效率的企业功能了。”可是，在传统的企业中，领导者往往过度管理员工，凡事亲力亲为，甚至把员工当作自己手中的木偶人，自己拉线来控制员工；员工总要等待领导层层下发决定。很显然，这种管理模式效率很低下，越来越不适合企业的实际情况。而促成者就懂得向员工放权。

促成者放权应遵循 4 个原则。

（1）**会把大部分权利交给最有能力的员工**。很多招聘管理者发现自己亲自招聘进来的员工并不适合企业，久而久之，会给企业造成“蜀中无大将”的局面。而招聘管理者让那些将与新员工合作的老员工参与招聘，往往会获得事半功倍的招聘结果，岗位匹配度也很高。还有一个好处就是这样招聘进来的员工人际关系匹配度也很高，因为相中这位新员工的人也会竭尽全力地帮助其融入团队。

（2）**集群众的智慧，进而提高了员工做决定的正确概率**。员工一个人的判断能力有限，甚至会出错。但是众多的员工一起做决定，正确率就会高于一个领导者，这与“三个臭皮匠胜过一个诸葛亮”的道理一样。例如，某软件公司的领导岗位的任用都是通过全体员工共同决定的。该公司的总经理 F 表示，他的接任者 H 就是通过这样的方式选举出来的。

（3）**不主张把每一项决定都给员工，但是至少让员工自己决定大多数事务**。领导者想让员工与企业共同努力，这就要求员工能够时刻站在公司的角度上考虑问题。促成者努力地为员工创造外部条件，授予招聘员工大部分决定权，要求他们承担相应责任，同时为他们准备必要的资源。这使员工主动地站在企业的立场上思考。促成者明白压力只能产生平庸的道理，只有轻松、愉悦的环境才能激发人们的创造性思维。拥有创新思维的员工方可为企业开拓出崭新的发展空间。

（4）**安排员工做可行的事情**。这样员工容易获得成功、自信，可感受到企业的尊重，从而重视自己的工作，接下来的工作会更加负责，工作忠诚度和热情也会不断提高。员工会主动思考可行的办法，无疑可做出更好的业绩。促成者往往会给员工提供参与企业战略项目的机会，使员工享受到巨大成功的喜悦。

总之，促成者会想尽一切办法来帮助自己的员工成长为企业的优秀人才。互联网原住民拥有这样的领导者，更有利于发挥自己的聪明才智，做出优异的业绩。

3. 关注客户者

客户是企业的财神爷，有客户企业才会获得订单。常言道，上行下效。在互联网思维管理的企业中，与客户友善的态度始于最高领导者的态度。作为企业的领导者要为客户提供贴心服务，要经常考虑这样一个问题："我们能帮助每一位客户做什么呢？"也就是说，新的领导者要以客户为导向，为客户创造价值。简言之，企业需要关注客户的领导者，而不是只管理员工的领导者。

企业要培养关注客户的领导者，要实施 4 项措施：（1）**在公司领导阶层中宣扬以客户为导向的理念**；（2）**设立以客户为导向的外部条件**；（3）**要求员工有以客户为导向的态度**；（4）**要求员工有以客户为导向的行为**。

在以客户为导向的管理模式中，领导者的任务就是创造条件，激发员工自愿、竭尽全力地为客户服务。

关注客户的领导者需要不断地考虑 5 个核心问题。

（1）**我真的关心客户的利益吗？**在传统的企业中，领导者只关心客户的订单。

（2）**我会经常在与员工的谈话中正面评价客户吗？**在传统的企业中，领导者张口闭口地谈论客户如何刁钻，和员工一起研究对付客户的策略。

（3）**我如何评价客户对公司的意义？**在传统的企业中，领导者认为客户仅仅是企业利润的贡献者。

（4）**我会经常请求员工提出以客户为导向的建议吗？**在传统的企业中，领导者仅仅要求员工开发客户、说服客户多下订单，其他就无暇顾及了。

（5）**我会明确地做出以客户为导向的榜样吗？**在传统的企业中，领导者往往认为这是员工的事情，和自己不相干。如果领导者能妥善地解决这些问题，我相信，这样的领导者会获得许多忠诚的客户。

管理者要成为关注客户的领导者，不能仅仅通过自己的下属来了解客户，不能想当然地认为自己了解客户的需求，而是应该利用一切办法来了解客户，最好能够能走进客户，亲耳倾听他们的声音。

在意大利某城市，Despar 大型连锁超市与当地的小商贩展开竞争，他们的管理者直接把商品摆在了摊位上，为了听到客户的真实声音，就连董事会成员保罗·克劳茨也亲自到收银台工作，目的就是能够听到顾客在排队过程中的谈话，了解客户对超市的真实看法，以便有针对性地改进。保罗·克劳茨认为没有比这更好的市场调研了。

很显然，保罗·克劳茨是一位关注客户的领导者，他这样做就是真正地关心客户的利益，会为客户提供更好的服务。当然，作为领导者还可以从电话总机、客服中心和社交网络等地方了解客户的看法。

需要提醒一点，企业领导亲自关注客户，并不是说企业的董事长、总经理、部门经理与客户公司的董事长、总经理、部门经理点对点联系，也不是说在庆典会上面对面交流，而是要经常与产品或服务的直接使用者交流，例如，格力的总经理不是和经销商联系，而是要与直接使用格力空调的客户交流。这样才能了解到客户的真实诉求，不断为客户改进产品或服务。

未来，企业需要更多的专家和更少的领导者，新的高效员工都以自组织的形式工作，不断地与上司进行协调，从而愉快、高效地完成工作任务。

2.2　互联网人才重构模式的 8 个核心目标

互联网促使商业模式重构，人才模式也正在被互联网变革着，人才模式重构是大势所趋。人力资源管理者不要再迷茫、徘徊，否则会被“野蛮”的互联网快速革掉“性命”。因此，人力资源管理者需要立即关注互联网时代的人才模式，积极地重构企业的人才模式。

人力资源管理者进行互联网人才模式重构，需要掌握8个核心目标，如图2-6所示，即蜂群思维整合集体智慧、搭建协作化的组织架构、消除等级制度的“恐惧感”、削弱既定规则的束缚、突破消极的筒仓效应、进行客户触点管理下的行为引导、实现互联网化升级和共同成长机制形成合力。只有这样，人力资源管理者才能完成互联网人才重构模式的艰巨任务，才能有效地缓解企业的人才危机。

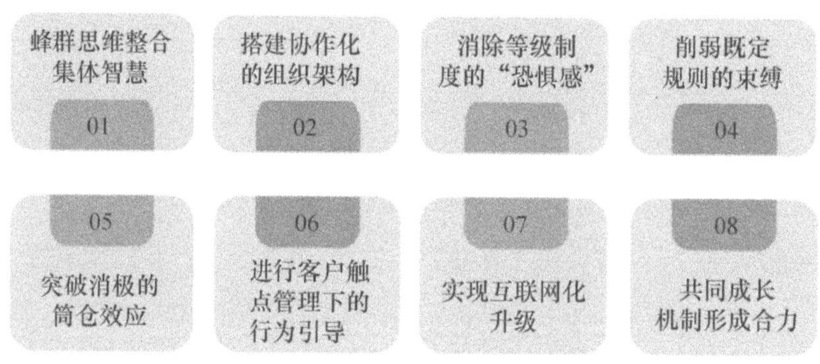

图2-6 互联网人才重构模式的8个核心目标

2.2.1 蜂群思维整合集体智慧

集体智慧根植于动物，最常见的就是蜜蜂的集体智慧。我们把蜜蜂的集体智慧称为蜂群思维。它是指由许多独立的单元高度连接而成的一个活系统，具有鲜明的自适应性特征。蜂群思维具有四大特征，如图2-7所示。蜂群思维的关键字就是集体智慧。集体智慧对企业的成功影响力越来越大。众筹就体现了集体智慧，只有众筹项目发起人、众筹平台和众筹项目资助者共同努力，众筹项目才会成功，三方的利益才能有保障。

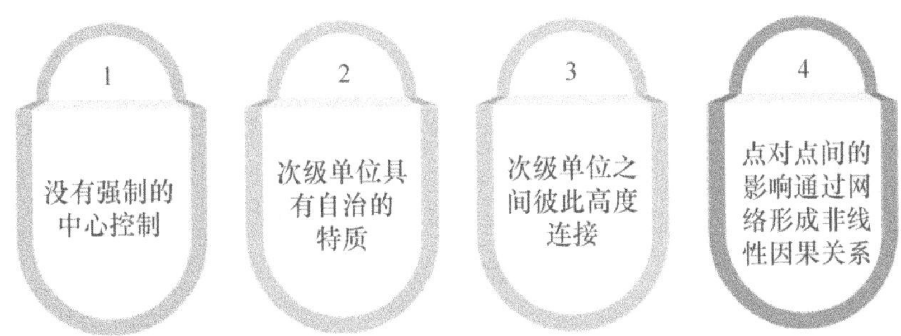

图2-7 蜂群思维具有四大特征

互联网原住民是互联网时代的主力军，他们把整个网络当作自己的心灵家园，长时间地活跃在网络上，自始至终以集体的方式活动。他们对互联网的熟悉远远胜于已经成名的企业。互联网巨头们想在互联网中占领更大的市场，积极地使用社交网络是最明智的选择，与这些互联网原住民交流，利用他们的集体智慧。集体智慧是群众的智慧，是一种自我组织的集体智慧，可以产生丰富的创造思想。因此，人们迫切需要整合集体智慧，为企业的发展注入创新的活力。

人力资源管理者实现蜂群思维整合集体智慧的目标要从2个方面着手：**一方面，努力为集体智慧创造环境；另一方面，要明白互联网不需要强有控制力的老板。**

努力为集体智慧创造环境。微信、微博、博客、文件共享、维基百科和活动流等网络工具，为人们的合作带来了巨大便利。人们可以在任何地点实现合作，这制造了一种虚拟的“离散”。虽然在网络中人们看不到真实的对方，但是可以了解到对方真实的思想，因为人们的真实思想可以通过手势和表情展示出来。大部分人可以凭借直觉判断对错。当人们的距离很近的时候，人们就可以通过表情和手势准确地了解对方的想法。可喜的是，互联网技术为这一情况提供了解决的方案。例如，视频会议技术已经广泛应用，群体成员的3D影像技术也离我们越来越近。

领导者并不需要等待新技术的到来，也可以整合集体智慧。领导者只需要为集体智慧的顺利发展创造 3 个条件（图 2-8），即协调行为、创新支持和信息流。

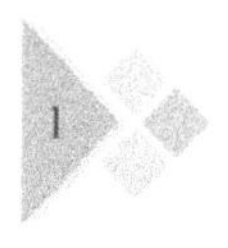

协调行为

协调集体内部多样性的意见，引导集体成员在没有命令的情况下形成统一意见。通常情况下，等级制度会妨碍集体，不利于其发展

创新支持

企业需要提供一定的措施帮助集体中的个体成员，引导其关注有价值的想法，必要的时候帮助其实现这些想法

信息流

能力的网络化联系要求每一个集体成员随时掌握所有必要的信息，拒绝把时间浪费在垃圾信息上

图 2-8　领导者需要为集体智慧的顺利发展创造 3 个条件

领导者要在诸多方面为集体智慧的发展打基础，包括使员工具备集体智慧的行为方式，因为集体智慧要求人们对自己的结果负责，但这会让人们产生恐惧心理。此外，还要求耐心、勇气、时间，因为人们不太可能轻松地解决问题。

集体智慧要顺利发展，还需要具备 4 个要素：协作网络、快捷的决策通道、广泛的自由度和高度的灵活性。企业面临的复杂情况不断增加，只靠某个人的智慧远远不够，需要群体成员的智慧，也许其他人能够想出更好的办法。这就要求我们放弃只显示一个方向的线性结构，而选择可以关注其他人的自行组织结构。互联网就是迄今为止最成功的一种商务模式。

要明白互联网不需要强有控制力的老板。在互联网中，人们以集体的形式存在，并不断地变化着方向，持续地求新、求佳、求异。我们这里提到的互联网不是数据的网络化，而是指知识的网络化。这样的网络需要这样运行。首先需要社交网络。社交网络是一个自我调节的系统，包括社会化网络、网站和网络平台。大部分人使用过其中的某一类社交网络，甚至一些人使用过这三类社交网络。众筹就是整合集体智慧的有趣例子，众多投资人通过 Kickstarter、众筹网、京东众筹等众筹平台为有价值的项目资助小额资金。如果没有网络技术，这样的集资是不可能实现的。也就是说，只有网络才能支持这样的集资形式。

运动品牌匹克用众筹的方式营销、推广旗下的霍华德一代（DH1）战靴，显示出了十足的互联网范儿。匹克一向推崇创新，不满足传统的销售模式，一直进行销售模式创新，积极利用互联网，开创了我国运动品牌的众筹销售模式。

2015 年 12 月 21 日，匹克在京东众筹平台上发起了“霍华德一代（DH1）战靴”的众筹项目，并设置了极其简单的参与方式。支持者可以选择 7 种支持额度并可获得相应的回报，支持额度最低 1 元，最高 69999 元。回报包括抽奖资格、优惠券、战靴、与霍德华见面会门票、与霍华德共进晚餐等。2016 年 1 月 20 日霍华德一代战靴众筹圆满成功，共吸引了 371 名支持者。

此次众筹匹克获得了集体智慧，并整合了集体智慧。匹克 CEO 许志华说：“这次霍华德一代战靴的营销采用众筹，主要是想通过众筹获得消费者的需求数据，再反馈到球鞋的生产、制作中，甚至是下一代球鞋的制作中来。”此次众筹匹克获得了消费者的尺码区间、喜欢的颜色、图案等弥足珍贵的数据。匹克设计师参考这些数据，并将这些数据融入霍华德一代战靴的设计当中。

球迷很希望参与到球员战靴的设计研发环节之中，匹克通过众筹满足了关注战靴的众多球迷的这个愿望。匹克的此次“众筹”不仅为众多球迷提供了更好的参与感和消费体验，而且使这些球迷自发地推广霍华德一代战靴。而这种自发的传播，具有更广泛的影响力，更容易打动人。这就是整合集体智慧的价值所在，也表明了匹克在互联网人才模式重构路上实现了蜂群思维整合集体智慧的目标。

俗话说，办法永远比问题多。人们为了解决同一个问题往往会想出很多方法，因为人们的大脑回路通过 20 个左右的神经元连接。这样的大脑结构决定了人们的学习和输出能力几乎是无限的。研究显示，人们的大脑不使用就会荒废。人们的大脑应该遵循这样一个原则——“要么使用，要么丢弃”。人们的知识也是这样的，不断使用、分享知识，知识就会增加，隐藏起来知识就会逐渐消失。如果知识实现了网络化，我们就会看到这样的惊喜：**创造力随着平等参与者的增加而不断提高，成功的机会也越来越多。**

因此，触点公司不需要高高在上的顾问，因为这还需要层层下传命令，在瞬息万变的互联网时代，这会严重影响员工的反应速度。这与抢红包的道理一样“手慢即无”。高高在上的顾问将使企业失去市场、商机。触点公司需要决定企业前进方向的扳道工（铁路上的人工 Y 道岔口决定火车行进方向的工人）。触点公司还需要具有催化剂作用的外部输入者，他们可唤醒优秀顾问的集体智慧（这些顾问就是自己的员工和通过社交网络联系在一起的客户）。互联网商业模式的企业制定的一切政策，都应该服务于创新的、自负责任的行为。

最后，需要强调一下，只有集体中的成员不是同类的，才会产生集体智慧，因为同类的成员他们的意见相同，思维方式类似，很难创新；不同类的成员他们的思维方式也不同，掌握的重要的知识不相同，犹如一个乐队中，有的成员擅长吹长号，有的成员擅长拉小提琴，有的成员善于弹古筝，等等，只有这样才会演奏出更宏伟的乐章。同时，每一位成员都可以自由地表达自己的意见，每一位成员在现实生活或者虚拟空间中必须能够见面。这样的集体才具有创造力，才能做出智慧的决策。

2.2.2 搭建协作化的组织架构

不少企业开始重视企业的组织架构，阿里巴巴于 2015 年 12 月宣布组织架构升级，7 位 80 后管理者挑起了重要的管理重担。联想今年（2016 年）也宣布了新的组织架构调整内容。

2016 年 3 月 18 日，联想宣布了新的组织架构调整内容，设立四大业务集团，分别为个人电脑与智能设备集团（PC&SD）、联想创投集团（LCIG）、数据中心业务集团（DCG）、移动业务集团（MBG）。新的组织架构和任命自 4 月 1 日起正式生效。这是联想集团有史以来第 8 次调整组织架构。

联想组织架构调整的具体内容如下：原来的个人电脑集团调整为个人电脑和智能设备业务集团，将任命现任联想集团总裁兼 COO 的蒋凡可 • 兰奇（Gianfranco Lanci）负责集团事物。原来的云服务业务集团调整为联想创投集团，任命联想高级副总裁贺志强负责集团事务，主要任务是通过战略投资创建联想的智能生态体系。联想新设立了数据中心业务集团，任命原企业级业务集团总裁杰瑞 • 史密斯（Gerry P. Smith）为该业务集团的总裁。联想移动业务 2015 年的国际国内业绩平平，为了使联想移动业务在 2016 年的国际国内市场上实现双双突破，联想调整了该业务的组织架构，将任命现联想移动业务集团总裁陈旭东负责中国市场的端到端业务管理（包括产品研发、销售和市场营销），任命北美地区总裁艾玛尔 • 伦奎塞恩（Aymar de Lencquesaing）负责除中国市场以外的全球移动业务运营管理。

由此可见，没有一成不变的组织架构。组织架构需要结合企业的实际情况相应地调整，以促进企业持续发展。组织架构过时就会阻碍企业发展。所以，企业领导者应该时刻关注企业组织架构，发现问题，及时调整。

通常有 6 种组织架构，我们来比较分析一下，如表 2-2 所示。

表 2-2 组织结构类型比较分析

组织架构类型	组织架构的缺点	组织架构的优点	适合的企业类型
职能型	多个头头领导、权责不明，横向沟通困难	高度专业化管理、轻度分权管理、培养选拔人才	专业化组织
直线型	缺乏横向联系、权力过于集中，对变化反应迟钝，高层被日常经营事务所困	结构简单、权利集中、责任分明、命令统一、响应敏捷	简单环境中的小型组织
直线职能型	缺乏部门间交流，协调工作比较困难，不利于培养高层次的管理人才	命令统一、职权分明、积极参谋，能充分发挥组织的集团效率	稳定环境中的大中型组织
矩阵型	纵向横向双重领导，组织关系复杂，对项目负责人素质要求高，短期行为	加强了各职能部门的横向联系，具有较大的灵活性和机动性，有利于发挥专业人员的潜力，有利于各种人才的培养	协作性组织、复杂性组织
事业部制	机构重复，需要大量管理人员，资源利用率极低，企业内部缺乏沟通，本位主义倾向，忽视整体利益	最高层摆脱了具体的日常事务，有利于集中精力做好战略决策和长远规划，提高了管理的灵活性和适应性	大中型、特大型组织
多维立体制	组织结构关系复杂	便于互通信息，集思广益，共同决策	跨国公司

很明显，没有哪一种组织架构是完美无缺的。因此，我们选择组织架构类型的时候，除了遵循一定的原则，最关键的是要从组织的实际出发，综合考虑，合理取舍，最好不要选择某一种组织类型，尽可能地组合几种使用。

企业要适应互联网的快节奏，搭建协作化的组织架构迫在眉睫。协作就是互相联系，拒绝敌对，还要消除部门与部门之间的界限。随着网络化不断扩大，我们要学会与更多的人成为朋友，互相促进，有利于成功。

旧的组织架构在互联网浪潮中已经没有一丝存活的可能，组织要有活力就要寻求改变。要建立协作化的组织架构，管理者需要把集体智慧带入组织架构中，让员工走出小格子，让员工以客户和项目为中心，这就是现代化的网络。我们必须明确一点，任何企业都存在网络架构，这是最活跃的非官方关系网，也是任何一个组织中真实的权力架构。

搭建协作化的组织架构有两种有效途径：第一种，优先选择混合型组织；第二种，建立全新的组织架构。

第一种是优先选择混合型组织。混合型组织就是协作，就是把集体智慧和等级制度的优点融为一体，谷歌公司就是最成功的代表。

谷歌公司采用混合型组织，成为了全球最大的搜索引擎。早在 2013 年的时候，谷歌就被誉为全球第二个最有价值的品牌（第一为苹果）。这与谷歌公司采用了混合型组织息息相关。

谷歌极大地弱化了等级制度，并把独立、小规模运行的高效团队结成了广阔的网络。谷歌为员工创造了轻松的工作环境，于是员工提出的建议总是能把客户的利益放在首位。就连谷歌的搜索引擎的理念也是这样的，不管用户搜索什么，谷歌搜索引擎总是要求互联网在极短的时间内显示出对用户最有用的信息，并把最有用的信息排列在最前面。于是，有意义的网站就会出现在谷歌搜索引擎的首页。谷歌就会帮助这样的网站提升知名度。

第二种是建立全新的组织架构。建立全新的组织架构，领导者需要画一张新的组织示意图，把你心目中新的组织架构展示出来，并且不同于等级制度的组织架构。人们只有看到了图片才会积极地想象，进而根据想象行动。如果人们对集体智慧的价值看法统一，那么新的组织架构图就会成为建立全新的组织架构的切入点，而且任何一家企业都可以结合自己的实际情况来调整这个示意图。

看着这张示意图，领导者需要思考 5 个核心问题：（1） **新的组织示意图能带给我们哪些变化？（2） 让这个组织示意图运转起来，我们需要对等级制度、组织结构做哪些改变？（3） 我们自身需要做哪些改变？（4） 我们应该采用**

什么样的领导形式？（5）我们如何建立跨部门、跨等级的群体化组织？建立全新的组织架构的原则：领导者想让员工发挥才能，请让他们“飞翔”。

全新的组织架构可以使领导者和员工同心协力地服务客户，开发客户，留住客户，把客户纳入企业的组织架构图中。拥有众多忠实客户的企业难道还用担心效益上不去吗？

2.2.3 消除等级制度的“恐惧感”

集体往往需要制度体系来维持秩序，于是等级制度不可避免。在协作化的组织架构中，会尽可能多地采用集体智慧，保留必要的等级制度，可以使人们把事情做得更好。但是严重的等级制度会让人们产生恐惧感。某公司的主管 H 女士被提拔为了部门经理，她不看重等级制度，当上了经理仍然骑着自行车上班，而不是乘坐公司的领导专车。没多久，她的同事就请求她不要骑着自行车来上班，这已经让整个部门的成员在其他部门面前低人一等。可见，此公司的等级制度很严重，还以代步工具等级、办公室面积大小、绿植档次来定义公司的等级制度。这样的做法对于企业发展很有害，对公司的工作环境造成了压力，尤其很浪费时间。

如果领导者仅仅依靠等级制度来维持自己的权力，他就不会在乎员工的反对风险。如果领导者仅仅利用等级制度来证明自己行为符合规定，才会得到互联网原住民的认可。

等级制度是那些威严的领导者用来维护自己权力的工具。其实权力本身并没有好坏之分，最重要的是我们应该如何使用权力。实践证明权力使用得好，可以使好人更好，用不好了会使坏人更坏。等级制度赋予人们权力的同时也带给了人们恐惧感。因为权力和恐惧感是一对孪生兄弟。

有权力的地方就会有恐惧感出现。俗话说，高处不胜寒。积极向上爬的人们害怕失去结交盟友的机会，已经晋升到领导岗位上的人们害怕失去特权。这会造成拥有权力的人目不转睛地监控着自己所负责的领域，进而被孤岛思维制约，就像看守宝藏的人守卫着自己的藏宝室，拒绝与他人分享。

传统的企业中，领导者和员工往往会把对方看作“下面的人”和“上面的人”。这会使彼此的关系冷漠，长此以往，必然会导致双方的关系不融洽。这样的关系会导致企业的工作氛围被控制欲、嫉妒、威胁、阴谋所笼罩。于是，人们只关注自己，不关注客户。最大的危害是，恐惧感主宰的地方是不可能出现创造力的。而创造力是企业未来的核心资源，是企业从平凡变得杰出的决定性因素。试想一下，一家企业中都是圆滑和没有主见的员工，这家企业会变得与众不同吗？他们只会看老板眼色行事，不会去主动开发客户。如果老板经常用一句话就否决有价值的建议，有潜力的员工再也不会积极地提出独特的建议，并会逐渐随波逐流，企业便无法走出平庸的现状。这都是等级制度在作祟。

新的领导者迫切需要消除等级制度中的“恐惧感”，可以采用2个措施。

第一，领导者把自己装腔作势的官僚作风降到最低。例如，领导者定期到员工的办公室沟通，而不是命令员工到自己的办公室。这就可以拉近彼此的距离，可较好地减少员工的不平等感受，增加员工对领导的亲切感。品德正直、坚持亲近员工的领导者，可缓解等级制度带给员工的“恐惧感”，即使犯小错误也会被员工爱戴、追随。

第二，弱化等级制度。人们往往用服装来表现等级制度。大多数企业里，领导者和工人的服装明显不同，往往是为了显示明显的等级制度。尤其在商务谈判、权力角逐中，人们喜欢用服装来表现等级制度。人们参加商务谈判往往会佩戴领带，而领带的形状就像一把犀利的宝剑。人们在签订合同之前都会很严肃，且拉紧领带。一旦签订合同，人们就会松解领带，放松下来。在竞选演讲中，人们还会穿上马甲，犹如铠甲，似乎想给自己一层保护。所以，领导者想和员工抱成一团，最简单的一个办法就是脱下自己管理的外衣，换上亲切的表情，可缓解等级制度带给员工的“恐惧感”。

现在，领导者应该鼓励员工穿着个性的衣装走进办公室，这样显示等级制度的“制服”会从办公室消失，企业里的等级制度就会弱化，人们与领导共事就不会那么胆怯，有利于产生新鲜的想法。

人们的创意往往是在轻松的状态下产生的。领导者莫不想获得很多创新的点子，请消除森严的等级制度带给员工的“恐惧感”，请亲近员工，请与员工平等交流，请给员工营造轻松、愉悦的工作氛围。

2.2.4 削弱既定规则的束缚

俗话说，没有规矩不成方圆。受此长期影响，人们做事情设立了很多规矩。而过多的规矩就好像臃肿的衣服，束缚住了人们的手脚，妨碍人们前进。当规则成为了束缚，人们便觉得浑身不舒服，必然去想办法减少束缚，使自己轻装简行。同理，当企业的既定规则束缚住了人们的行动，人们感觉有力无处使。领导者最明智的做法就是削弱既定规则的束缚。

在大多数企业里，规章制度烦琐复杂，严重束缚了人们的思维和行动。削弱既定规则的束缚刻不容缓。**首先，市场就像兔子一样会随时改变方向，不会给人们调整计划、进行预算、制作报表预留时间；其次，官僚主义和行政会延缓或阻碍人们做出决定，甚至会干扰人们做出错误的决定；最后，标准只能产生标准的成绩，只能代表平庸的水平**。如果领导者把既定的规则视为法典，那么员工就不加思考地按照规定的流程工作，不去创新，不动脑筋提高工作效率，永远得不到应对突发事件的能力。领导者严格按照规则监督，员工的改良建议将被当作对规则的冲撞，员工工作稍有偏差就会受到惩罚。显然，这会造成企业的员工缺乏主动性，变得随波逐流。

连鸡毛蒜皮的小问题都设置规则，我们会看到：每一个过程都要设置一张表格，员工只能对着规则做事，没有规则就设置一条新规则，运作起来就会很慢，而且很荒唐。烦琐复杂的规则起不到确保基本质量的作用，会成为把员工变成木偶的枷锁。因此，领导者需要精简规则、杀死愚蠢的规则。

第一，精简规则。设置一条新规则就相应地废除一些其他不必要的规则。

如果领导者只增加新规则而不废除一些既定的规则，导致企业的规则越来越多，会不断地增加员工的工作压力。领导者不妨试着在周会上废除一些无用的规则。

第二，杀死愚蠢的规则。如果员工一味地屈从于愚蠢的规则，就会像提线木偶一样很被动地为客户服务。领导者制定规则应该以客户满意度为基础。我们只有做得超过客户的预期，才会吸引到客户。而员工只有拥有发挥个性和即兴才能的空间，才能带给客户惊喜。我们让客户满意，离不开询问客户，而企业中直接与客户打交道的人是员工。领导者不妨多询问、指导员工，这有利于员工产生创新的点子，进而深深吸引到客户。领导者还要明白一点，只有员工感觉到自己的想法被领导者欣赏，他们才会主动地向领导者提建议。领导者为获得员工的好建议，一定要容忍员工犯错。公司一定要保留员工可以反驳老板的规则，这可以催生很多新想法，提高员工的日常工作效率，使客户获得许多乐趣。

2.2.5 突破消极的筒仓效应

任何事物都有正反两面。筒仓思维的积极作用使项目和工程独立、自主，但是筒仓思维造成了组织内部的分割、不协作，项目孤立，即我们常说的消极的筒仓效应。消极的筒仓效应存在于很多机构、组织之中。

传统企业的营销部门、销售部门、客服部门之间存在着消极的筒仓效应。

有一次，人力资源培训主管刘先生参加一个通信供应商的管理会议，新任职的营销经理 K 先生感慨地说，他是客户服务中心的天敌。刘先生感到很诧异，就反问他：“营销部门和客服部都是为客户服务的，怎么会对立起来呢？”而实际情况正如这位营销经理所言的那样。K 先生说：“销售部没有遵守营销部的承诺，于是客户服务中心的员工就会接到很多客户投诉。”

这就是营销部门、销售部门、客服部门不协作的后果，从而给企业造成了消极的筒仓效应。很显然，消极的筒仓效应给客服部门的员工带来了很大的麻烦，给客户带来很多困惑，还会让企业失去客户，甚至影响企业的信誉。

营销部和销售部互相独立就会产生这样的现象：营销部门为了获得丰厚的奖励或订单就会向客户许下虚假的承诺，导致销售部门、客服部门等其他部门无法履行承诺，进而出现部门之间互相推卸责任的不良作风。很多员工对此深有感触。例如，在汽车生产公司里，营销部的宣传资料没有及时更新产品信息，把早已停产的产品印在资料上或挂在网站上。当客户要停产的产品的时候，生产部是无法兑现的。还有营销部、销售部、客服部互相独立，客服部就不知道营销人员跟客户说了什么话，就要按照客户的口述重新记录一遍。这导致了企业内部重复劳动。

消极的筒仓效应还会导致企业资源浪费，经营成本提高。某银行为了吸引新客户，便推出一个营销活动：新开户的客户可获得 40 欧元奖励，而老客户没有任何优惠。当银行的区域经理庆祝新储户人数增长很快的时候，却受到了老储户的指责。老储户为了获得 40 欧元奖励，纷纷注销了自己的旧账户，然后开通了新账户。很显然这个营销活动很不成功，既引起了老储户的不满，还增加了银行的经营成本（制卡成本）。这就是银行各个部门完全分割的后果。

筒仓思维最严重的就是会扼杀企业的创新。因为创新绝不会产生在筒仓中，只会出现在交接点和边缘地带。因此，我们需要努力突破消极的筒仓效应。

企业突破消极的筒仓效应的有效办法就是创建共同工作空间。共同工作空间可以满足人们对创新人际交往的需求，是一种协作的群落生态环境，是未来办公室的雏形。途易公司创建了自己的开放项目工作空间，在这里工作的人们开心地说："这是一个为创造力充电的圣地。"在这样的工作场所，只知道上下移动的筒仓思维就无法奏效。如果客户也加入到共同的工作空间当中，那么企业中的消极筒仓效应就会逐渐减轻。因为客户的每一次参与都会推动企业从筒仓的狭小空间中走出来。

2.2.6 进行客户触点管理下的行为引导

传统社会关系结构正在瓦解，互联网取而代之成为了社会关系的聚集点，每一个接触点都被巨大的虚拟网络联系起来了。企业内部领导与员工之间的所有接触点都需要协作，我们称之为协作触点管理，又可称为员工触点管理。这是内部触点管理。真正的触点管理则包括企业、员工和客户，目的是使这三者的关系越来越紧密。这涉及了客户触点管理。客户触点管理，最简单的理解是客户接触点的管理，但是这个理解还不够全面。客户触点管理涉及诸多方面，但是所有的客户触点管理核心是相同的，就是让客户满意。为了实现这一核心，企业领导者需要对客户的行为加以引导。

首先，企业领导者要关注客户。很多企业高呼“客户第一”“客户是上帝”等口号，来显示其很重视客户。而事实上并非如此。企业营销的时候，最开始都是说我们如何有实力，取得了如何好的成绩，接下来才会提到已有的客户关系。又如，生产企业在自己的接待区挂着创始人画像、生产厂区图、奖杯、证书、零部件，没有一点与客户相关。再如，企业网站有一栏内容就是“关于我们”，却没有“关于客户”的栏目，客户想获取联系电话犹如在除夕夜找敬业福一样困难，似乎企业生怕客户找到自己。然而，不与客户打交道的企业不会拥有未来。管理咨询大师尼尔斯 • 帕弗雷说：“一家具有未来竞争力的企业会把注意力和精力更多地集中在市场、竞争和客户上。”的确这样，一家企业有没有竞争力，不是看资本，而是看它是否拥有在思维和行动上都关注客户的领导者。如果企业的领导者关注客户，那么员工也就会效仿。这才会让“客户第一”的口号真正落地，才会拉近企业与客户的关系。

其次，领导者主动接近客户。很多与客户打交道的员工升职之后，会长出一口气并开心地说：“再也不用和难缠的客户扯皮了。”一些经理甚至恐惧与客户接触。只有极少数领导者才会每天去客户服务中心走动，并定期亲自处理客户的电话。上行下效，他们将得到员工效仿。其实，那些“难缠”的客户往往对企业充满了期待，驱动企业不断改进、创新。客户投诉最多的问题，往往是企业迫切需要改进的地方，也是隐藏很高利润的地方。所以，企业领导者最好直接与客户打交道。

最后，把客户当作共同的创新者。企业做梦都想把全世界的聪明人聚集到自己的公司里。然而这是不可能的。所以企业期望做出更好的成绩，一定要努力找尽可能多的聪明人来帮助自己。可喜的是，现在就有一些聪明人乐意帮助你，还不需要工资。这些人就是企业的客户。客户亲自使用企业的产品，对产品的优缺点了如指掌，对产品的需求很明确，他们就是企业的专家。而且他们很愿意帮助企业改进产品、创新产品。

领先的互联网企业早已引导客户参与到自己产品创新的全过程中了。实践证明，有客户参与的企业产品创新往往很成功，而且客户高度认可产品，并会在社交网络中慷慨地赞美企业的产品。而有关研究也证明，企业只要表示自己对群众的意见很感兴趣，那么群众往往会积极地支持企业的活动。

Joey 比萨在社交网站脸书上发起了一个共同创意的活动，吸引了成千上万的网民参与，共获得了 8500 个配方。Joey 比萨最后选择了 8 个创意配方进行生产。Joey 比萨公司每销售出去一份比萨，给创意者奖励 5 分钱，以此来表示企业对创意者的创意的欣赏。第一名创意者最后获得了 2770 欧元。很显然，此活动使企业和创意者实现了共赢。

企业的领导者应该积极地与客户接触，关注客户、主动接近客户，把客户当作共同的创新者，可获得不计其数的“客户智慧”，即集体智慧，有助于研发出独具匠心的产品，提高企业的竞争力。

2.2.7 实现互联网化升级

互联网变革的浪潮几乎席卷了企业的所有领域，人才模式也毫不例外。传统企业向互联网升级，一个极大的难题就是人才难求。这促使企业人才模式亟待实现互联网化升级。

企业人才重构模式实现互联网化升级，需要从三方面入手：人才招聘渠道实现互联网化升级，人才聘用制度实现互联网化升级，用人实现互联网化升级。

第一，人才招聘渠道实现互联网化升级。传统的人才招聘渠道主要有人才市场、现场招聘会、报纸电视、朋友介绍和人才网站等。随着互联网和移动互联网的蓬勃发展，传统的人才招聘渠道已经难以满足人们高效率找工作的需求，逐渐被人才所摒弃。与此同时，企业利用传统的招聘渠道很难招到人才，陷入了招人困境。因此，企业的人才招聘渠道迫切需要变革，快速顺应互联网、移动互联网浪潮，实现互联网化升级。

面对日益严重的招人困境，一些企业积极推动企业人才招聘渠道向互联网化升级。一些招聘行业也积极向互联网转型，推出了互联网招聘渠道，提高了招聘效率。

2016 年国内首个互联网 O2O 招聘平台“香草招聘”上线，它主要针对基础白领群体，快速匹配企业的 HR 和求职者的需求，通过精准匹配和快速反馈机制，简化招聘流程，帮助企业在最短的时间内找到合适的人才；帮助求职者在最短的时间内找到满意工作，致力于招聘效果和效率。

为了确保招聘的效果和效率，互联网 O2O 招聘平台“香草招聘”首创了 24 小时反馈机制。此机制要求企业收到求职者的简历必须 24 小时内给求职者反馈，求职者收到企业的面试邀请，必须 24 小时内做出决定，要么接受，要么放弃。招聘双方还可以通过香草招聘的移动端页面、APP、微信公众号一键预约面试的时间，了解面试的结果。很显然，这可以克服传统招聘渠道中简历石沉大海、面试不了了之的弊端，简化了招聘流程，提高了招聘的效率。

互联网招聘渠道可以为年轻的求职者提供全新的求职体验，实现了极速高效的招聘流程，一定会受到越来越多的人才喜爱，从而带领企业早日走出招人难的困境。

第二，人才聘用制度实现向互联网化升级。过去企业聘用人才，一般采取合同制，签订一年或者两年的短期固定合同。随着互联网人才追求自由、快乐的工作氛围，年轻人才“闪辞”“裸辞”日益盛行。企业觉得人才不合适，在合同约定期内解聘员工，也不给解聘补偿。这种固定期限的合同制逐渐成为了摆设，不能确保人才的利益，不能帮助企业留住人才。于是，管理者意识到了企业聘用人才的制度需要变革。一些互联网企业开始采用任期制聘用人才。

职场社交平台领英（LinkedIn）采用了任期制聘用人才，既促进了人才快速成长又长久地留住了人才。领英通过任期制让戴维·哈恩从应届毕业生成长为了领英的产品副总裁，在高度竞争的人才环境中留住了哈恩近 10 年。

可见，灵活的任期制使企业聘用人才实现了互联网化升级，促进了人才成长，帮助企业更长久地留住了人才。

任期制不确定聘用的时间，以完成任务为准，即完成一项任务之后，人才可以自由选择离开企业或者继续留在企业开始另一段任期。很显然，这满足了互联网人才追求自由的工作需求，给了人才更多的发展选择。

第三，用人实现互联网化升级。随着人才难招、人才流失加剧问题的出现，一些洞察力敏锐的管理者开始改变传统的用人方式：管理者把员工当作会说话的机器，当员工出现错误时，只知道惩罚，甚至打骂。这导致企业常年疲于招人，留不住人。而人才是企业最基本的生产力，企业的发展离不开人才。那些懂得尊重人才、关心人才的企业，往往能深深吸引住人才，可激发人才的工作热情。海底捞的 CEO 张勇为员工提供高级的公寓、高于同行的工资、救助基金等，结果海底捞培养出了许多死心塌地为企业做贡献的优秀管理人才，促使海底捞成为了餐饮界的龙头。

由此可知，企业从人才的招、聘、用等方面进行互联网化升级，可以使人才重构模式实现互联网化升级，从而解决企业招人难、留人难的问题，进而帮助企业有效地吸引人才、留住人才。

2.2.8 共同成长机制形成合力

在企业中，员工与领导者可以共同成长，员工与企业也可以共同成长。从企业人力资源的角度来说，我们应该借助互联网技术使员工和领导者共同成长，互相团结、协作，形成合力，这将快速地推动企业向互联网转型。

互联网技术和社交媒体早就存在，只是企业的人员还很少应用。企业的内部社交网络就相当于一个社交平台，它的主要作用就是进行内部交流、信息管理、项目协调。企业的社交平台可以帮助企业建立协作、开放、自由的企业文化。这可使每一位员工自由地发表意见、评估他人的意见，可以使企业向每一位员工征集意见，甚至可以在更大的平台上参与企业内部讨论及企业发展方向的决策。这样的网络平台可以使企业领导者借助集体智慧，获得更有价值的意见、讨论结果，从而做出正确的决定。可见，社交网络平台可以促使员工、领导者和企业共同成长。

社交网络能大幅提高企业员工的工作效率。企业中的那些互联网原住民很熟悉社交媒体类型的软件，其他的员工也越来越喜欢这些软件，因为它们简单好用。在企业的社交平台上，每一位员工都可以调取所有的企业信息，拦截垃圾邮件。于是，制定会议日程这一项事的效率实现了大幅提升，过去平均需要 86 分钟，而现在仅需 26 分钟。人们也不需要再填写乏味的改善建议的表格了，监督、协调的机构也用不着了。

社交软件的大力使用，令企业的领导者非常惊喜。Synaxon 集团董事长弗兰克 · 罗伯斯表示，他们企业引入了协作性社交软件，结果员工的工作效率提高了4倍。显而易见，协作性社交软件可以促进员工快速成长。因此，企业应该大力推广社交类软件。

领导者和员工共同成长，可选择6种协作社交软件（图2-9），即企业微博、内部企业微博、协作微博、企业维基、建议数据库、移动应用程序。

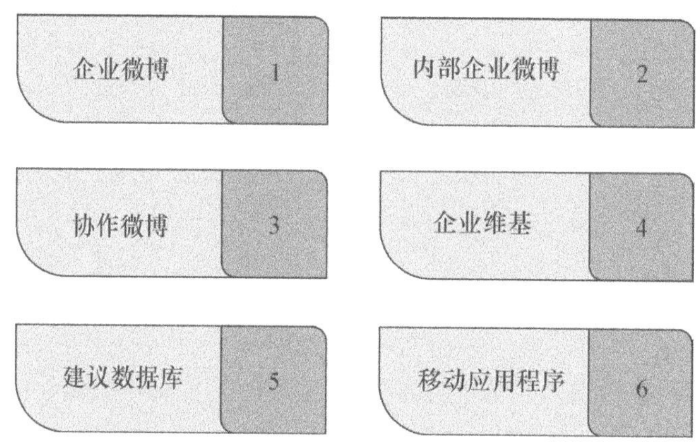

图2-9 共同成长机制离不开的6种协作社交软件

（1）**企业微博**。它将企业内部的信息变成简单的形式。例如，新浪微博规定可以发140字以内的短信息。它使用很方便，人们只要登录系统、打开账号就可以发布信息、查看评论、评论信息、转发信息。企业微博的另一个优点就是，企业内部的所有信息都是公开的，可以有效地遏制负面信息蔓延。

（2）**内部企业微博**。企业的领导者、员工，乃至实习生都可以自由登录它。他们可以在这里发布自己很关注的内容，也可以利用它的评论功能进行激烈的讨论。当然，管理员一定要维持讨论秩序。只有领导者定期参与讨论，坦诚地进行交流，并勇敢地接受直言不讳的建议，内部企业微博才会发展下去。

（3）**协作微博**。它是为企业项目内部和外部员工合作而服务的。企业项目内部和外部员工可以利用它进行评论、储存数据、交流经验、记录工作流程、统计现状。

（4）**企业维基**。它是统一整合企业信息的理想方法，与维基百科（每一个用户都可以自由编辑的百科全书）类似。每一位被授权的员工都可以在企业维基里编辑新内容，补充、更新已有的内容。不断增加的信息通过结构化形式被储存。企业维基对企业员工的最大好处是可以避免重复劳动，所以它可以提升企业的整体效率。

（5）**建议数据库**。它的最理想的组合形式是把博客、维基、评估体系融为一体。在建议数据库里，人们可以发布自己的观点，并可以通过视频、图片等阐述自己的观点。建议数据库的每条建议应该具有文字评论功能、五星级评价功能、显示每日点击量的计数功能，最后要设置一个有创意的激励体制，来激励那些贡献出最有用、最有效率、最新建议的人们。

（6）**移动应用程序**。网络越来越普及，为人们远程办公创造了必要条件。目前，通过远程办公的员工人数与日俱增。移动终端的社交软件应用程序将会成为未来的领导者，它可以满足人们随时随地地移动学习、协作、互动的需求。它的原理就是虚拟信息通过增强实景技术转化为现实，然后在智能手机屏幕上呈现出来。

企业的领导者和员工根据自身的需要可以选择其中的几种工具加以使用。无论哪一种协作社交软件都会促进领导和员工共同成长，进而形成合力，会促使企业内部的氛围产生新变化，具体表现在 3 个方面：**第一，极大地促进内部团结、增强内部集体感，提高了工作效率，遏制一切分裂因素；第二，人们互相分享信息，从而促进企业创造力，并把组织提升到一个新的高度；第三，人们可以快速地看到成绩，以及成绩的评论。企业内部洋溢着的这种积极主动、共同努力的氛围会不断促进员工团结。**

企业领导者利用社交网络可以快速发现问题，还可以借助众人的智慧。企业领导者只需要浏览网页就会及时发现自己的缺点，虽然真相令他们不痛快，但是对他们工作很有价值。他们获得了一把工作标尺，知道企业应该发展成什么样，存在什么问题。他们还可以获得众人的智慧，基于此他们可以快速地做决定，而且他们决策的正确率会不断提高。公司内部越来越透明，谣言就会像肥皂泡一样很快破灭，所有的信息经过社交网络的过滤然后都会传到领导者那里。领导者可获得真实的信息，与员工无障碍交流。领导者的决策会更科学，员工可告别重复劳动。无疑，这提升了企业的整体工作效率。可见，社交网络软件可以使领导者和员工共同成长，并形成合力，从而驱动企业蓬勃发展。

第3章 组织架构重构：塑造互联网人才环境

瞬息万变的互联网与响应迟钝的金字塔组织架构格格不入。臃肿的金字塔组织架构在互联网的面前失去了活力，逐渐成了行尸走肉，严重阻碍了企业的发展。传统企业逐渐意识到了组织架构重构的重要性，开始主动利用互联网来改造旧的组织架构，重建新的组织架构。组织架构重构改善了企业环境。

实践早就证明，不好的环境可以使精英变成庸才，好的环境可以使平凡人变得优秀。好的环境不仅能吸引人才，而且能造就好人才。企业要想获得互联网人才，一定要重视环境，竭尽全力地去塑造互联网人才环境。这样企业方可借助互联网人才实现组织架构重构。而我们用互联网思维对组织架构进行重构，反过来又能够优化企业的人才环境，有助于打造出适合互联网人才的企业环境。

3.1 从支配到支撑，互联网时代组织架构变革

互联网浪潮汹涌而至，以前所未有的力量改变着整个商业世界，企业面临着一场巨大的变革，首当其冲的是组织架构变革。企业要实现向互联网转型和升级，组织架构重构不容迟疑，迟疑只会浪费时间，错过良机。

互联网时代，不仅人人都与网络连接，而且人人都成为了网络不可或缺的组成部分，互联网已经成为了所有产业的基础设施。互联网使所有的个人和机构可以自由联合，不仅共同娱乐，而且可以在互联网上共同创业。例如，一个有车的人与一个需要打车的人联合，就催生了移动打车软件；众多愿意为某个企业出钱的人联合起来，就诞生了众筹。我们可以看到，这些新事物与互联网密切相关。组织也与互联网息息相关。互联网重新定义了组织，从根本上改变了人与人之间的组织形式。

众所周知，三角形中两边之和总是大于第三边。因此点对点的个人连接

的成本总是小于传统的多层级的金字塔组织。互联网在这个意义上为组织减了负，提高了组织效率。从某种程度上讲，互联网成为了人类进化的新的加速器。

传统的臃肿的多层级组织架构已经无法适应互联网的快速节奏，必然会被扁平化的组织架构所取代。那些采用扁平化组织架构的企业，可以吸引更多人才，为企业的发展不断注入新鲜血液。

互联网巨头腾讯采用扁平化的组织结构，所以有了腾讯开放平台。在腾讯开放平台上，数百万用户变成了数百万的创业者。2015 年 10 月，在腾讯全球合作伙伴大会上，腾讯公布了开放第 5 年的成绩单：开发的应用超过 400 万款，创造了 50 位亿万富翁、20 家上市企业，合作伙伴的收益分成已经超过了 100 亿元。可见，组织架构变革不仅改变着企业内部人员之间的关系，还改变着企业与用户之间的关系。这种改变为企业和个人都带来了惊喜。

互联网给每一个人都带来了好处，人们不仅可以用 QQ 聊天，还可以利用 QQ 卖商品。互联网还推动了人们就业。2015 年总理报告显示，微信已经带动了 1000 万人就业。正如腾讯创始人马化腾所说："互联网能够给予人能量。"的确这样，人们利用互联网时像有了神功一样，足不出户，动动手指就可以搞定挂号、汇款、考试报名等事情。我们如果积极地利用互联网变革组织架构，那么在劳动力红利渐渐失去之后也不用恐慌，我们还将分享到互联网创新红利。

互联网时代组织架构变革需要从 5 个方面入手（图 3-1）：搭建企业和人才共同成长的组织模型、组织层级的扁平化调整、组织制度的柔性化改善、组织管理者角色转化和引导组织价值观的转变。

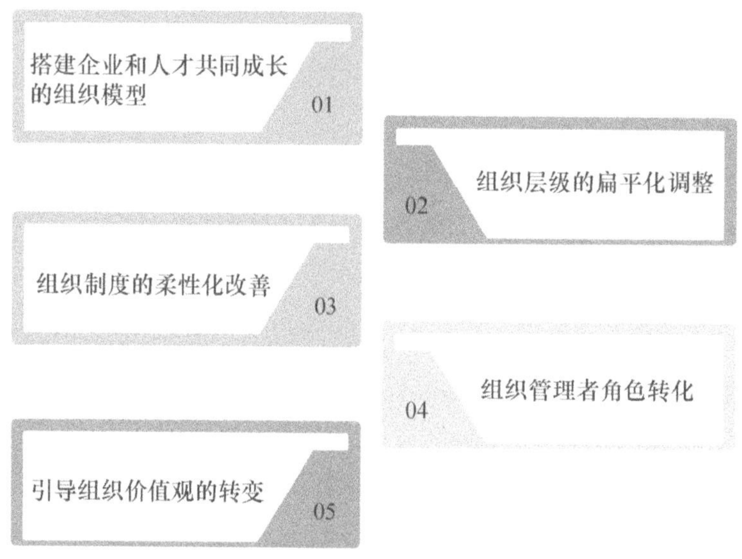

图 3-1　互联网时代组织架构变革需要从 5 个方面入手

3.1.1　搭建企业和人才共同成长的组织模型

组织结构模型是企业业务工作展开的基础，是提高业务过程管理能力的主要因素。因此，分析其合理性至关重要。不合理的组织模型会制约企业的发展、员工的成长，合理的组织模型能促进企业和员工共同成长。所以，向互联网转型的企业亟待搭建企业和人才共同成长的组织模型。

搭建组织模型的基本逻辑就是分工和协调。这是组织大师明茨伯格所主张的现代组织理念。他还总结出了 5 种组织协调机制，即相互调节、直接监督、工作流程标准化、工作输出标准化和员工技能标准化。

互联网来了，组织方面的一些东西需要改变。90 后成为了职场的一股新力量，而他们在互联网浪潮中长大，在移动互联网浪潮中踏进职场，他们的思维和行为方式深受互联网影响。他们不安分、拥有梦想，很重视发挥个人才能和价值。80 后、70 后中也存在不少这样的人，他们拥有巨大能量，苦于找不到释放的平台。他们给传统企业组织模型带来了挑战，传统企业的绩效考核、奖励措施对他们难以奏效，因为他们追求的是一个实现梦想的平台，而不是区区小利加薪。传统的组织模型在不安分、拥有梦想、拥有能量的群体面前，弊端显露无余，除了变革已别无选择。管理者只有搭建新的组织模型，才能激发他们的巨大能量，推动企业早日转型成功。

企业搭建新的组织模型，才能吸引这些有梦想、充满能量的人。企业要把他们团结起来，需要为他们提供实现梦想的平台，方可让他们不断地为企业注入新能量，与企业共同成长。他们不需要企业的监督、考核、奖励，梦想能吸引他们聚在一起，梦想就是他们前进的不竭动力，促使他们不断地努力。

搭建新的组织模型是组织重构的一个重要内容，目的是让企业和员工适应越来越复杂、企业边界消失的互联网商业环境。俗话说："适者生存，不适者淘汰。"企业、员工要适应新的商业环境必须寻求改变。如果管理者能搭建出符合互联网商业环境的组织模型，就能驱动企业变革、员工改进，促进企业、员工共同成长。

管理者积极搭建企业和人才共同成长的组织模型，往往能促进人才快速成长，迅速提高企业竞争力，快速实现企业和人才向互联网转型成功。韩都衣舍搭建"三人团"把整个公司分成了 270 个小组，追赶时尚快品牌 ZARA，为"三人团"提供品牌、资助金，实现了两周更新。海尔主动变革组织模式，搭建全新的组织模型，取得了显著成果，让很多员工成长为了小微主和创客等高级人才。

海尔是传统制造业向互联网转型的成功者，主动变革组织模式，把 10 万左右的员工变成了 2 万个"小微主"和创客，公司为他们提供创业平台和资金。在新的组织模型中，员工由原来的被动执行者、雇佣者转变成了创业者、合伙人，海尔也不用再给员工发工资。这些创业者需要自己为用户创造价值，朝用户要工资。此措施一举解决了千古难题——员工积极性。

水盒子“小微主”邹浩用自己的亲身创业经历说明了自己工作心态发生的巨变。在水盒子产品的方案设计、开模具、找资源、生产等过程中，邹浩和团队成员借助互联网的快节奏突飞猛进地前进。他们虽然身在海尔园区内，但他们的身份已经从海尔的雇佣者转变为创业者、合伙人，他们的工作心态发生了180度大转变。邹浩表示，在做水盒子的那段时间，他和团队成员加班到凌晨4点是家常便饭，大家都毫无怨言，一个个和打了鸡血似的。例如，水盒子有一个模块需要整合，以往的思路是等着公司来推进，但自己创业后立马发动自己的人脉关系去找这一个资源。

很显然，海尔搭建的新的组织模式促进了海尔员工成长。在数万个这样积极工作的“小微主”的支持下，海尔的创新速度和研发速度达到了前所未有的程度，海尔的创新产品在市场上不断涌现出来。海尔内部孵化的两名员工因创办小微企业获得了“2015中国青年互联网创业大赛”的金奖和铜奖。而创新是一家企业发展的不竭动力。海尔搭建的全新的组织模型会促进其持续发展，能激发其员工的潜能，从而锤炼出许多优秀的创新、创业人才。

海尔搭建了全新的组织模式，促进了企业与员工共同成长。这启示我们广大的传统企业在互联网转型的路上应积极搭建企业和人才共同成长的组织模型，让企业快速获得充满热情、富有创业精神和创新能力的优秀人才。

3.1.2 组织层级的扁平化调整

从互联网兴起的那一刻起，我们就一直谈组织架构扁平化，可是到了今天有多少家企业真正做到了扁平化的组织架构呢？不少企业将“扁平化的组织结构”停留在口号阶段，采用的仍然是多层级组织架构。长此以往，这样的企业将会老态臃肿，将被互联网甩得越来越远。

管理大师德鲁克指出：“组织不良最常见的病症，也就是最严重的病症，便是管理层次太多，组织结构上的一项基本原则是尽量减少管理层次，尽量形成一条最短的指挥链。”

无论是市场还是战斗在一线的员工都不会长期忍受反应迟钝的多层级组织。传统企业常用的金字塔组织结构，管理层级很多，塔顶是高高在上的董事长，塔底是兢兢业业干活的一线员工，中间还有许多管理层，如总裁、副总裁、总经理、部长、经理、总监、主管等。总之，金字塔组织结构的层级多得令人数不过来。在互联网面前，它还暴露出许多不容忽视的缺点：

第一，一个中心化的决策机制即使忙的焦头烂额也已经无法满足多层次的市场需求；

第二，多层级的组织结构信息严重不对称，屡屡导致市场决策失败；

第三，多层级的组织结构反应迟钝，不能及时响应瞬息万变的市场需求，层层管控的金字塔组织结构造成了严重的官僚主义，而且严重降低了企业的工作效率。

这些不良现象在很多传统企业中存在，并严重阻碍着这些企业的发展。当然，只要我们愿意改变这一现状，总能找到办法。而调整组织层级，使组织层级扁平化，不失为一个好办法。使组织层级扁平化，简言之，将企业多层级的金字塔组织结构变成少层级的扁平化组织结构。这往往有助于企业在激烈的市场竞争中不断胜出。

小米的组织层级扁平化，不超过3个层级，即“7位核心创始人—部门领导者—员工”。他们采用小团队作战，不允许团队太大，稍微大点就拆分为小团队。他们的办公布局也表明这种组织架构，一层电商、一层硬件、一层营销、一层产品。一位创始人管理一层，只需要分管好自己的领域，不需要分心干别的，每个人只需要干好自己的事情，不用为升职、人际关系勾心斗角。人们只要工作出色，就会获得加薪奖励。

小米凭借扁平化的组织架构获得了飞速发展，成为了发展最快的移动互联网公司。互联网创业公司房多多进行组织层级扁平化调整，也获得了快速成功。

房多多的创始人在创业的过程中很重视改造人，懂得利用互联网运营人。运营人要改变人与人之间的组织形式，这涉及组织架构。房多多的创始人段毅采用了扁平化的组织架构。几千人的事业部只设置3个层级："合伙人—主管—员工。"其中包括总裁在内的管理层都不设置独立办公室，而是坐在员工当中，以便随时与员工交流。这样的组织结构使房多多内部形成了灵活、创新的工作模式，实现了信息快速传递，避免了信息传达错误，成倍地提高了工作效率。短短4年，房多多就成为房地产O2O中的一匹黑马。

房多多采用层级少的扁平化组织架构，改变了上下级之间的沟通方式，大幅提高了工作效率，获得了快速成功。**组织层级扁平化有两个好处：第一，确保上下级的信息保持通畅，组织层级扁平化使信息快速地传递给所有负责人，不会出现传播环节中信息流失、出错的状况；第二，现场教学，案例指导。领导者可以面对面交流，减少了传达信息的很多中间环节。**在扁平化的组织中，决策人可以直接获得前线员工的信息，快速响应市场；管理层级开销大幅降低，工作效率成倍增加；员工获得了巨大的发挥才能的空间，有利于激发员工的创造力。

目前，虽然很多企业明白组织层级扁平化的好处，但是并没有行动。组织层级扁平化落地需要企业做出巨大努力。企业早日下定组织扁平化调整的决心，付诸实施才不会遥远。**推动组织层级扁平化落地，企业可以采用4个方法：沟通、协作、资源整合、激励。企业完成组织层级的扁平化调整，便可简装前行，紧跟互联网时代的脚步。**

3.1.3 组织制度的柔性化改善

以物为本的工业时代，企业为了在最短的时间内生产出大批量的产品，获得财富，往往采用严明的规章体系和赏罚分明的考核制度来管理员工。这就是我们常说的刚性管理。然而在社交网络发达的今天，这样的管理方式已经不合时宜。这迫使我们改善组织制度，使组织制度柔性化。

对组织制度进行柔性化改善，主要因为企业的组织架构改变了，企业的中心改变了，不再以物为中心，而是以人为中心。人是有感情的，高兴时工作积极主动，工作效率也高；反之，工作被动，工作效率低下。而刚性的组织制度是几乎不关心人的心情的。柔性管理与刚性管理正好相反。

柔性管理是一种以人为本的管理方式，鼓励跳跃和变化、灵活和弹性、速度和反应，强调融合、协作。柔性管理可以使人们快速适应环境，主动更新能力。柔性化的组织制度给予了员工更大的权利，同时使员工有了更强的责任感，并承担了更大的责任。众人皆知，管理的目的是充分地调动员工的工作积极性。一些90后创业者大胆尝试柔性管理，采用柔性化的组织制度，结果不仅员工工作积极性提高了，而且用人成本也降低了。

超级课程表创始人余文佳是一位90后创业者，他实施了一项柔性化的组织制度，骇人听闻，为什么呢？他的员工有权力决定自己的工资高低。余文佳善于站在员工的角度上考虑问题，他说："如果一家公司里，甲员工能力很强，取得业绩很高，乙员工能力一般，业绩一般，结果拿着一样的工资，甲员工的积极性就会受挫，心里老想着什么时候才能涨工资，但是又不好意思和老板开口涨工资。我就考虑到这种情况，在公司制定这样一个制度：员工可以自己定工资，但是工资定得高于自己的能力，我就会炒你鱿鱼。我们也会监督员工。结果员工担心自己的工资定得高于能力，不仅工资定的比自己能力低一点，还主动地找事做。”

这个令人不可思议的制度，不仅没有增加用人成本，没有使员工工作懈怠，反而降低了企业的用人成本，提高了员工的工作主动性。可见，组织制度柔性化，可以使人们更加主动地做事情，甚至自愿做事，让员工的工作态度由“要我做”变为“我要做”。这才是管理的最佳效果、最高境界。柔性化的组织制度对企业的重要性不言而喻。打造柔性化的组织制度，管理者需要把握 6 个要素，如图 3-2 所示。

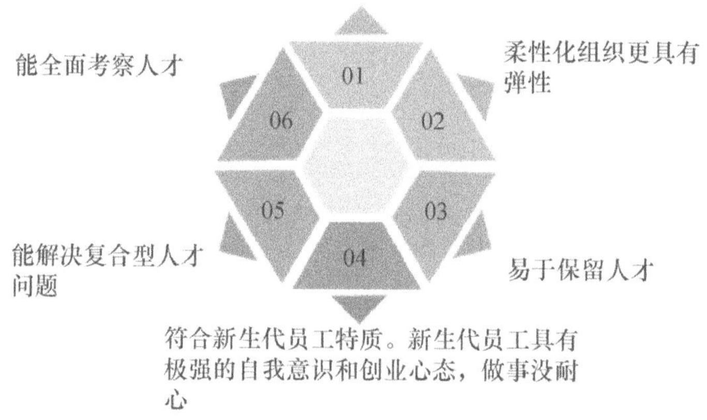

图 3-2　打造柔性化的组织制度需要把握的 6 个要素

组织制度过于严格会失去人性化，会泯灭人们的创造性，不利于组织的创新。没有创新的组织就不会有未来。加之组织架构扁平化，要求以人为中心，这就应运而生了“柔性管理”，即对人员进行人格管理，从人文关怀、思想教育方面进行价值观念调整。企业积极改善组织制度，实施柔性化组织制度，必将有效地激发员工的活力，真正地解决企业发展中的问题。

3.1.4 组织管理者的角色转化

企业进入了全新的互联网商业世界，掌握企业决策大权的管理者继续用陈旧的管理方式会严重阻碍企业的发展，将使企业的竞争力不增反减。这样的企业只能苟延残喘地活着，无法成为令人倍加瞩目的成功企业。

组织管理者的角色并不是一成不变的，它随着企业的发展规模一直在进化，先后经历了4种角色：工兵角色、监管角色、领导角色和股东角色。

（1）**工兵角色**。在企业发展之初，老板就是管理者，事无巨细，既当一线员工又当四处协调的管理者，还是一名发号施令的领导者。

（2）**监管角色**。当企业业务进入正常发展轨道时，管理者就不用事事亲自动手，只需要按照规章制度办事，及时发现问题，并组织员工马上解决。但老板需要亲自监管企业，否则会影响企业正常运转。

（3）**领导角色**。当企业发展到一定程度，管理者需要做很多决策工作，研究企业的宏观发展方向，努力激发员工的积极性。这样管理者才能带领企业再上一层楼。

（4）**股东角色**。当企业发展到一定规模，成为了行业的龙头，员工获得满足感和自豪感时，管理者就不需要再扮演领导者角色，只需要扮演股东，坐收红利。

如果企业的管理者不根据企业的发展及时地转变自己的角色，想把企业做大做强简直就是天方夜谭。如果管理者自恃自己可以同时扮演这4种角色，但是随着企业的发展规模扩大、商业环境变化，迟早会累死自己、累坏员工，进而使企业无法继续发展。

很多传统企业在向互联网转型的过程中，一直未见成效，一个主要原因就是管理者没有完成角色转换。实现管理者角色转化，首先要明白管理者在组织中发挥的作用。通过管理理论，我们得知传统的管理者往往集决策角色、信息角色、人际角色于一身。

其中决策角色表明管理者可以做出决策，并向员工分配资源来确保自己的决策顺利实施；信息角色表明管理者拥有足够的信息；人际角色表明管理者拥有一定权利。然而，进入互联网时代，决策变得很复杂，信息完全对称（过去信息不对称），人际关系发生了变化（个体独立性带来的特性促使人际关系产生变化）。

管理者角色不改变，将无法正确决策、掌握有价值的信息、拥有良好的人际关系。因此管理者必须去转变角色。我认为组织管理者最大的改变就是放下高高在上的领导架子，主动融入团队之中，与团队成员打成一片。这样管理者的角色才会彻底改变，真正地实现集合团队成员、协同个体创造价值、提升团队成员的价值追求，进而激活每一位团队成员的潜能，如图 3-3 所示。

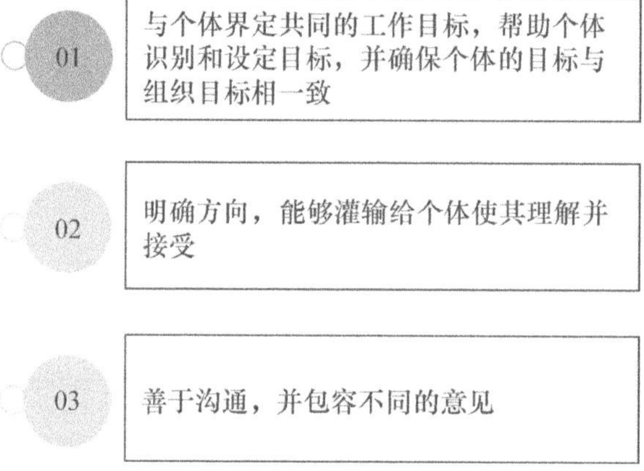

图 3-3　管理者激活个体潜能需要做的 3 方面工作

在合作、开放的互联网商业环境中，组织管理者的角色要向教练转化。“教练”这一角色，要求组织管理者在技能上不必胜过员工，但一定要具有识别人才的能力和读懂人才内心的能力，通过“教练”来激发下属的潜能。这样的管理者才不会孤军奋战，能与自己的团队融为一体，团结团队成员，进而提高企业的竞争力，真正地成为团队的核心、组织的灵魂。

3.1.5 引导组织价值观的转变

变革成为了互联网的关键字。而变革背后的根本是价值观，也称工作文化。在组织架构变革的过程中会涉及 4 种价值观（图 3-4），即功能型、流程型、速度型和网络型。我国企业最喜欢网络型价值观。而事实上，单一的价值观无法满足企业的需求，例如速度型和网络型价值观需要搭配使用，仅仅使用其中一种会给企业发展埋下隐患。苹果标榜速度型价值观，前期获得了超强的竞争力，得到了飞速发展，在后期出现了创新能力不足的问题。再如互联网技术巨头百度、腾讯，在创新上也不明显。这就要求管理者转变组织的价值观。国内的企业更青睐网络型价值观，因为它可以弥补企业持续创新能力的不足。腾讯、百度、海尔的管理者都大力引导价值观向网络型转变。管理者往往选择混合型的价值观，以完善组织价值观。

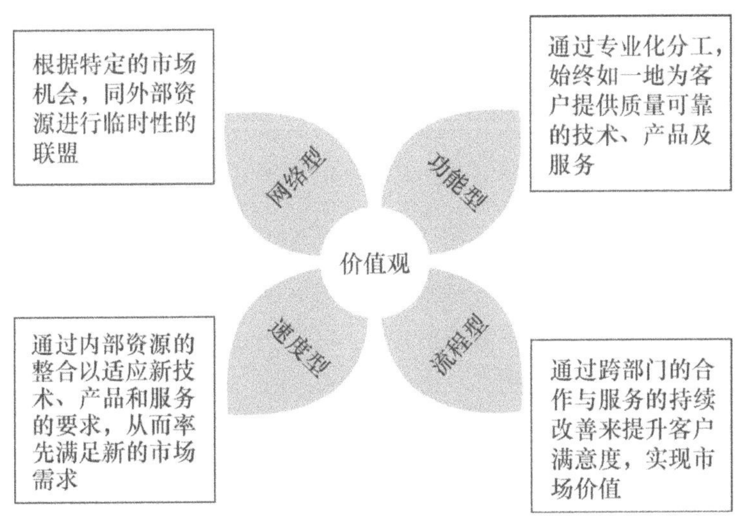

图 3-4 组织架构变革的过程中会涉及的 4 种价值观

向互联网转型中的企业往往会迷茫，一些管理者看到了方向，但是无法做到指哪打哪。出现这种情况，要么是管理者还不清楚企业的价值观，要么是企业价值观过时了不能发挥指导作用。此时，管理者不去转变组织价值观，往往会导致企业转型失败。

价值观是企业文化的核心，是企业行为规范制度的基础，是将每一位员工聚集在一起的精神纽带，是企业生存、发展的内在引擎。组织价值观建设不可能一蹴而就，需要长期积淀。组织价值观不会自发产生，需要管理者有意识地培育，方可形成。

组织价值观能够指引员工充满信心地朝着统一目标前进，是企业的精神灵魂。可以说，没有价值观的组织就是一具行尸走肉。组织价值观并不是一成不变的，它的发展与完善是一个永无止境的工作。因此，管理者要坚持不懈地为企业探索最实际、最有效的价值观。管理者还要不断地检讨，及时发现不合理之处，并在第一时间进行改善，力求组织价值观充满活力。

引导组织价值观转变的目的是统一团队成员的思想、步调，促进组织发展。陈旧腐朽的组织价值观只会把企业带到沟里。只有正确的价值观才能把企业带到成功的大道上，使企业牢牢掌握自己的命运。在向互联网转型的过程中，管理者必须引导组织价值观的转变，方可让所有的员工充满信念地朝着互联网这一个方向前进。

企业价值观建设的成败，决定着企业的兴衰存亡。纵观那些成功的企业莫不注重企业价值观的建设，从而拥有完善的价值观，进而获得了快速发展。中国制造海尔的价值观是“真诚到永远”，格力的价值观是“少说空话、多干实事，质量第一、顾客满意 ”，华为的价值观是“以客户为中心”，等等。这些企业人才济济，都成为了行业的龙头。

管理者在建设组织价值观的过程中要注意 3 个要点：一是价值观力求用具体的语言表述，忌用抽象、难懂的语言；二是内容避免重复，不得与其他企业的价值观类似；三是要求员工自愿尊崇、传递组织价值观。

阿里巴巴价值观很独特，值得我们借鉴。电子商务巨头阿里巴巴在发展的过程中组织价值观得到了不断转变。当其他企业还把股东奉为至尊的时候，阿里巴巴就洞察到了客户、员工的变化，开始转变企业的价值观，从而拥有了更先进的价值观。

阿里巴巴的管理者十分重视组织价值观的建设，认为价值观是企业文化的基石和企业的DNA，并构建了独一无二的组织价值观——“客户第一、员工第二、股东第三”。之所以说独特，在于其他企业把财大气粗的股东排在第一，而阿里巴巴的管理者把服务客户排在了第一，甚至把员工看得比股东重要。阿里巴巴的价值观直接作用于内部员工，对员工起着激励作用，从而打造出了生生不息的“阿里铁军”。

可以说什么样的组织价值观塑造什么样的人才。顺应时势的价值观才能塑造出新时代的人才，促使企业与时俱进，成为时代的领军。阿里巴巴的管理者深谙这个道理，不断地引导组织价值观的转变，塑造出了一代胜过一代的人才，让自己成为了互联网浪尖上的舞者。

企业没有价值观或者价值观错误会危机重重。没有价值观的企业犹如一盘散沙，没有统一的目标，内部无法达成共识，无法发挥人才的凝聚力。价值观不正确的企业会唯利是图，为了蝇头小利不惜做危害社会的事情。要解决这些问题产品，我们需要从根本上抓起。这个根本就是企业的价值观。

一家企业欲成为有责任、持续发展的企业，必须建设自己的企业文化，企业文化的核心就是价值观。良好的价值观才能有效地管理企业，规范员工的行为，统一员工的思想，促使员工上下同心、积极向上。价值观不合适的企业无法形成合力，需要立刻去转变价值观。组织价值观转变，不可能一蹴而就，需要耐心引导。转变组织价值观的目标是更好地服务消费者，赢取消费者的心，发展忠实的消费者。“得用户者，得天下”，企业拥有了越来越多的忠实消费者，将会持续地发展下去。

3.2 新型组织架构对企业人才战略的作用

如果企业没有合适的组织架构和人才战略，那么向互联网转型将会举步维艰。新型组织架构可以推动以员工为中心的文化和工作体验，重构企业人才战略，在企业的人才战略发展中发挥六大作用（图 3-5）：**第一，满足快速反应的互联网基本需求；第二，形成具备学习氛围的人才团队；第三，确保成长战略落实到每一位人才；第四，吸引人才加入形成良性循环；第五，降低企业内部管理成本；第六，提升企业整体的协同力和凝聚力。**

图 3-5　新型组织架构对企业人才战略的六大作用

3.2.1 满足快速反应的互联网基本需求

传统企业的工作节奏是比较缓慢的。员工在工作中发现问题，需要逐层上报审批，开会讨论，苦苦等候领导的审批结果，往往一周过去了，也毫无音信。而互联网企业的发展节奏就是“快快快”。员工上午提出的问题，往往下午就能解决。互联网的快节奏、劳动力结构的变化，对人才提出了巨大挑战，要求人才具有适应互联网快节奏的能力，要求人才具有快速反应的能力。

在如今的知识经济时代，对于人才来说，重要的不是获取信息的能力，而是对信息的分析能力以及快速做出反应的能力。的确如此，互联网瞬息万变，人不快就会被淘汰出局；商机转瞬即逝，人们手慢即无。

互联网的快节奏挑战着人们的工作节奏。人们的工作节奏必须变革，必须变得快起来，这样才能抢到发展先机，使企业有望弯道超车。那些快速成功的企业，往往拥有反应快速的人才队伍。

小米不断刷新中国互联网企业的成长速度，成为了一家以快著称的企业。它以快速创业成功闻名海内外，其MIUI系统以更新的速度著称，其团队反应速度快的令人难以置信。

有一年“815电商大战”中，小米企业的所有成员全力以赴，创下了优异业绩。8月14日23点，雷军和自己的管理团队才决定参加8月15日9点开始的“电商大战”，便立即做准备工作。雷军得到了团队所有成员的大力支持。结果，从策划、设计、开发到组织供应等工作，不到24个小时就准备好了。一上线，微博的转发量就接近了10万次，共销售出去20万台手机。

小米参加“815电商大战”活动，表面看上去很仓促，实际上体现出了小米团队的快速反应能力。小米团队响应迅速，配合默契，工作效率奇高，业绩优秀。

西班牙知名服装品牌ZARA击败了H&M，在流行服饰界脱颖而出，它的秘诀就是“对时尚做到了快速反应”。

ZARA形成设计、采购、生产、销售共同运作的一体化模式，ZARA设计师、采购专家、生产专家、市场专家联合形成了一个“商务团队”。他们密切合作，以缩短设计的酝酿期。他们经常聚在一起共同探讨有关流行的服装款式、布料的选择以及售价等问题，并尽快达成共识。然后，设计师们通过计算机绘图快速地绘出服装的样式。因为布料和衣服上的小装饰品在仓库中是现成的，ZARA 可以很快制成样品。由于整个团队都在同一个地方办公，即 Inditex（ZARA 的总公司）总部，因此讨论、审核、批准也是同样迅速。如此才能把产品的先导时间控制在 3 周内。而传统的服装品牌和零售商将自己的创意构思变成实物样品至少需要 3 ～ 5 个月的时间。

ZARA 物流配送同样以快为导向，每周向专卖店配送两次货物。他们采用最先进的物流系统，无论多大的订单都能在 8 小时内装好车发出去。他们的货物配送到欧洲各个专卖店不超过 24 小时，配送到美国不超过 48 小时，配送到日本不超过 72 小时。

ZARA 的母公司 Inditex 的首席执行官若泽 • 玛丽亚 • 卡斯特利亚诺 • 里奥斯（Jose Maria Castellano Rios）曾说过：“在时装界，库存就像是食品，会很快变质，ZARA 所做的一切便是来减少反应时间。”

ZARA 的所有成员都以“减少反应时间”为理念，他们的部门经理通过联网的 PDA（掌上电脑）实时掌握消费者信息，减少了解潮流的时间。他们通过运营系统快速低价地把时尚服饰呈现在消费者眼前，赢得了消费者的欢心。ZARA 团队成员快速响应当前潮流，促使其飞速成为了快时尚品牌的领导者。

因此，我认为，企业人力资源管理者结合快速反应的互联网特征，有的放矢地调整人才战略，培养适应互联网商业环境的人才是摆在眼前的头等大事。

3.2.2 形成具备学习氛围的人才团队

员工离职周期不断缩短，研究显示，老员工离职周期已经从 3 年缩短到了 2 年。这大幅增加了企业的招聘、培训等人力成本。企业要招聘一个合适的人选，需要花大量时间筛选简历、面试，招聘进来还需要培训，能不能留下来还是未知数。所以，企业 HR（人力资源）不得不考虑留人的措施，而为企业的人才团队营造学习氛围不失为一个良策。

大部分员工在做出离职决定之前，经过了深思熟虑，考虑清楚了其中的利弊。可见，大多数员工离职是理智的决定。因此，HR 在员工离职面谈的时候，试图留住员工的成功率很低。正所谓，让人回心转意谈何容易。

企业 HR 想留住员工，首先要了解不同时间段员工离职的根本原因（图 3-6），才能对症下药地留住员工。

图 3-6　不同时间段员工离职的根本原因

不少员工选择公司不仅仅看薪水高低，往往很重视成长机会。只要在公司能获得学习机会，不断地成长，即使工资稍微低一点，员工也会死心塌地地工作。

常女士是学护士专业的，毕业之后来到了 A 私营医院工作，月薪 3000 元，她干了3年仍然没有离开的想法。她的朋友都劝她说："你在A医院工资也不高，你图个啥？你看我的工资现在快比你多出一倍了。"常女士说："我在A医院有学习的机会，我们领导主动提醒我报考护师证。我在这里工作不仅积累了丰富的经验，理论知识也提高了。去年，我考过了护师证，我现在正在准备考主管护师证，领导表示，考下来给我报销培训费和考试费，很支持我学习。别的单位工资高，但是把你当毛驴使唤，不支持你考证，根本没有学习机会。"

可见，常女士留在A医院工作，最看重的不是薪水，而是学习机会。她在A医院虽然拿到的薪水偏低，但是她收获很大，积累了丰富的经验，还提高了理论知识，护师证就是最好的证明。她在A医院得到了成长，她感恩自己的单位，忠于单位。她不会为了薪水离开培养她的医院。她即使离开A医院，我相信她的身价会得到明显的提升，想获得期望的薪水也很容易。

事实证明，企业想留住人才，仅仅依靠加薪是行不通的。很多企业管理者给自己的员工年年加薪，员工离职率仍然很高。一些企业给员工的薪水并不是行业中偏高的，仍然能让员工死心塌地为企业工作。我们经过研究，发现员工在工作中更加看重成长机会、学习氛围。那些注重为员工创造良好的学习氛围的企业更容易留住人才。

3.2.3 确保成长战略落实到每一位人才

人力资源管理者的挑战不断加大，找人难、入职率低，留住人难上加难。其实企业并不缺人才，一些员工离职再招聘新员工进来，但是缺乏留人的机制，从而导致企业长期人才匮乏，突发情况下无人可用。一个管理者没有人可用，做不出业绩的；一家企业没有人才，随时都会破产。人才培养成为了企业的当务之急。管理者培养人才要兼顾每一位员工的成长。

新型的互联网组织架构，精简岗位，避免人员冗繁，力求一岗一人，重视每一位员工的成长。它对企业人才战略的作用很大，能确保成长战略落实到每一位人才。成功的企业莫不重视每一位员工的成长。百年企业IBM、互联网巨头阿里巴巴在发展的过程中不遗余力地将人才战略落实到了每一位员工，从而远离了人才危机，获得持续健康发展。

企业的接班人不可能从外部挖去，需要内部培养。企业想获得匹配的管理人才，非一朝一夕可实现。据调查显示，企业培养一位管理人才往往需要数年，甚至更久。因此，管理者必须每时每刻为企业培养人才，并把每一位员工作为培养对象。这样企业方可人才济济。

阿里巴巴通过培训、轮岗制，培养出了一代代优秀的管理人才。阿里巴巴希望通过内部培养管理队伍，很重视每一位员工的成长，为每一位新员工安排培训、轮岗机会，不仅使许多一线员工快速成长为了管理人才，更有利于留住人才。

阿里巴巴把很多普通员工培养成了企业的优秀管理人才。阿里巴巴的一线员工孔飞通过培训、轮岗等途径，快速成长为阿里巴巴的中级管理人才；阿里巴巴前台接待童文红，在数个岗位上锻炼，成长为了阿里巴巴的高级管理人才——菜鸟网总裁。

孔飞进入阿里巴巴之后，参加了丰富的培训，被安排轮岗，在企业的数个工作岗位上待过，先后从事了公关、培训、市场等工作。经过5年的锻炼，他具有了超强的领导能力，惊喜地从普通员工晋升为了企业的中层管理者。孔飞表示，在公司满1年而且考核合格的员工，可获得轮岗机会。轮岗制让员工得到了充分锻炼，能促使员工快速成长。

童文红2000年进入阿里巴巴，担任前台接待（其实她想做阿拉巴巴的行政助理）。她工作认真细致、主动积极：为出差的同事主动发送火车车次时间，夏天为同事提供冷饮解暑，从而得到了同事的高度认可。做了一年多前台接待，她被调到客户支持部。经过3个月，她被阿里巴巴人力资源副总裁彭蕾推荐担任行政部经理。在接下来的6年里，她先后从事过集团客服、人力资源等部门的管理工作，并当上了阿里巴巴集团副总裁。童文红成长了，也成熟了。2013年5月，童文红兼任菜鸟网络首席运营官，2015年3月，被任命为菜鸟网络的总裁。

谁也想不到一个小小的前台接待员会晋升为阿里巴巴的高级管理者，但是这是不争的事实。童文红之所以能成长为阿拉巴巴的高级管理人才，得益于阿里巴巴的人才成长策略，即员工培训和轮岗制。如果阿里巴巴不重视每一位人才的成长，那么一线员工很难晋升为中高层管理者，小小的前台接待永远不会与总裁产生交集。

阿里巴巴确实将人才成长战略落实到了每一位员工，重视每一位新入职的员工成长，为每一位新入职的员工提供培训，为入职1年以上的员工安排轮岗，从而把许多普通的基层员工培养成了有用的管理人才。最后，员工成长了，阿里巴巴强大了。可见，将成长战略落实到每一位员工是培养人才的有效策略，它实现了员工与企业共赢。只有这样，大多数员工才不会离开企业，企业才不会经常解雇员工，并可获得充足的人才。

一家企业只有重视每一位员工的成长，并为其制订科学的成长计划，才会避免遭遇“蜀中无大将”的人才危机。

3.2.4 吸引人才加入形成良性循环

新型的组织架构可深深地吸引人才加入组织，使组织形成人才良性循环。这个道理不难理解。我们想吸引某些珍稀动物，往往要先改善环境，建设适合这种珍稀动物生存的环境。例如，人们要吸引大熊猫，并让它生存下来，先得种植大熊猫赖以生存的竹林，即我们营造的环境要为大熊猫快乐生存服务。新型的组织架构以人才为中心，重视为人才服务。在这样的组织中，只要你有才能，为企业创造出价值，就会成为组织中受尊重的人、收入丰厚的人。这样的人才环境可深深吸引有梦想、有才能的人才加入组织。互联网创业公司往往采用全新的组织架构，在吸引人才方面效果很显著。

阿里巴巴在发展的过程中，经历多次组织架构变革，组织架构越来越扁平化。阿里巴巴采用新型的组织架构，使组织扁平化，吸引了许多优秀人才加入了阿里巴巴。这些人才死心塌地地工作，成为了阿里巴巴持续发展的不竭动力。阿里巴巴创业之初，“十八罗汉”放弃在大公司的工作机会和丰厚收入，追随马云来到杭州，拿着500元的月薪、睡着地铺、加班如家常便饭；杰出的海外工作人士蔡崇信，毅然放弃百万年薪，甘愿拿着600元月薪加入阿里巴巴。马云对入职一年的800名员工说，阿里巴巴还在华星大厦办公的时候，很多企业想挖阿里巴巴的人，开出了4倍的工资挖阿拉巴巴的人，阿里巴巴员工没有一个因此离开的。相反，很多人才渴望进入阿里巴巴，但是进阿里巴巴很难。这无不表明，阿里巴巴的组织结构有利于吸引人才。

为了更好地吸引人才，形成人才良性循环，2016年阿里巴巴再次升级组织架构。如今阿里巴巴的管理人才已经形成了良性循环，人才辈出。阿里巴巴的管理团队中60后逐渐退出，70后、80后成为了主力军。数据显示，目前70后、80后管理者所占比例高达97%，其中最年轻的80后管理人员所占比例超过了50%。

可见，阿里巴巴的新型组织架构为其吸引来了大量年轻的管理人才，使其管理人才形成了良性循环，为其打造出了人才辈出的人才局面。

面临人才危机的传统企业不妨以阿里巴巴为榜样，不断地升级组织架构，使组织架构扁平化，适合人才发展。我相信，这样的企业迟早会吸引到梦寐以求的高级人才，形成人才良性循环。

3.2.5 降低企业内部的管理成本

新的组织架构对企业人才战略的第五大作用是降低了企业内部管理成本。在传统的组织架构之中，企业的管理者众多，每一个决策、反馈都要经过基层主管、中层主管、高层主管上传给企业 CEO 或下达给一线员工。很显然，这个过程中存在过度管理现象，大幅增加了企业的管理成本。

组织内部成本	外部交易成本	机会成本
包括构建组织结构框架所需要的成本和内部组织管理机制的运行成本	包括履约成本、谈判成本、搜寻成本	指管理机构和人员之间的摩擦和协调时间过长，从而导致组织资源的利息成本支出的损失以及由于延缓市场、投资机遇等产生的一些赚钱机会的错过而产生的代价

图 3-7　3 类主要的企业管理成本

企业管理成本主要包括 3 类（图 3-7）：**组织内部成本、外部交易成本和机会成本**。新的组织架构对组织内部成本的影响最大。全新的互联网组织架构在降低企业的内部管理成本方面效果很显著。没有哪个管理者不期望降低企业内部管理成本。

研究数据显示，传统企业的管理成本居高不下，占到了企业总成本的 1/3。在用工成本不断提高的背景下，高昂的管理成本占用了企业大量资金，严重阻碍了企业的发展。而互联网创业者往往采用扁平化的组织架构，精简了庞大的管理队伍，节省了许多内部管理成本。其快速成功的一个关键因素就是通过重建组织架构大幅降低了企业内部管理成本。搭建新型组织架构降低企业内部管理成本，表现在 3 个方面。

第一，减少管理部门，降低了办公设备投入成本。在传统的金字塔组织架构中，管理层级高达十余层，管理部门不计其数，部门与部门之间独立运行，每一个部门需要独立的办公空间和一整套的办公设备。这增加了企业不少的固定管理成本，在融资不景气的情况下，阻碍了企业发展。目前，企业消除此障碍的有效途径就是构建新型的组织架构，精简企业冗繁的管理层级、管理部门。

层级少的扁平化组织架构是备受企业管理者青睐的一种新型组织架构，在控制企业内部管理成本方面效果不错。那些与时俱进的传统企业向互联网转型会选择扁平化的组织架构。

2016 年 3 月，国投所属的国投河南新能开发有限公司大刀阔斧地变革其臃肿的金字塔组织，重新设计了组织架构，全面推行层级少的扁平化组织架构。国投河南去掉了许多管理层级，合并了不少管理部门，将原来的 21 个科室、11 个区队精简为 11 个部室。除了减少大量部门，国投河南还采用了大部室集体办公管理和工作职能分设，优化组织机构和办事层级，在管理方式上，实现了小事系统内部解决，大事公司研究决定，提高了工作效率。此举把国投河南内部管理成本降低了数倍。

国投河南新能开发有限公司在发展中遭遇了管理层级过多、管理部门多如牛毛、内部管理成本不断增加的困境。其管理者经过深入探究，决定重构组织架构。结果，减少了企业的很多管理部门，仅管理基础设施的投入成本就下降了数倍，还明显地提高了工作效率。

第二，减少了管理人员，降低了用人成本。新的少层级的组织架构精简了企业人员，尤其是管理人员。因为管理层级、管理部门大幅减少，管理人员相应地减少了。很显然，这大幅减少了企业的用人成本，包括管理人员的工资、差旅费、办公开销等方面。在国投河南的扁平化组织框架中，司副矿长级领导直接担任部门负责人，原来的中层干部不再做传话筒的协调工作，成为了专职负责人，承担一项或几项重要具体工作，或者深入井下一线现场跟班，帮助班组排除安全隐患。无疑，这有利于推动安全高效生产，从根本上减少了管理人员数量。

第三，减少了重复工作，提高了工作效率。新型的组织架构减少了中间层级，领导可以直接找主管，主管直接管员工；员工直接向主管反馈问题，主管直接上报总裁，减少了很多充当传话筒的管理人员，即减少了很多重复工作。原来员工反馈的一个客户问题，需要经过部门主管、总监、经理、总经理、总裁等处理。在新的组织架构中，仅需 3 个人处理。这明显减少了重复工作，降低了企业的用人成本。

国投河南采用全新的少层级的扁平化组织架构，降低内部管理成本方面效果显著。管理层级减少了，随之减少了管理人员的办公基础设施的投入成本；管理人员减少了，随之降低了企业用人成本。这为其日后的快速发展节约了很多资金，有利于其把有限的资金花在刀刃上。

总而言之，企业大力缩减管理部门，减少管理人员，不失为降低企业内部管理成本的良策。

3.2.6 提升企业整体的协同力和凝聚力

一家企业发展缓慢或者停滞，往往与组织架构臃肿、管理方式过时息息相关。企业快速发展，离不开变革旧的组织架构、管理方式。管理者只有立即构建新型组织架构，采用新的管理方式才能加快企业发展速度。**传统企业转型，要重视管理“三力”，即凝聚力、协同力和执行力。**过去管理者致力于执行力，对凝聚力、协同力的重视远远不够，而互联网企业离不开这二力。因此，传统企业升级提升管理凝聚力、协同力刻不容缓。新的组织框架催生新的管理、新的文化，极大地提升了企业整体协同力和凝聚力。

IBM 构建了全新的组织架构，提升了企业整体的协同力。

IBM 利用思想平台（Thinkplace）的机制来推进跨部门创新。IBM 设置了一个 6 ～ 8 个月的创新项目，让不同部门的优秀人才，一周抽出一天参与该创新项目，并聘请经验丰富的商业和技术管理者担任该项目的导师。这些人临时组成公司的创新小组，同心协力地完成创新项目。IBM 还一年举办两次专场来展示这些跨部门创新项目的成果。这些跨部门创新项目不仅吸引了优秀的人才积极参与，而且锻炼了公司优秀人才的协同能力，提升了企业整体的协同能力。

IBM 的跨部门创新项目把企业内部不同部门的优秀人才聚集为临时性组织单元，促使商业人员和技术人员一起进行协同创新工作。IBM 的此举旨在促使企业快速地尝试行业最新的创新趋势，加快了大企业的创新反应速度，从根本上提升了企业的整体协同力。

除了提高企业的整体的协同力之外，管理者还需要努力提高企业的整体凝聚力。21 世纪是一个团队至上的时代，一家企业的成败往往由团队决定。甚至可以说所有的事业都是团队事业。从这个意义上讲，提升企业整体凝聚力，就是提升企业整体团队凝聚力。实践证明，适时调整企业的组织架构，深深影响着企业人才战略，进而可以有效地提高企业整体的凝聚力。

如果一家企业在发展中遇到资金紧张、库存高居不下等问题，能充分地考虑到团队成员的利益，不轻率地采用裁员、降工资等方法来损害团队成员的长远利益来谋求企业的眼前利益，而从组织架构入手，往往能提升企业整体的团队凝聚力，让所有的团队成员团结起来快速解决发展中遇到的困难。

当日本经济低迷的时候，很多企业遇到了产品库存高居不下的问题，不少企业为了眼前利益，迫不及待地裁员。而松下电器面临高库存问题，其管理者没有采用裁员的方法，而是寻找更好的办法。

松下电器的管理者经过深思熟虑，做出了一个不可思议的决定：一个团队成员也不裁，从即日起生产量减少50%，生产工人改成半日工作制，仍然领取整天的工资。这个简单的调整，极大地鼓舞了企业团队成员的工作热情，提升了企业所有团队成员的士气。结果，大家团结起来，一起努力销售库存产品。预计半年销售完的库存产品，结果，仅仅用了两个月成功售出。于是，松下电器恢复了正常的生产量，团队成员的凝聚力大幅提升了，企业重新获得了蓬勃发展。

松下电器快速解决了高居不下的产品库存，得益于其管理者从组织架构入手，果断地调整了工作制，从而促进了团队成员团结合作，提高了团队成员的士气。这不仅帮助松下电器快速地解决了产品高库存的难题，还有效地提升了企业整体的凝聚力，从根本上提高了企业的核心竞争力，成为了松下电器长盛不衰的法宝之一。

可见，管理者重视组织架构可以提升企业整体的协同力和凝聚力，可以有效地落实企业的人才战略，进而为其在激烈的人才竞争中打下了坚实的基础。

第4章 人才招聘模式重构：引入联盟型人才

互联网势不可挡地改变着世界，人们使用QQ不仅可以娱乐，而且可以买卖东西；人们利用微信不仅可以发红包，而且可以开微店创业。互联网对企业的影响更加深远，改变了企业的人才结构，改变着人们的求职方式，改变着HR的招聘方式。企业人才招聘逐渐走向网络。新的商业环境需求新型的人才。企业不仅仅需要顶尖的人才，更需要高度协作的人才、复合型人才，尤其需要具有超强适应性的联盟型人才。而过去的招聘模式难以吸引联盟型人才，因此，企业的人才招聘模式重构迫在眉睫。

4.1 为何优秀人才觅不得

俗话说“物以稀为贵”。在招聘领域，优秀人才一直是稀缺资源，被视为企业的“大熊猫”、管理者的掌上明珠。在追求极致的互联网时代，只有极致的人才才能创造出极致的产品，成就一流的企业。创业公司更是不惜代价地抢夺优秀人才。因为谁能抢到优秀人才，谁便可增加自己未来制胜的筹码。如今，专业化人才的需求和争夺发展到了白热化程度。HR 面临巨大挑战，寻觅不到优秀人才，感到异常苦恼。

在实际的人才招聘过程中，HR 遇到了许多困惑：应聘者数量太少，应聘者质量低，招聘宣传工作巨大，总要筛选大量无效简历。同时，HR 筛选人才余地变小，被迫降低招聘门槛。HR 还投入巨额招聘广告费、大量时间筛选简历，苦苦等待应聘者上门面试。结果，每次面试结束，HR 都会大失所望，连优秀人才的影子都看不到。HR 感觉自己越来越被动，不知如何寻找优秀人才。

造成优秀人才难招的原因有主客观两方面：客观上人才竞争激烈，主观上人力资源管理者需要改变。

企业人才招聘难度逐渐加大。企业迫切需求的高级管理人才和一线员工最难招聘。HR 在工作中普遍遇到“一才难求”的问题。

对此，HR 要更加立体、全面地做好招聘管理工作，招聘渠道的选择、雇主品牌的打造、企业文化的建设等不能再停留在概念层面，需要落实。这是人力资源管理者的工作重点。

为什么优秀的人才寻觅不到？我们经过长期的实践和深入的探究发现了 7 个原因。

（1）优秀人才成为企业的香饽饽，他们在职期间经常能接到猎头的电话，根本不需要主动找 HR。

（2）积极找工作的人往往与优秀人才有一定的距离，入不了 HR 的法眼。

（3）传统的招聘方式已经落伍了，效率低效，占用求职者大量时间，被求职者弃之不用。

（4） HR 自身的招聘技能问题。

（5）企业的招聘方式与别人雷同。例如，HR 都喜欢到舒适的招聘会上招人，通过招聘会来招人已经无法吸引人才的眼球，如果通过俱乐部的方式招聘人才也许会吸引到优秀人才的眼球。

（6）人才招聘决策太糟糕。

（7）人才竞争激烈，企业不惜代价地抢夺人才。

其中最主要的原因是人才招聘决策太糟糕，人才竞争激烈。

4.1.1 人才招聘的“内部大敌”

一家企业无法吸引人才受许多内部因素影响，包括人才结构、文化氛围、工作环境、工作强度和领导者决策等。其中糟糕的决策是人才招聘的“内部大敌”。调查研究显示，很多优秀的人才离职的原因是认为领导人不靠谱，糟糕的决策令其无法施展才能、获得成就感。

管理者想吸引优秀人才，要具备优秀的决策能力，优秀的决策能给团队成员最佳的出击方向。否则，只会把优秀的人才带进沟里，离成功更远，劳而无功。很多传统企业发展缓慢就是被糟糕的决策所累。

很多人认为谁都能干 HR 工作，不过就是挑选简历，打电话通知面试，见面聊工作、待遇，HR 工作看上去似乎很简单。在劳动力充裕的时候，HR 招人的确很容易。随着适龄劳动力减少、很多人加入创业大军，HR 想招个优秀的人才难度倍增。在离职率高居不下的背景下，HR 根本闲不下来，企业的每个部门都人才告急。HR 经理在招聘工作中一直处于救火状态，这与企业内部管理者糟糕的人才决策有关。

某传统企业的业务部管理者迟迟不做出人才招聘决策，年初没有提出自己部门的年度人力资源需求，这就会导致 HR 经理错过春节之后的黄金招聘时机。有时候，业务部门管理者尽管年初提出了年度人力资源需求，但是仅仅是个“怕脑袋”的决定，根本没有去论证和分析。于是，他们的招聘需求从年初一直变到年尾，每次提出新需求都表示很着急。HR 经理被这些突发性的人才招聘工作折磨得身心憔悴，加班加点，费了九牛二虎的力气，终于找到一个满意的候选人向业务部管理者推荐。结果，业务部管理者轻描淡写地说，他们取消了此人才招聘需求。HR 经理几乎崩溃了。

很显然，业务部管理者糟糕的决策导致该公司 HR 经理招聘人才无果。管理者不认真制定自己的人才招聘需求，就算 HR 经理有三头六臂，会七十二变，也会忙得焦头烂额，无法找到优秀人才。俗话说，预则立，不预则废。部门管理者想获得优秀的人才、得力的干将，如果做不出好的人才招聘决策，根本实现不了。

管理者不断地做出糟糕的决策有九大因素，**从重到轻依次为：懒惰，**不

能准确预测意料之外的事情，优柔寡断，故步自封，与战略相悖，过度依赖，唯我独尊，缺乏专业深度，没有解释清楚决策的四大问题——什么、何时、哪里、怎样。

HR 经理找不到优秀的人才，也与其被动工作有关。HR 经理没有积极地协助业务部门提前制定人才需求。或者 HR 经理没有与业务部门建立畅通的沟通渠道，以至于业务部门取消人才需求，HR 也不知道，仍然根据原来的人才需求招人，直到找到了有意向的候选人推荐给业务部的管理者，才知道业务部不招人了。HR 经理要想避免做无用功，就要与业务部管理者亲密合作，努力成为业务部的战略伙伴。

4.1.2 人才招聘的“外部障碍”

21 世纪是一个人才竞争激烈的时代。这已被管理者、HR、人才所公认。HR 开展人才招聘工作必须了解当下的人才竞争形势。因为激烈的人才竞争已经成为了人才招聘的“外部障碍”。HR 只有掌握人才竞争的实际情况，才能制定合理的人才招聘策略，从而提高人才招聘的效率。我们一起来了解互联网时代的人才竞争究竟如何激烈？

几乎所有的企业都遭遇了激烈的人才竞争。投资银行（主要从事 IPO、并购重组工作）的人才竞争激烈，投资银行需要的从业人员并不多，投资银行的职员是所有打工行业中工资最高的。很多优秀人才挤破了脑袋想进入投资行业。一直以来，投资银行在人才市场中随便挑选优秀人才，根本不考虑没有丰富工作经验的应届毕业生。随着互联网金融企业遍地开花，投资银行深深感觉到了人才竞争的激烈程度，寻找合适的人才总是一人难求。投资银行的 HR 被迫降低人才招聘的门槛，开始主动把橄榄枝抛向具有一定券商、律师事务所、财务事务所实习经历的优秀应届毕业生。

可见，投资银行业的人才竞争变得激烈了。如果该行业的 HR 不了解此人才竞争的变化，一定会在人才招聘中受挫，难以找到有丰富经验的人才，还有可能让企业错过招聘优秀应届毕业生的机会。这会导致企业在人才竞争中更加被动，甚至会造成企业人才危机。因此投资银行的 HR 乃至所有的 HR 很有必要了解人才招聘的“外部大敌”，即激烈的人才竞争。

汽车业的人才竞争空前激烈。随着“互联网”、工业 4.0、智能汽车的蓬勃发展，新兴的智能汽车产业迫切需求既懂汽车制造，又懂互联网产品的复合型人才。这加剧了汽车业的人才竞争。统计数据显示，平均每月会有 10 名汽车高管流动。2016 年年初，不少传统汽车企业的高管被互联网汽车企业挖走。2016 年 1 月，观致汽车首席执行官墨斐“闪辞”，英菲尼迪汽车公司的中国区总经理戴雷被互联网加智能电动汽车公司“和谐富腾”挖走，聘为首席运营官。

这只是汽车业人才竞争的开始。随着互联网智能企业的不断增加，汽车市场的人才竞争必将硝烟滚滚。

其他企业的人才竞争激烈程度与投资银行、汽车业相比，有过之而无不及。在这样的情况下，HR 想找到优秀人才，必须改变招聘策略，采用有效的招聘策略，方可消除人才招聘的“外部障碍”——激烈的人才竞争。俗话说，手慢即无。因此 HR 经理只有比竞争对手出手更快、更准确、更有力，才可在激烈的人才争夺战中顺利进行人才招聘工作，抢到稀缺的优秀人才。

4.2 重构招聘流程，从源头把控人才

人才是企业竞争的珍贵资源，企业不遗余力地抢夺人才，但吸引、留住人才的效果却不尽如人意，与低效率的传统招聘流程不无关系。因此，企业重构招聘流程刻不容缓。

传统企业的招聘流程死板、繁杂，再加上一些 HR 管理者不结合具体情况，却一成不变地按照流程办事，这让企业无法适应快节奏的互联网，会导

致 HR 好不容易物色到的人选走不了几个环节，就会被互联网企业横刀夺爱。传统企业亟待变革招聘流程，方可在激烈的人才竞争中抢夺到优秀人才。

传统企业的招聘流程主要包括招聘计划、招聘、应聘、面试、录用等，主要目的是规范企业 HR 人员招聘行为，确保企业和 HR 人员的利益，但是只适用于劳动力过剩的人才环境。如今，劳动力不断减少，企业招聘人才难度加大，不利于人才的招聘流程，会让企业蒙受损失和 HR 人员劳而无功。因此，传统企业的招聘流程必须变革。

互联网招聘流程灵活、讲究效率，受到了求职者的青睐。在互联网广泛应用的今天，没有哪个求职者会弃网络招聘而选择招聘会的，仅耗时这一点（招聘会上面试了还得去企业面试，面临初试、复试等），招聘会就令人无法忍受。我们看看高速发展的苹果公司的招聘流程。

于先生在美国攻读数据系统博士学位，很幸运收到了苹果公司的面试邀请。团队领导 M 先生在 Linkedln（全球知名的职场社交平台领英）上主动联系于先生，并表示对于先生之前做的一个 Research Based 开源项目很感兴趣，很诚恳地询问于先生愿不愿意加入苹果。于先生高兴地说："愿意！"M 先生便安排于先生当天与苹果领导电话面试，结果成功了。接着，M 先生安排于先生第二天与两位工程师面试。第三天，M 先生告诉于先生可以来苹果公司工作，岗位是见习工程师，地点是美国森尼维耳市苹果总部。

苹果公司的团队领导 M 先生从通知候选人面试到录用，仅仅 3 天就搞定，其招聘效率可谓达到了出人意料的速度。整个招聘流程极其简单，M 先生锁定候选人于先生，主动联系于先生并邀请其面试，当天立即安排于先生电话面试，第二天安排于先生面试，第三天电话通知录取。这样的招聘流程效率高，获得了趁热打铁的效果。HR 管理者采用这样的招聘流程可以把有意向的人才闪电般地引进企业。这是典型的互联网招聘流程，其优势不言而喻。

如何让招聘进来的人才满足企业需求、能征善战？这是每一个 HR 管理者日思夜想的问题。HR 管理者破解此问题需要从企业的招聘流程入手，全面地诊断企业的招聘流程，优化、重组招聘流程，进而制定全新的、科学的招聘流程。这样 HR 管理者方可避免引进的人才质量不高、流失严重，实现从源头把控人才质量和匹配度，最终引进优秀人才并留住优秀人才。

招聘工作是企业管理的源头，人员招聘是企业管理的一个重要的环节，为了努力从源头上把控人才，管理者需要从招聘流程入手，进一步规范招聘流程、优化招聘流程。

人力资源管理者重构招聘流程需要做 6 项工作：**第一，搭建专业化的招聘团队和程序；第二，明确评估标准，别被“漂亮简历”蒙骗；第三，真诚沟通建立双向信任；第四，善于发现应聘者异于常人的特质；第五，用三层标准界定适合企业的联盟型人才；第六，宁缺毋滥，以最高标准寻找“联盟人才”。**

4.2.1　搭建专业化的招聘团队和程序

在猎物充足的环境中，体弱的老虎也能顺利捕到猎物：在猎物匮乏的环境中，即使年轻体健的老虎也需要绞尽脑汁与狮子、豹子等竞争对手抢夺稀缺的猎物，最终也未必能抢到。眼下，人才竞争激烈，普通人才不充足，优秀人才一人难求。如果说过去 HR 管理者等着人才主动打电话、上门，现在却是求职者等着 HR 管理者主动打电话找自己。这是人才竞争的结果，改变了 HR 管理者与求职者在招聘中的地位。HR 管理者再也不能被动地等待人才来主动上钩，而要主动出击寻找人才。同时，HR 管理者需要搭建专业化的招聘团队和程序，努力增强企业的招聘实力和自身的招聘内功。

招聘团队决定了招聘工作的水平和招聘的效果。所以，在业务战略、人力资源规划确定之后，HR 管理者就要根据将来的招聘需求搭建专业化的招聘团队。搭建专业化的招聘团队离不开 3 个维度，即招聘团队规模（招聘团队的人数）、招聘团队形态（招聘团队架构的设计）和招聘团队绩效（如何运作来实现既定的招聘绩效）。

1. 招聘团队规模

招聘团队规模指招聘团队的人数。招聘团队的规模不是一成不变的，近十来年，招聘团队的规模经历了如下变化：从没有招聘人员、人事主管兼做招聘工作→设立招聘岗位与专职人员→出现招聘专员；从一个招聘专员→几个招聘专员的小团队→十几人、数十人的招聘团队→出现招聘主管、招聘经理；从一个人力资源部门内部的模块→独立成为部门→出现数百人的招聘团队；从招聘部门→招聘中心→中高层管理者负责招聘中心→出现了招聘总监、招聘总经理、招聘副总裁。从此，招聘工作上升为企业战略，受到企业高层管理者的重视。

HR 进行人才招聘需界定招聘团队规模的大小。招聘团队规模太小，完成不了招聘任务；反之，会增加企业的用人成本。企业的招聘团队规模与企业的招聘人数有关。招聘人数的多少决定企业招聘团队的规模大小。一般来说，招聘团队离不开招聘专员。企业的招聘人数增加需要适当地增加招聘专员的数量。招聘专员的招聘人数多少与招聘层次有关。某企业的 HR 管理者根据自己的经验总结出：针对校园招聘，他们 4 名招聘团队成员 2 个月顺利完成了 300 人的招聘量；针对基础岗位人员招聘，他们 2 名招聘团队成员 1 个月顺利完成了 80 人的招聘量。

再如京东年招聘约 25000 人，大部分是基层人员，某资深 HR 根据自己的经验，界定京东招聘团队的规模。第一步，将 25000 名分解到每个月，约 2500 名；第二步，分解到每个分区，假设京东有 20 个分区，每个分区约 120 名；第三步，通过网络招聘、中介、人才市场等招聘渠道，预计一个分区需要 2 ～ 3 名招聘专员。由此，我们可判断 25000 名的年招聘量，招聘团队规模有 50 名左右招聘专员比较合理。据此，HR 管理者可以轻松地确定招聘专员的数量，界定自己的招聘团队规模的大小。

2. 招聘团队形态

招聘团队形态指招聘团队架构的设计。招聘团队不断扩大并开始细分。根据企业内部分工，分为高端招聘、校园招聘、社会招聘；根据企业的招聘需求，有的企业特别分出一个专项招聘模块，涉及普通工人招聘、研发人才招聘、营销人才招聘、海外人士招聘等。专项招聘是为企业阶段性发展需求服务的，以达到某领域人才群体重点突破的目的。

招聘团队的运作方式也发生了巨大变化。最初，招聘人员或招聘团队单独与应聘者接触，从众多的应聘者中筛选出候选人，交给业务主管复试，再请高管面试确认。事实上，高管、业务主管也是招聘团队的组成成员。当人才市场竞争变得激烈，招聘团队发现其筛选出的候选人根本不是业务部需求的人才，总做无用功，招聘效率低下，还导致了一些有意向的候选人流失。招聘管理者权利太小又无法调动内部资源来改变招聘现状。招聘团队的形态迫切需要改变，招聘管理者应思考如何提高招聘团队的灵活度、识别人才的能力、引进人才的能力。

于是，业务部门的人员逐渐加入了招聘团队之中，成为了招聘团队的重要组成部分，他们担任招聘过程中的面试官和招聘决策者。业务人员与招聘专员不断合作，组成了招聘项目组。至此，业务部门正式成为招聘团队的团队成员，端到端地参与招聘流程。企业的高管也越来越重视招聘工作，逐渐发展成为了招聘项目组成员，随时随地做招聘决策。招聘团队“下沉”到业务部是大势所趋。

招聘团队逐渐被分层设计，前端是战斗队伍，后端是专业支持平台。招聘团队前移到“战斗”的地方，与应聘者的接触地常常在办公室之外，招聘团队的流动式办公地不断增加。前端“作战部队”可能在各个城市之间流动，出现在各个猎头要挖的对象附近。例如，甲、乙、丙三人都是猎头要挖的对象，前端作战部队就会出现在这三个人附近。前端战斗队伍需要经过结构化、标准化分工，是一个小型的项目组。它是由企业的各个部门联手起来建立的跨部门工作团队，有了类成员，即 HR 专员、业务面试官和招聘决策者，如图 4-1 所示。

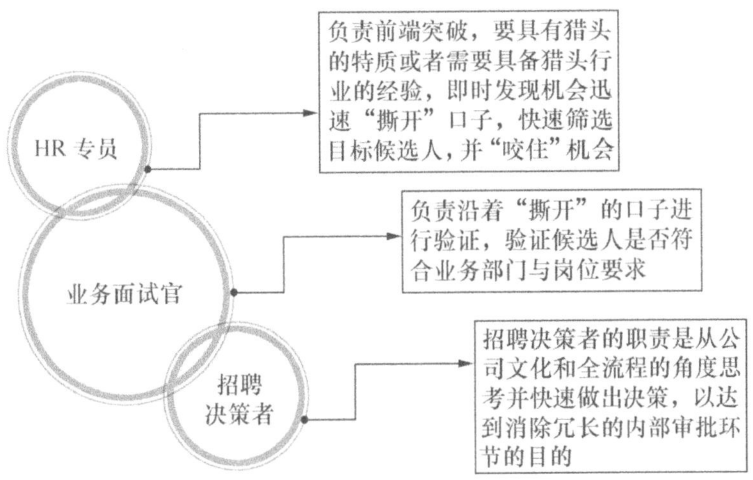

图 4-1　前端“战斗队伍”的 3 类组成成员

未来，企业的招聘工作不再只是人力资源部门的事情，也是其他部门的重要事情，其他部门若找不到足够的人才、优秀的人才，就难以实现部门目标，难以完成绩效。其他部门的成员只有积极地加入招聘团队，方可在激烈的人才竞争中抢到优秀的人才，为实现部门目标，完成部门绩效打下坚实的基础。因此说未来的招聘团队与联合作战部队类似，由多个部门组成，由不同层次的人员组成，是一个小型的作战部队。它具有完整的端到端的招聘流程执行能力、明确的交付功能，能够迅速发现机会（联系到候选人）、验证机会（面试候选人）、达成交易（做出候选人的去留决策）。企业要授予招聘项目组更大的权力，使其可制定招聘策略，调动使用一定范围内的资源，做出招聘录用的决策，方可快速获取稀缺的资源——优秀人才。

专业的招聘团队只有前端招聘作战部队还不够，还需要招聘平台的支援。招聘平台部门是一个资源中心，主要作用是基于各个作战部队的需要提供专业培训、协调公司内部资源、给予项目各种支持。专业的招聘团队采用“招聘平台＋作战小组”的形式，而作战小组采用和业务部门联合作战的模式，这将是未来招聘团队的发展方向。在这种招聘模式中，招聘团队承担更大的招聘责任，拥有了更多使用资源、灵活决策的权力；招聘团队将责任、权力、利益、激励不断融合，能够有效地激发招聘团队成员的积极性，以完成招聘任务，从而有利于培养出细分领域的招聘专家。

3. 招聘团队绩效

招聘团队绩效指如何运作来实现预定的招聘绩效。

专业化招聘团队建设好之后，招聘团队管理者面临的一个重要任务就是管理运作招聘团队。管理运作招聘团队需要一个规范的程序，以使专业招聘团队获得良好的招聘绩效。专业化招聘团队的管理运作程序包括 3 个步骤。

第一步，建立招聘团队目标。

建立团队招聘目标具体地讲就是团队管理者想把招聘团队建设成什么样的队伍，打造出什么样的外部形象，给予业务部和应聘者什么样的服务。（例如，某企业的招聘团队管理者林先生计划把自己的招聘队伍建设成具备行业分析能力与较强“猎挖”能力的团队，培养出熟练运作招聘项目的项目团队，具备专业化水平、高效服务能力的团队，将招聘队伍打造成为企业的名片。）目标就是方向，有了招聘团队目标，招聘团队管理者开展日常招聘管理工作便会得心应手。

第二步，招聘或补充招聘团队成员，进行明确的团队分工和绩效评价。

（1）**招聘或补充招聘团队成员。**招聘团队管理者以招聘团队的目标为中心，寻觅具有相应经验与特质的人才。大多数企业重视经验而忽视了特质，其实特质更重要、发挥的作用更大。招聘团队管理者在符合特质（开拓性、亲切的服务心态、分析洞察能力、协作能力等）的基础上，可以吸引各种经历的人，例如具有较强服务导向的航空行业的人才，具有较强成功导向的猎头行业的人才。在了解应聘者经验的时候，主要看这样的经验带给候选人的特质、思维，而不是一味地追求经验丰富。因为招聘的创新更多来自于之前没有招聘经验的人才，非强关系的职业经验更利于发现新的机会点。

（2）**进行明确的团队分工**。大型企业招聘量较大，往往根据产品或服务对象进行分工，大集团公司可分为新能源事业部、房地产事业部、旅游事业部等。例如阿里巴巴集团，可分为淘宝网、天猫、聚划算、阿里云、蚂蚁金服等。中小型企业一般根据招聘中的模块进行分工，可分为高端招聘、校园招聘、社会招聘等，其中社会招聘根据职位类型可细分为职能类招聘、销售类招聘、研发类招聘等。这样做有利于增加招聘人员的资源积累厚度与行业分析深度。

（3）**绩效评价**。首先，招聘团队管理者明确招聘团队成员的绩效指标，包括过程性指标和结果性指标。过程性指标，主要是管理平时招聘过程是否按部就班进行，以确保招聘结果，包括简历筛选、面试人数、对业务部的跟进、人才库数量。其中，简历筛选，指统计每日有效简历数量；面试人数，指每日面试人数；对业务部的跟进，指跟进业务部门完成面试的时间要求；人才库数量，指每天人才库简历增加的数量。结果性指标，主要是衡量招聘结果是否达到预定目标，包括招聘周期、渠道拓展、招聘完成率、人才库数量等。其次，分解年度的招聘指标。将年度的招聘指标分解到季度、月度、周度，以此来安排招聘人员与面试官人数，并根据招聘指标对周期性的考核评估进行排名，来增强激励作用。最后，建立有效的运作机制，确保招聘团队实现绩效指标。有效的运作机制包括看板管理、招聘运作分析例会、技能提升三项内容，如图 4-2 所示。

技能提升，主要是对招聘团队成员培训赋能，可采用以下 4 种方法。

一是团队内部开展专业、有深度的工作研讨会，群策群力分析核心问题，提出解决方案。

二是请外部机构或人员（猎头公司、人才招聘网站管理者）到企业分享经验，可让招聘团队成员及时了解外部人才市场和招聘领域的新动态。

三是鼓励团队成员走出去参加外部交流，结识同行人士。

看板管理	招聘运作分析例会	技能提升
看板管理就是根据目标分解，将每天的进展数据写在记事板上	又称周例会，会议主要内容集中在上一周招聘完成情况、差距与根本原因分析、解决方案、确定遗留问题的责任人身上，参加人员除了招聘团队成员，还可以要求业务部人员亲自从行业的角度提出分析意见与解决方案	主要是对招聘团队成员培训赋能，有4种方法：工作研讨会、请外部机构或人员到企业分享经验、参加外部交流、业务培训

图 4-2　有效运作机制的三项内容

四是让团队成员参加业务培训，必要的时候提供 1 ～ 2 个月的脱岗业务实践机会，使其深入了解业务流程，可以大幅提升招聘团队成员的专业化水平。

第三步，激励招聘团队成员（见图 4-3），并配以科学合理的管理技巧，可以快速提高团队成员的工作积极性、凝聚力和开拓性。

1 根据团队成员的性格和能力分配工作，定期更换小组成员的工作内容，如每年负责不同的招聘模块（高端招聘、校园招聘、社会招聘等）或招聘服务对象（事业部、产品线等）

2 采用双向沟通的方式确定绩效目标与实现目标的方式

3 第一时间激励绩效出色的团队成员

4 常规性工作（筛选简历、通知候选人面试、跟进业务部门面试等）与挑战性工作（给陌生人打电话、面试中高端候选人、制定招聘方案等）相结合

图 4-3　激励招聘团队成员采用的 4 种方式

招聘团队管理者重视激励团队成员，将会让团队成员快速提升自身的专业水平，让优秀的团队成员主动分享心得、经验，从而充满热情地工作。

4.2.2 明确评估标准，别被“漂亮简历”蒙骗

在网上开展人才招聘，需要从简历筛选开始。然而，人才网站上简历多如牛毛，这为 HR 管理者的招聘工作带来了巨大困难。简历筛选往往占用 HR 管理者大量时间，令其苦恼不已。面对海量的简历，HR 管理者一一查阅是不可能的，公司是不会给他那么多时间的。但是不筛选简历，会导致无效面试，降低招聘效果。所以，简历筛选是招聘中决不能少的环节。俗话说，磨刀不误砍柴工。筛选简历不仅不会耽误招聘工作，还能提高人才招聘效率和人才招聘质量。

要提高筛选简历的效率，HR 管理者必须明确简历的评估标准。据研究显示，HR 筛选一份简历仅用 6 秒。在如此短暂的时间内，HR 没有明确的简历评估标准，几乎不可能筛选到有价值的简历。那么，HR 到底关注简历的哪些要点呢？经过大量的探究，我们发现 HR 会花 80% 的时间关注简历的 5 个要点。

第一，关注人才目前工作的公司，以及工作详情。

第二，看人才的简历是否设置应聘职位的关键词。例如，HR 为企业招聘产品销售经理，就要看人才简历中是否有销售团队管理、业绩说明、相关产品、客户介绍等内容。

第三，每一段工作的起止时间。

第四，个人信息。

第五，教育经历、毕业院校、专业、学历。名牌院校、高学历更容易引起 HR 注意。

HR 几乎会自动屏蔽简历上的其他信息，即使其他简历信息描写得天花乱坠，也不会吸引 HR 的注意力。HR 集中注意力评估这 5 个要点与招聘职

位是否匹配。与这些匹配的人才简历会被 HR 筛选出来。

HR 需要从众多的简历中快速初选出符合企业招聘职位的简历，离不开评估简历的标准，那么 HR 如何评估简历?

我们通过深入的探究和实践总结出 HR 要从主客观两方面评估简历，主要针对简历中的 5 个要点做客观评估，具体的评估标准有 3 条，依次是个人信息和教育经历、教育的起止时间、工作经历和个人成绩。

第一，看求职者的个人信息和受教育经历，不符合招聘职位要求的，直接涮掉；反之，继续浏览简历的其他要点。

第二，个人信息和受教育经历符合招聘职位要求的，继续关注其受教育经历。如果受教育经历中用词含糊，没有注明大学教育的类别和起止时间，会混淆统招、成教、委培、自考等差别，混淆专科和本科的区别，HR 可以果断放弃该简历了。如果受教育经历用词准确，注明了大学教育的类别和起止时间，符合应聘职位的要求，HR 可以继续评估该简历。

第三，受教育经历符合招聘职位的，继续看工作经历和个人成绩。HR 主要根据求职者申请的职位去观察其工作经历和业绩的描述是否符合逻辑。例如，某先生应聘一个普通职位，在其工作经历中他曾经就职某知名企业的高级职位，并称自己取得了多么优秀的成绩，获得了很多证书。如果 HR 经过评估，得到的答案是肯定的，便会筛选出该简历，并约求职者面试。HR 分析其工作单位，发现其不可能有这样的机会。

HR 掌握了此评估简历的标准，便不会被包装精美的“漂亮简历”蒙骗，从而可以提高筛选简历的效率和质量。无疑，这可以避免无效面试，提高面试的成功率。求职的人才了解 HR 评估简历的标准，可以制做出让 HR 一目了然的简历，从而较顺利地通过简历筛选，获得较多的面试机会。

4.2.3 真诚沟通建立双向信任

HR 管理者招聘人才的目的是为企业寻找合作的人才，而合作离不开信任。在人才资源紧张的情况下，HR 管理者如果继续以扑克脸面对候选人，像复读机一样与候选人沟通，非常不利于吸引人才。因此，我们建议 HR 管理者与候选人真诚沟通，尽快赢得候选人的信任。信任是合作的基础。如果候选人信任你，即使其对企业的发展情况不感兴趣、对薪水不太满意，也不会立即拒绝。那么，HR 管理者还有机会吸引到候选人。

对创业公司来说，最重要的是吸引人才，更准确地说是吸引合伙人。在面试的时候，很多候选人对刚起步的创业公司并没有信心，直打退堂鼓。小米企业在创业之初，其创始人雷军寻找人才时遇到不少困难。众所周知，小米是家创业公司，没有产品，没有名气，没有人才主动上门面试。雷军只好主动寻找人才，并下苦功寻找人才。他只要发现合适的候选人，就想方设法地留住他，把他变成小米团队成员。因为创业最重要的是团队，其次是产品。有了好团队就不用担心做不出好产品。

雷军在寻找人才的过程中，付出了巨大的努力，前半年 80% 的时间用于寻找人才，终于寻找到 7 位联合创始人，建成了独一无二的小米团队。就连小米的前 100 名员工也是雷军亲自面试进来的。这些优秀的人才为小米的发展打下了坚实的基础。

雷军找人有一个秘诀就是与候选人真诚沟通，努力建立双向信任。

小米公司创办之初很缺乏硬件人才，雷军殚精竭虑地寻找硬件人才，终于找到一个满意的候选人 L 先生，L 先生也答应来公司面谈。雷军与创始团队采取“车轮战”的方式，轮番上阵与候选人 L 先生面谈。雷军与他的创始人团队从下午 1 点开始与 L 先生面谈，整整谈了 4 个小时，还没有结束。L

先生实在憋不住了便出去上了趟卫生间，回去之后，雷军像主人一样热情地告诉他："该吃下午饭了，我把饭订好了，吃完饭咱们继续聊吧！"吃完饭，雷军与他的创始人团队与L先生一直谈到晚上11点，没有一点要停下来的意思。L先生想了想，加入创业公司收入不稳定，但是这些人对他很真诚，值得一试，便答应做小米手机硬件结构工程负责人。

雷军和他的创始团队珍惜人才，为了吸引人才，不惜花费10个小时沟通。他们信任L先生的才能，真诚地与L先生交谈，逐渐消除了L先生对薪水、公司发展的顾虑，赢得了L先生的信任，最终打动了L先生，如愿以偿地获得了这位硬件人才。这启示创业者和管理者，想吸引人才必须尊重人才，与其真诚沟通，通过真诚沟通快速建立双向信任。只要候选人信任你，即使在面对偏低的待遇和较大的职业风险的时候，他们也不会立即拒绝你，并愿意与你继续交流下去，直到你心甘情愿加入企业团队。

管理者遇到有意向的候选人时不妨与其真诚沟通，也并会获得"山重水复疑无路，柳暗花明又一村"的惊喜。

4.2.4 善于发现应聘者异于常人的特质

特质是人才潜力的一种表现。一个高潜力的人才，往往具有感召力、分析能力、感知力、创造力、决断力、使命必达。潜力决定一个人未来能干什么。企业招聘人才旨在赢得未来，因为未来具有不确定性，我们只有在关键资源人才上下功夫，才能增加企业在未来的竞争筹码。因此，作为企业人力资源的负责人，HR管理者应该为企业寻找有潜力的人才。这就要求HR管理者在面试的时候善于发现应聘者异于他人的特质（图4-4）。

一个人的特质与其行为密切相关。特质既能激发行为又可以指导行为，却不能被直接观察到。

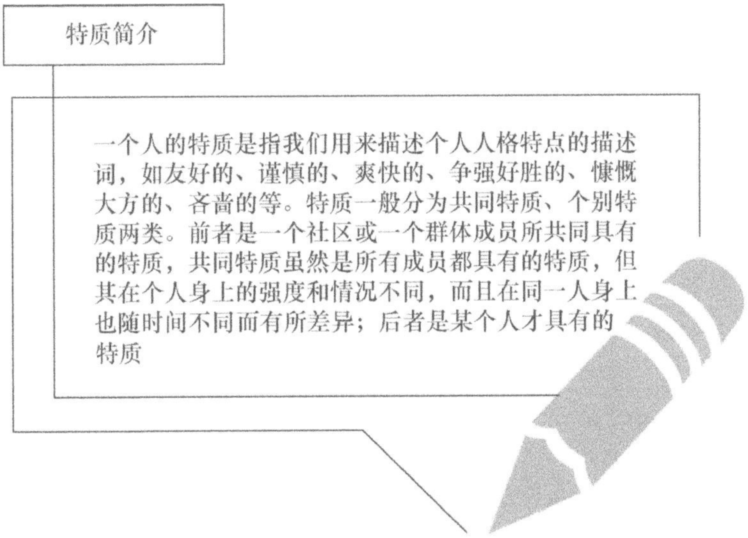

特质简介

一个人的特质是指我们用来描述个人人格特点的描述词，如友好的、谨慎的、爽快的、争强好胜的、慷慨大方的、吝啬的等。特质一般分为共同特质、个别特质两类。前者是一个社区或一个群体成员所共同具有的特质，共同特质虽然是所有成员都具有的特质，但其在个人身上的强度和情况不同，而且在同一人身上也随时间不同而有所差异；后者是某个人才具有的特质

图 4-4　特质简介

我们在前文中提过，人才的特质有时候比经验更重要，因此我们与应聘者交流的时候应多关注其易于他人的特质。令人遗憾的是，一般的企业管理者重视经验，却忽视了特质。这对企业吸引人才非常不利。企业管理者、HR 管理者从现在开始想方设法地去发现应聘者异于他人的特质，有望为企业引进洞察力敏锐的人才、开拓性的人才，为企业抢得发展先机，驱动企业创新。而抢占先机有望使企业在互联网中实现弯道超车，创新是企业竞争力的核心。

优秀的人才需要具有 5 种特质，**即分析洞察能力、开拓性、温和优雅的服务心态和人际敏感性与沟通能力等**。

当一个团队中的成员的才能和性格形成互补的时候可发挥出“1+1 ＞ 2”的团队力量。基于此，我们建议 HR 管理者在寻找人才的时候，找寻那些才能、个性尽量与已有的团队成员具有差异性的人才。发现应聘者的差异性和异于他人的特质有两大方法，**一是从细节入手，找出其与众不同之处；二是压力面试**。

1. 从细节入手，找出其与众不同之处

招聘面试的过程就是不断区分某个候选人与其他候选人的独特之处，或者说差异性、个性化的方面，这离不开从细节入手。细节是区分差异性的线索。在面试的过程中，HR 管理者需要关注的细节包括候选人的肢体动作、说话方式，表达内容与其他人的不同之处，经历和背景的独特之处等。如果 HR 管理者能准确地区分出候选人的异乎寻常之处，就能发现该候选人异于他人的特质。当然，前提是候选人要与企业和岗位相匹配，否则，再独特的特质也与企业无关。例如自信心，如果一个人的自信过度可能发展为自傲，不利于团队合作，甚至会形成刚愎自用的领导风格，阻碍下属的工作积极性。

2. 压力面试

在人才竞争激烈、员工离职率居高不下的背景下，企业管理者在面试环节对应聘者不敢考验得太严格，担心应聘者会想：没进来就这么虐待人，还不知道是什么魔窟呢！管理者更担心应聘者直接在面试的时候就逃离企业。俗话说，是骡子是马，拉出来遛遛。管理者对初选满意的候选人并希望其进入试用期。于是，很多企业的面试气氛很轻松、非常顺利，从而会导致企业的人才招聘质量低下，引进的人才水平低下。这不仅不利于解决企业的人才危机，而且为企业发展埋下了大隐患。这样的做法显然得不偿失。

众所周知，面试环节很重要。我们虽然提倡用人所长，但是也不能完全忽视人才的缺点，如人才的抗压力差、合作性差、解决问题的能力不足等。要发现应试者异于他人的特质，需要改变面试氛围，将轻松面试变为压力面试。因为压力面试有利于管理者寻找到充满潜力的人才。

俗话说，疾风知劲草，板荡识诚臣。意思是说，只有经过猛烈大风和动乱时局的考验，才能看出什么样的草是强劲的，什么样的人是忠诚的。总之，经过大风席卷我们容易区分出普通的草和劲草。同理，在压力的氛围下，我们更易识别出应聘者是庸才还是英才，更易识别出人才与众不同的特质。

招聘团队制造有压力的面试氛围，不是故意刁难应聘者，而是有重要原

因的。众所周知，人们的潜能在正常的情况下很难激发出来，在紧急情况下会被激发出来。一个飞行员被一头黑熊袭击，竟然跳上了数米高的机翼，逃过了一劫。后来，这位飞行员再也没有跳上过机翼。研究者的解释是，人的潜力只有在突发、危急关头之下才能激发出来。该飞行员的跳高潜力在黑熊袭击的危机时候才能激发出来。也就是说，在正常的状态下或舒适的环境中，人们大部分潜力显示不出来，只有在非常规的状态下，人的潜能才能体现出来。压力面试就是有目的地创造出障碍，观察应聘者的反应，探测其真实能力与个性。因此，压力面试被业界人士誉为检验人才是否优秀的试金石。

压力面试可以探究出应聘者的 7 个素质，即个性、智慧、抗压能力、情绪稳定性、应变能力、处理问题的能力和人际关系能力。通过压力面试，管理者往往能迅速地从众多的应聘者之中发现符合岗位要求和企业文化的人才。

俗话说，不打无准备的仗。管理者利用压力面试的方法寻找优秀人才，必须提前充分准备，精心设计面试压力。设计面试压力主要包括 3 个方面的内容：企业素质模型、岗位素质模型和简历疑点。

（1）**企业素质模型**。每家企业的企业文化不尽相同，对人才也会有不同的要求，主要包括责任心、影响力和成就导向等。管理者以这些人才素质为核心，从压力面试的角度提出问题，往往能在面试的时候准确地发现应聘者的特质，判断出其是否适合企业。

某企业的项目部李经理曾经面试过一位项目总监赵先生。赵先生是某房产监理公司项目部项目总监。在面试的过程中，李经理向赵先生提了一个问题：“你认为在项目总监的岗位上，缺乏责任心，会产生什么状况？”赵先生说：“会影响项目的进度目标、成本、质量。”李经理希望听到的“安全”却没有，并认为一个项目总监不至于不知道“安全第一”，便开始产生疑虑。李经理便质问赵先生：“你所负责的项目发生过安全事故吗？”这是赵先生很忌讳的话题，他心虚了，说出了实话：“我们的项目发生过一起安全事故，电梯突然掉下去砸死了1名工人，我就因此从这个项目调走了。”李经理继续追问：“你认为你在这次事故中有什么责任？”赵先生说：“安全事故监理方、施工方、开发商三方都有责任，不可预料，都怪我运气不好。”李经理听完很失望，赵先生对此事故没有表现出丝毫愧疚，没有反思自己的疏漏之处、没有责任心。李经理给赵先生的评价是“责任意识薄弱，不适合企业”。

李经理利用企业素质模型，很快就揭开了应聘者赵先生的真面目。赵先生是一个责任意识薄弱的人，不懂得反思的人，根本不适合责任心强、安全意识强的施工企业。

（2）**岗位素质模型**。管理者结合岗位的素质要求设计提问问题，一般可以选择3～5个岗位素质。例如，应聘者面试企业的工程管理岗位，管理者围绕责任心、协作能力、沟通能力、管理能力设计面试问题。再如，面试财务人员，管理者让其在1分钟内写出房间里尽可能多的东西，来考察他在危机的时候能否关注细节。一个财务人员不细心就会出乱子，关注细节就是财务人员的核心特质。管理者进行压力面试，目的是通过制造困难和障碍来考验应聘者。

（3）**简历疑点**。应聘者往往会不自觉地美化自己的简历，更有甚者在简历里面造假。管理者翻阅简历的时候，只需要针对简历的疑点设计压力面试问题，通常可快速发现应聘者的问题，提高招聘效率。

追问是深入了解应聘者的技巧。管理者在面试的时候，可以针对应聘者现场的谈话疑点进行追问。管理者面试的时候不要把主要精力放在阅览简历上，应该一边认真倾听应聘者的谈话，一边观察他的表情、举止，发现可疑点要紧追不舍，有利于挖掘出其独特的素质。提问一些表面上与岗位无关的问题，来考察应聘者的反应能力和处理问题的能力。

“你怎么看待《奔跑吧！兄弟》？”“你觉得网络的便捷性和安全性如何取舍？”“通过电话和网络进行诈骗案件又成为媒体关注要点，你对此事有什么建议？”管理者针对这些社会问题进行提问，往往能在短暂的面试中考察出应聘者的反应能力和解决问题的能力。面试官之所以针对娱乐信息、社会话题提问，在于没有娱乐精神的 HR 管理者很难胜任处理员工关系的工作，HR 管理者需要与员工进行很多非正式的交流。

管理者还可以设计一些莫名其妙的问题，来发现应聘者的推理能力、创新能力、逻辑思维能力。例如，管理者可以问应聘者："36 的立方是多少？"

压力面试人为地增加应聘者的压力，使其处于紧张状态。一个人在紧张的状态下，即使能编造出谎言，但是他的肢体语言无法造假。管理者只要观察他的神态表情、举止，便可一目了然地了解他的真实想法。

HR 管理者采用压力面试要做到火候适中，收放自如，需要掌握 3 项措施。

第一，HR 管理者设计的面试压力情景是应聘者未来要面对的场景，切忌无中生有。

第二，合理把握压力面试的"度"，压力过大会让应聘者反感，觉得企业没有诚意，不能让压力变为冲突。

第三，压力面试是为了挖掘应聘者的深层次的素质，不得已而为之的，因此要遵循循序渐进的办法，不能一开始就给应聘者施加巨大压力。

总之，我们有针对性地发问，可以深入地了解应聘者，有利于挖掘出其异于他人的特质，为企业找到与众不同的人才。

4.2.5 "联盟型人才"的 3 层标准

管理者莫不希望自己识别人才的能力达到孙悟空火眼金睛识别妖魔鬼怪的境界、伯乐识马的水平。企业最渴求的是适合企业的联盟型人才。只有当人才与企业实现最佳匹配的时候，才是最适合企业的联盟型人才。现在，管理者首先要掌握适合企业的联盟型人才的标准。界定适合企业的联合型人才有 3 层标准，即企业文化适应性、岗位工作适应性和领导（团队）风格适应性。

1. 企业文化适应性

很多管理者把认同企业文化视为招聘员工和选拔接班人的首要标准，一旦发现候选人不认同企业文化，能力再强、业绩再好也会被果断放弃。企业文化关系企业的发展大方向，影响企业的可持续发展。同时，它影响着员工的发展。员工在适合自己的文化环境中工作，就像顺水行舟，心情愉悦，可快速抵达成功的彼岸。反之，举步维艰。管理者引进不认同企业文化的人才，犹如在企业中埋下了一颗定时炸弹，会给企业带来始料不及的损失和消极影响。因此，考察应聘者是否符合企业文化，成为招聘的头等大事。

众所周知，不同企业的企业文化往往不同，考察人才的角度不尽相同。我们经过长期的实践和研究，总结出管理者考察应聘者是否认同企业文化有 3 个维度，即对同事的融合度、对岗位的敬业度、对企业的诚信度。这 3 个维度深藏在应聘者内心里面，通过应聘者的言行举止流露出来。基于此，HR 管理者考察应聘者是否符合企业文化时需要采取一定的策略，常用的有问卷考察法、试卷测评法、细微面谈法。这样可以使应聘者处于放松的状态，毫无戒备地展现真实的自我，无疑有利于 HR 深入地了解应聘者并准确地判断应聘者是否适应企业文化。

2. 岗位工作适应性

只有那些适应企业文化的应聘者，才有必要对他进行岗位工作适应性的考察。企业文化适应性决定了应聘者的工作终点，即能不能长期做；岗位工作适应性决定了应聘者工作起点，即能不能做。岗位工作适应性是招聘面试中考察的重中之重的内容，它主要考虑应聘者现有的能力、经验、知识等是否能胜任企业提供的工作岗位，一般从 2 个方面来考察：**一是岗位胜任能力，二是岗位专业水平**。

考察岗位能力有 2 个方法，即建立岗位能力模型和结构化面试，其中结构化面试是考察应聘者岗位胜任能力的主要方法。

岗位胜任能力模型包括能力和个性两部分。岗位胜任能力模型比较抽象，招聘团队成员只有经过专门的培训、学习，才能熟练应用它。因此，它需要人力资源部门和业务部互相合作来实现。

管理者使用结构化面试方法的时候，考察的主要内容是应聘者在过去的工作中的行为和心理，可以采用层层追问的方法。整体的思路是“当时的工作形势怎么样”“你担任什么职务或者什么任务”“面对此形势，你当时怎么想的、怎么做的，为什么那么做”“事情的结果如何”，简言之就是“环境—任务—行动—结果”。最后提醒各位面试官一下，面试的过程中一定要记录应聘者在各项胜任能力上的关键行为表现，并给予评分，可以极大地提高面试的效率。

某房地产企业的营销总经理雷总经理面试营销策划人员何先生，了解到他在上一份工作中担任的是营销部经理，全权负责公司产权式公寓项目 A 的营销策划工作，但是该项目不是全新的公寓项目，而是烂尾楼盘活项目。当时，A 项目的负面影响很大，基本上处于滞销状态。何先生果断地做出了封盘不动的决定，重新塑造品牌，然后利用多种媒体高强度地宣传新品牌，提高市场对 A 项目的信心。与此同时，何先生建立了专业化的销售团队。经过 5 个多月的整改，A 项目以全新的面貌再次开盘，吸引了众多投资者的眼球，市场反响很好，创下良好的销售业绩，并成为当地屈指可数的知名公寓项目。

营销策划人员何先生经过精心包装，把一个负面影响很大、滞销的公寓项目，成功地营销出去了。从这件事情上，营销部雷总经理考察出应聘者目标明确，洞察力敏锐，具有强大的创新能力、沟通能力、把握需求的能力，认为何先生具备营销岗位胜任能力，是一个合适的候选人。

此外，招聘团队人员还需要考察应聘者的专业水平，主要从 4 个方面考察，即专业经验、专业技能、专业成果和专业知识。考察应聘者的专业水平比岗位胜任能力容易一些。因为一个人的专业水平是比较显性和硬性的东西，而胜任能力是比较隐形和软性的。业务部门负责考察应聘者的专业水平，往往采取笔试或面试的方式，HR 在旁边辅助，并记录应聘者的回答要点，为综合评价做基础。最后，招聘团队需要筛选出 2 ~ 3 位候选人参加领导（风格）

适应性测评。

3. 领导（团队）风格适应性

员工无法适应领导（团队）风格，随时都会离职，影响团队的稳定性。因此，我们一定要对应聘者进行领导（团队）风格适应性考察。

领导（团队）风格适应性着重考察应聘者的特质、个性与新的领导个性是否适应。有时候，领导者风格比工作内容对员工的影响更大，它直接影响员工的工作激情、满意度、投入度，进而影响员工的工作绩效。俗话说，物以类聚，人以群居。只有风格不相冲突、个性特质相匹配的人们才能在一个群体里友好相处，共同发展。在一个团队中，只有每个人的做事风格、个性、特质相匹配，才会产生凝聚力，反之会导致“1+1 小于 2”的后果。也就是说，团队成员之间形不成优势互补就会产生优势互阻，从而严重阻碍团队绩效的提升。招聘团队要深入地探测应聘者的特质和个性，采用的主要方法就是天赋特质测评方法。

天赋测评法可以有效地测量出个人的基本行为、对环境的反应和可预测的行为模式。它将人们划分为 5 种特质的人才（图 4-5）。

精确型（猫头鹰型） 1 精确的、有规律的、注意细节的、行事条理分明的、有系统的、有责任的、传统的、重制度的、讲求专业的

表达型（孔雀型） 2 真诚的、好客的、乐观的、喜欢交朋友的、风度好的、口才流畅的、和善的、热心的、喜欢社交活动的

整合型（变色龙型） 3 配合度高、演什么像什么、性情温和、立场中立、往往没有预设立场、易于适应环境、没有敌人是最高指导原则

开创型（老虎型） 4 权威的、有支配性、有自信的、积极的、勇敢的、有决断力的、胸怀大志的、喜欢评估的、独立自主的

耐心型（无尾熊型） 5 合作的、温和的、亲切的、有节奏性的、规律的、持续的、稳定的、敦厚的、避免冲突的、非批判性的

图 4-5 具有特质的人才的五大类型

其中，每一种特质按照高、中、低被划分为 7 个程度，根据不同程度特质搭配以及高低程度，可以评测出应聘者的领导风格的匹配性、人际关系表现、处理事情的方式、行为表现、抗压能力、对事情的反应模式、团队共识的磨合度、自信程度等。

在面试应聘者的过程中，最好让其未来的领导者或者团队成员与其搭配，实实在在地考察其与领导者的工作风格和个性特质是否匹配。一般来说，如果应聘者未来的领导者属于开创型，那么应聘者的个性气质不能是开创型的，因为一山难容二虎，容易发生冲突。一个团队中最好搭配这 5 种个性特质的人才，有利于获得优势互补、互助共生的效果，切忌让相同个性气质的人才组成一个团队，这不利于发挥出集体智慧和集体力量。

天赋测评法有一定的难度，不是任何一个 HR 管理者都会使用的。HR 管理者使用此方法，首先需要邀请人力资源咨询专家搭建企业、团队或岗位的天赋特质模型，其次从最接近标准特质模型的应聘者之中选择出候选人。需要提醒一下，管理者搭建该模型投入的资金不少、耗时也不短。我们建议企业招聘管理者参考该模型对特质的划分方法，根据不同领导与团队的特点，分析出需要搭配什么特质类型的人才，从而有的放矢地开展招聘活动。

这 3 个标准需要依次进行，先考察应聘者对企业文化的适应性，其次考察应聘者对岗位工作的适应性，最后考察应聘者对领导（团队）风格的适应性。HR 管理者通过这三层标准对应聘者进行全面考察，筛选出的人才往往具有超强的适应力，是全方位适应企业的人才，也是适合互联网工作环境的联盟型人才。

4.2.6 以最高标准寻找“联盟人才”

现代女性找对象的原则是“宁缺毋滥”，绝不将就；教育部部署 2016 年高校高水平艺术团招生工作时也要求各有关高校遵循“宁缺毋滥、择优录取”的原则，绝不降低选拔质量；2016 年 1 月 8 日上午，2015 年度国家科学技术奖励大会在人民大会堂隆重举行，“含金量最高”的国家最高科技奖再度空缺。大会的负责人表示，国家科技奖一直遵循“宁缺毋滥”的原则，最高科技奖更是如此，绝不降格以求。企业招聘优秀人才也不例外，应该遵循“宁缺毋滥”的原则。宁缺毋滥，就是要求企业以最高标准寻找“联盟人才”。

由上一节内容可知，“联盟人才”简单地讲就是同时适应企业文化、工作岗位、领导（或团队）风格的人才，是最具有适应力的人才。招聘“联盟人才”不是一件容易的事情，它受很多因素的影响，常常遭遇两种状况。一是企业在面试交谈环节屡屡失败，二是管理者在招聘面试的过程中会碰到这样的情况：应聘者在面试环节中表现突出，面试官对其评价也相当高，但是入职之后，其优势没有发挥出来，也没有做出令人期待的业绩。

面对第一种状况，企业只要努力提高面试的技巧，假以时日，一定会提高“联盟人才”招聘的成功率。面对第二种状况，我们需要进行深入地探究，方可避免这种情况，以在面试的环节选择到真正合适的人才，最终获得联盟人才。

在这里我们主要探究造成第二种状况的原因。我们经过大量的研究、实践，发现造成此状况的根源是长期以来我们在面试的过程中只重视应聘者的能力和优势，并没有把应聘者的能力和优势与组织的价值联系起来，最终造成了应聘者的个人能力没能转化为组织的价值。因此，我们不能忽视人才对组织的价值，要从招聘的第一刻起就以价值为导向识别人才，并贯穿到招聘的整个过程（即从招聘需求分析到招聘面试评估再到招聘人才决策）之中。

管理者招聘迫切需要从只重视应聘者的素质向高度重视其价值转变。在传统的招聘过程中，管理者往往只关注人才的素质。通常 HR 管理者接到人才招聘任务后，首先把组织目标分解为岗位工作目标与工作职责；其次提炼出岗位素质模型，接着根据此模型招聘人才；最后以关联素质要项为标准进行面试评估和面试决策。

在传统的面试过程中，面试官对比较满意的应聘者的评语往往是“该候选人素质较好，能力也不错，如学习能力、沟通能力、逻辑思维能力等。当然也存在不足之处，例如，执行能力，但总的来说能够胜任岗位”。显然，面试官在评估应聘者的时候，仅仅局限于应聘者本人，而忽视了其与组织的关联，致使所招聘到的人才对组织的价值达不到预期效果。面试官也没有严格遵循“宁缺毋滥”的选人标准，导致录用者并不是最适合企业的“联盟人才”。

当然，HR 管理者利用素质模型并没有错，因为“素质模型”本来就源自组织。但是，面试官在面试、评估应聘者的时候，忽视了应聘者对组织的价值，使招聘的方向偏离了组织，致使招聘到的人才进入企业后对组织的价值并不理想。因此，我们认为人才招聘最重要的是把应聘者的素质、能力与组织紧密地结合起来，并转化为组织的价值，即使人才的素质、能力提升企业业务，驱动企业战略，这也是人才招聘的真正落脚点。

应聘者的素质和能力不能与组织的价值连接起来，企业就会遇到高素质、高能力的人进入企业无法发挥出才能、创造不出优秀的业绩的问题。

甲建筑公司的项目经理高经理面试了一位施工人员石先生，发现石先生对学习新知识热情十足，在建筑领域考取了数个证书，学历也由中专提升到了本科。高经理非常欣赏石先生的学习能力，在评估的时候给其评语是“整体素质不错，尤其具有超强的学习新知识的能力，可胜任施工员岗位”。石先生顺利进入甲建筑公司，学习能力突出，大部分时间和心思都放在了个人提升上，对工作的投入和激情比较低。结果，石先生在公司任职一年考下了两个建筑方面的专业证书，但是工作绩效毫不出色。

石先生的能力没有发挥出来，没有为甲建筑公司做出预期的绩效，并不是他的能力不够，而是他并没有把组织放在心上，对组织的关注、投入太少，缺乏为组织创造价值的意愿和动力。而这些正是面试官高经理面试、评估石先生的过程中的忽视之处。可见，面试官只重视应聘者的能力并不可取，只有结合其对组织的价值，才能为企业寻找到梦寐以求的“联盟人才”。为了提高找寻“联盟人才”的效率，面试官需要遵循 4 个评估应聘者的高标准，如图 4-6 所示。

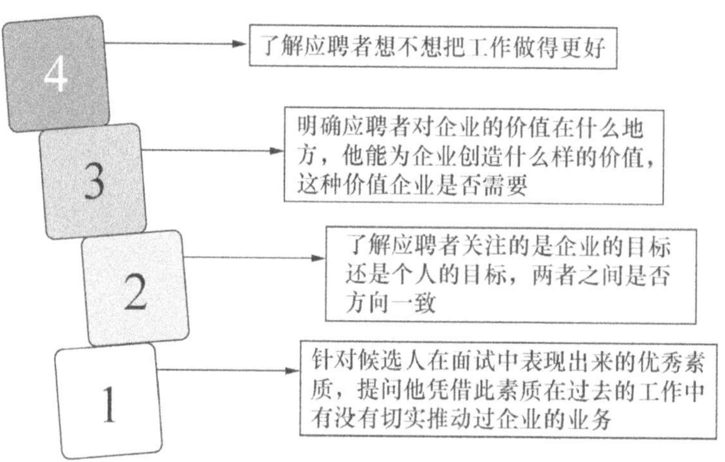

图 4-6 面试官评估应聘者遵循的 4 个高标准

如果面试官遵循这 4 个标准，就会既关注人才价值又关注人才素质（图 4-7），从而自然而然地把应聘者的素质和能力与其对组织的价值连接起来，进而对应聘者做出全面的评价，提高招聘效果。

对人才的价值考察是衡量人才的最高标准。管理者对人才的价值判断应该贯穿于招聘面试与招聘决策权过程，招聘人员应该把自己修炼为人才价值的品鉴者，考察一个人就犹如品鉴一件艺术品，应分辨出应聘者的价值点，并判断出对组织具有正面价值还是负面价值，一定要对比正面价值与负面价值。如果正面价值大于负面价值，招聘人员可以毫不犹豫地选择他；反之，果断地放弃他。这样我们引进的人才能弥补组织中的价值不足之处，达到增强组织整体价值的效果。

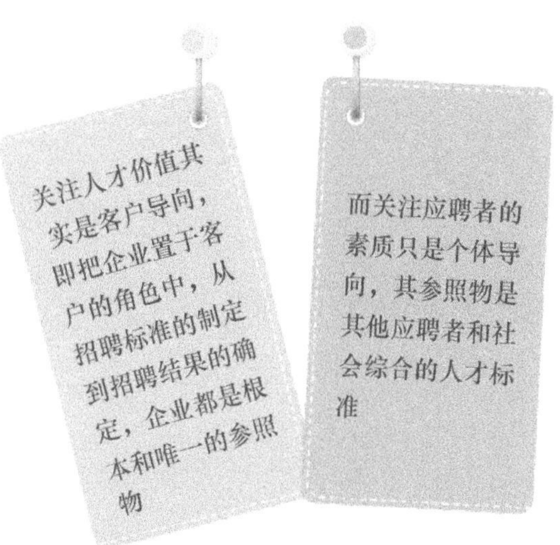

图 4-7　关注人才价值与关注人才素质的区别

同时，我们要客观地看待人才，人无完人，我们能做的是使组织中的每一个人的价值互补，同时有效控制每一个人的负面价值。在招聘的过程中如何才能发现人才的价值呢？一般从两方面来考察人才的价值。

一方面是在企业层面，我们应该重视四大因素，包括给团队带来积极影响的因素、影响企业核心竞争力的因素、为企业创造绩效的因素、能促进企业战略实现的因素。另一方面是个体层面，我们应该重视人才的优势与核心专长、特定的经历与背景，包括经验、背景、技能、专长、能力、个性、资源、信息、知识、兴趣等因素，其中的一个因素或者几个因素的组合都可能形成人才对企业的核心价值领域。例如，某五金企业招聘销售总监，其五金行业的工作经验、客户资源，以及沟通能力成为了该职位应聘者的核心价值，而其他方面的因素不是他对企业的核心价值，如乐观的个性、计算机水平、能歌善舞等因素。

以最高标准寻找“联盟人才”的方法就是以价值为导向。HR 管理者以价值为导向开展招聘，常常按照以下 3 个步骤进行，如图 4-8 所示。

审视组织价值“空白点”	评估人才的核心价值点	招聘决策
即空缺职位对组织的核心价值，企业期望该职位上的人员给企业创造哪些独特价值？管理者根据此要考察应聘者哪些能力、素质	即在面试的过程中，面试官要重点关心应聘者对组织能创造最大价值的领域，与组织最契合之处	以组织价值最大化做招聘决策

图 4-8　以价值为导向开展招聘的 3 个步骤

用价值为导向这种方法进行招聘面试，有 2 个作用：一是能最大限度地使招聘目标与企业目标保持统一；二是能发现、引进为企业不断创造价值的合适人才。HR 管理者以此方法开展招聘面试工作，可获得最佳人才，可以将人才价值有效地转化为企业发展需要的价值，进而增强企业的核心竞争力。

无论是经营企业还是创业，都离不开人才。在合作共享的互联网时代，企业迫切需要“联盟人才”。企业的管理者只有严格遵循“宁缺毋滥”的原则，以最高标准才能寻找到最适合企业的“联盟人才”，即寻找到对组织有价值的人才，进而做出一番大事业。

4.3　互联网时代的招聘新渠道

招聘工作不是个杂活，而是个技术活，需要以招聘质量来衡量（当然 HR 都想获得高质量招聘，离不开提高自身的招聘技术），其终极目标是 4 个最：**选择最有效的渠道，在最短的时间内，花最小的成本和找到最合适的人才。**随着人才流失加剧，企业的招聘压力与日俱增。企业的 HR 管理者嘴上开始挂着一句话“到哪儿去找人？”众所周知，没有合适的销售渠道，销量难以上去。同理，没有合适的招聘渠道，人才数量和质量也上不去。

当互联网浪潮席卷而来，企业的 HR 管理者终于感觉到危机四伏，开始关注“招聘渠道”。他们开始探究平时广泛采用的传统招聘渠道，发现内部推荐、网络招聘、人才寻访（挖角）、报刊广告、现场招聘、猎头等仍然在人才招聘中发挥着重要的作用，但是渐渐不能满足企业对人才的需求，主要原因是这些传统的招聘渠道成本高、见效慢。HR 管理者开辟互联网时代的招聘新渠道刻不容缓。

与此同时，在互联网的沃土中，新的招聘渠道犹如雨后春笋般冒出来。大胆地、灵活地利用新的招聘渠道的 HR 人员明显地提升了招聘效率，有力地增强了企业的人才竞争能力。能否有效地利用新的招聘渠道决定着你能否成为杰出的 HR。

企业招聘渠道的最大变化就是呈现出网络化趋势，有 3 种网络渠道最受企业青睐，即**社交招聘、竞价招聘和人才众筹**，如图 4-9 所示。这些招聘新渠道不仅可以提升企业的招聘效果，而且可以实现品牌宣传的目标。企业品牌的大力推广能深深吸引应聘者，将引导企业由短期招聘走向持续招聘。

图 4-9　互联网时代的 3 种新招聘渠道

互联网新的招聘渠道的重要性体现在了两个方面。

第一，从招聘流程方面来说，招聘渠道的比重呈上升趋势。众所周知招聘流程有 3 个环节：招聘渠道吸引、招聘面试、试用过渡。过去，HR 管理者主要关注招聘面试，对招聘渠道吸引人才、人才试用过渡的关注严重不够。这造成了人才招聘数量和质量上不去，人才流失严重。HR 管理者若继续不重视招聘的前后两个环节，企业的人才危机将长期难以消除。

招聘渠道可以批量解决人才数量不足、质量不高的问题，有可能快速为企业招聘到数十人甚至上百人。招聘渠道的作用是从源头上控制人才的质量。因此，HR 管理者不仅要把招聘渠道视为招聘的首要环节，还要把招聘渠道视为招聘的重要环节，需要立即对招聘渠道加大资源投入。可以说在互联网时代的招聘流程中面试的比重呈下降趋势，招聘渠道、试用过渡的比重成上升趋势。

第二，传统的招聘渠道呈现出多样化、个性化趋势，即企业招聘由多个职位共用一个招聘渠道，发展为一个职位对应一个独特的招聘渠道或者一系列招聘渠道。例如，某软件企业招聘行政人员、客服人员、保安、技术人员都通过现场招聘会，现在招聘保安有两个专门的招聘渠道，即退伍军人人才市场、社区推荐；招聘技术人才方面，校企合作建立专业人才输送基地。

总之，互联网时代的新招聘渠道将有效解决企业长期以来的人才数量不足、人才质量不高等问题。

4.3.1 社交招聘，网络化招聘的新趋势

商机随时都会出现，一旦抓住了商机，企业便可开展新业务或者发展新项目。开展新项目离不开补充人才。只有快速补齐项目需要的人才，企业才能快速地运作项目。否则，企业家、创业者只能眼睁睁地看着商机流失。企业若想避免这种情况，必须想方设法地提高人才招聘效率，这离不开更广泛、更合适的招聘渠道。可以说，招聘渠道是企业招聘能否成功的关键因素。尤其在优秀人才、热门人才、急需人才的招聘过程中，招聘渠道直接决定着人

才招聘的成败。在快节奏的互联网商业环境中，企业面临的突发性招聘项目越来越多，仅仅依靠传统的招聘渠道无法完成突发性招聘项目，必须大力开拓互联网时代的招聘新渠道。

网络招聘渠道的兴起沉重地打击了传统的招聘渠道，引起了招聘变革，驱使未来的招聘行业朝着移动化、社交化和垂直化三大趋势发展，其中社交招聘的渠道正在慢慢成为互联网时代的招聘新主流。社交招聘经历了 3 个发展阶段。

第一阶段，社交招聘 1.0 时代，代表者是美国职场社交平台 LinkedIn，它引发了职场社交，随后我国国内出现了大街网、若邻网等职场社交平台。

第二阶段，社交招聘 2.0 时代，代表者是中国移动职场社交平台脉脉，它引发了移动职场社交。LinkedIn、脉脉的特性还是在于社交，并非基于招聘本身。

第三阶段，社交招聘 3.0 时代，代表者是卓聘聊聊，它兼容移动化、社交化、垂直化的特点，标志着招聘社交时代全面到来。如果说 LinkedIn、脉脉是基于社交做招聘，那么卓聘聊聊是基于招聘做社交，是对传统网络招聘模式的一种新变革。

随着互联网时代的到来，人们的人际交往面不断扩大了，网络式交往成为了一种趋势，这为网络化招聘打下了坚实的基础。随着社交媒体的蓬勃发展，人们发现在社交媒体上不仅可以交友、娱乐，而且可以做生意、找工作。于是，社交招聘应运而生了，并成为网络化招聘的新趋势。

国内外的企业招聘情况无不表明社交招聘是网络化招聘的新趋势。

德勤中国早在 2010 年就创建了微博招聘页面，一年左右的时间便吸引到 48500 名粉丝。德勤中国招聘主管亚瑟 • 王说："有些粉丝非常活跃，经常会发送一些信息和询问问题。"公司便通过微博招聘实习生，效果很不错。招聘信息发布不久，就收到了不少简历。

2011 年，国内外的很多企业开始尝试利用社交招聘这种新渠道。一些社交媒体主动推出招聘服务，例如新浪微博推出了“微简历”服务（新浪微博针对求职者发布了一款“微简历”服务。每一份微简历通常会包含求职者个人简介和技能、职业抱负的描述，当然简历不超过 140 个汉字）。早在 2010 年，联想就利用这种微简历服务开展招聘工作，其人才招聘主管王小姐表示，他们通过这种招聘渠道招到了一些合格的人才。她还表示，2011 年 6 月到 7 月之间，联想中国通过社交媒体（主要社交招聘工具是 LinkedIn，还利用了天际网）招到了大约 70 名员工。万豪酒店的人才招聘主管比尔 • 陆表示，万豪酒店曾在新浪微博上大力宣传其品牌，并发布了招聘信息，短短一个月后便见到了成效，即接下来的这个月比平常月份多收到 1000 多份的求职简历。可见，社交招聘渠道的招聘效果优于传统招聘渠道的招聘效果。

越来越多的企业开始青睐社交招聘渠道。据全球人才管理企业 Lumesse（在 2010 年 12 月对全球 194 家大型企业）的调研显示，超过 61% 的雇主采用社交媒体直接搜寻新员工，42% 的企业使用社交媒体为特殊的空缺岗位选拔人才。此外，知名的招聘网站 Jobvite 的最新报告显示，94% 的雇主在招聘时会使用社交媒体，未来这个比例将会继续扩大。从企业对社交招聘的使用情况中可以发现，社交招聘是招聘渠道的发展新趋势。

国内外的社交媒体相继推出了在线招聘服务，包括人人网、大街网、Facebook、LinkedIn 等。企业通过社交和新媒体招聘员工所占的比例合计达到了 23%，超过了传统的校园招聘所占比例（18%）。企业对新媒体的态度也有了 180 度的大转变，由过去禁止员工上开心网，转变为专门聘请新媒体运营人员鼓励员工利用新媒体与用户互动、交流。那些积极改革的企业、HR 管理者优先选择在微博上发布招聘信息。此外，社交招聘渠道具有成本低、效率高的优势，深受企业喜爱。选择社交招聘渠道，HR 管理者需要掌握 5 个重要步骤，如图 4-10 所示。

在人才竞争激烈的环境中，企业依靠传统的招聘渠道远远不够，还需要另辟蹊径，尤其要紧锣密鼓地开辟社交招聘渠道，因为社交招聘是网络招聘的新趋势。社交招聘人才与岗位匹配度越高，招聘成功率越高。社交招聘还具有社会化、快速传播、辐射广等特性，可以被企业管理者、员工、客户、粉丝等转发、推荐，以促进这些人之间的互动，提升企业的凝聚力。社交招聘可为影响力较小的创业公司和中小企业带来更多人才招聘机会。反之，企业管理者拒绝社交招聘，将导致企业在人才争夺大战中处于被动地位，甚至失败，会进一步加剧企业的人才危机。

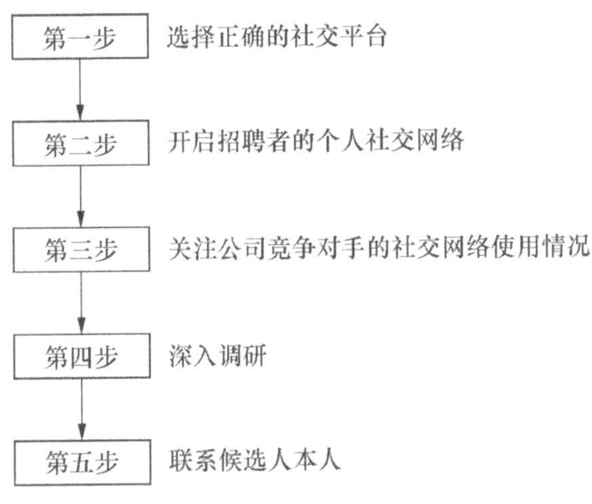

图 4-10　选择社交招聘渠道的 5 个重要步骤

4.3.2　竞价招聘，用拍卖模式找人才

产品的拍卖我们并不陌生，买方通过这种模式往往能以较低的价格买到好产品，因此，拍卖还被称为减价抛售、甩卖。在招聘领域，HR 管理者（买方）通过拍卖模式找人才，可以为企业找到高性价比的人才，即能力相当的人才。这种方式比现场招聘等传统招聘渠道的招聘成本低，如招聘费用低、支付给人才的薪水较低。试想哪家企业不想以较低的招聘费用、较低的薪水招聘到满意的优秀人才呢？在网络发达的背景下，竞价招聘不再是痴人说梦，而是可以付诸实践的。

高级人才永远是稀缺资源，他们往往拥有满意的企业、收入，找工作的频率很低，甚至不会主动找工作，他们根本不会在招聘网站上发布自己的求职信息。因此，企业想获得这些高级人才比登天还难。此外，通过现场招聘、普通的招聘网站等传统的招聘渠道找工作效率低下，投出去的简历犹如石沉大海，令求职者忍无可忍，求职者逐渐放弃这些求职渠道。与此同时，企业收不到高质量的简历，整个招聘过程充斥着低效率、不靠谱。招聘行业的一些创业者发现了传统招聘模式的弊端，深入地探索招聘的出路，借鉴产品拍卖的模式开辟了新的人才招聘渠道，创新了人才模式，打造出中高端人才的拍卖模式。招聘企业 100offer 积极实践人才拍卖模式，致力于中高端程序员人才拍卖。

100offer 发现通过传统的网络招聘招人犹如大海捞针，普通招聘网站早已不能满足中高端程序员对待遇升职的需求，其 CEO 贾智凡坚信这是一个良机，立即升级招聘渠道，引入竞价招聘渠道，采用人才拍卖模式，锁定了中高端程序员人才，成为了中高端程序员人才拍卖模式的代表者。

100offer 对注册的程序员和企业都要求很高。注册的程序员必须年薪 20 万～80 万，或者独立完成过优秀项目，这样的程序员全国预计有 20 万～ 50 万名，占了我国程序员总量的 10%～20%。100offer 共吸引了 4 万名程序员。首先，注册的企业来自北上广深杭；其次，拿到了融资，并拥有明确的上线产品，100offer 共吸引了 2600 家企业。100offer 为每一份程序员的简历都设置了鲜明的标签，包括“iOS 开发”“安卓开发”“WP7 开发”等。例如，企业搜索关键字“安卓开发”，便可以搜索到 100 多位候选人。

100offer 给程序员带来的招聘效率远远高于平台的招聘网站。90% 参加拍卖的程序员可以获得至少 1 个工作职位，平均每一个程序员可以获得 12 个靠谱的面试机会。100offer 每月会举办 4 期拍卖，每月参加的程序员达到了 400 名。100offer 的盈利方式是，程序员入职 3 个月之后（转正后），向用人单位收取其年薪的 10% 作为佣金。这个费用不低，他得以实施在于 HR 一般面试 7 次才能获得一个合适人才，在 100offer 仅需 3 次。（2015 年 5 月）100offer 已拿到 2000 万元融资。

可见，100offer 的这种人才拍卖模式（图 4-11），无论对高端程序员还是对企业来说，都具有精准、靠谱、高效的优势。

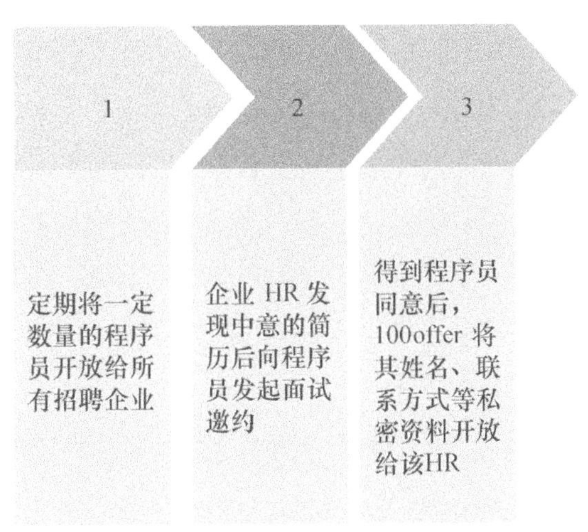

图 4-11　100offer 的人才拍卖模式

注：100offer 的人才拍卖每期拍卖持续 2 周，拍卖结束后未收获心仪 offer 的程序员仍可继续申请参加。

人才拍卖是一种新的人才招聘模式。众所周知，传统的人才招聘模式是招聘方先发布招聘信息，求职者看到后投递简历；人才拍卖在流程上与传统招聘恰好相反，先是求职者发布求职信息或者简历，招聘方看到了然后展示职位、薪水，请求求职者面试。

人才拍卖模式存在求职者隐私泄露的问题，招聘平台往往通过两种方法来解决此问题。一是提升招聘方的准入门槛。代表者是国外的知名招聘平台 Hired.com，它只允许 YC（Y Combinator，美国著名创业孵化器）投资的企业查看求职者的简历。二是使用匿名信代替简历，代表者是全新的人才拍卖网站 JobDeer.com。当求职者收到招聘方的面试请求之后，招聘平台会征求求职者的意见，得到准许之后才会把求职者的联系方式和完整简历发送给招聘企业。

竞价招聘对企业人才招聘具有三方面的作用。

第一，找人迅速。许多企业面临长期招聘不到合适的高级人才的问题，而在竞价招聘中，高级人才一旦接受企业的面试邀请，HR 能拿着简历马上开始面试。这让刚刚拿到融资的团队受益匪浅，他们不仅可以快速地组建起整个团队，而且支付的费用远远低于使用猎头。

第二，能确保企业项目保密。如果大企业为自己的一个秘密项目招聘人才，那么就不适合采用普通的招聘网站（易于泄露商业机密）。而竞价招聘采用拍卖模式，可以使招聘方的项目处于保密状态，因为只有被拍卖的人才（也就是接受企业面试邀请的人才）才能看到招聘方的职位详情。

第三，能找到更适合的人才。众所周知，中高级人才没有太大的经济压力，他们优选自己感兴趣的企业。这使创业公司有机会从财大气粗的 BAT 口中抢夺到高性价比的合伙人。

我们需要明确一点，竞价招聘适用于热门人才和紧急人才招聘，并不适用于普通人才招聘，因为普通人才仍然属于买方市场。就目前情况来看，竞价招聘只是企业招聘热门人才、急需人才的一个补充渠道。随着卖方人才市场的到来，竞价招聘将会上升为主要招聘渠道。由此可见，哪家企业能早日采用竞价招聘渠道，它将会在人才争夺战中获得更大利益。

4.3.3 人才众筹，传统招聘网站的互联网转型

招聘渠道可以解决人才来源的问题，只有人才的来源质量和数量有保障，才能招聘到优秀的人才。因此 HR 不能忽视招聘渠道，应随时关注招聘渠道的发展趋势，力求采用高效率的招聘渠道。

自从众筹兴起，影视、音乐、科技、农业、金融等行业都大力采用众筹

模式，在提升行业的效率方面效果不错。随着传统企业向互联网转型的不断升温，传统的招聘网站也开始向互联网转型，期望早日摆脱低效的状况，走出高端人才招聘困局，于是，人才众筹模式“破土而出”。

众所周知，传统的招聘网站通过吸引求职者和企业注册来提高网站流量，然后卖广告。传统的招聘网站的商业模式是，为企业提供招聘服务，比如推荐简历、提供广告等产品，然后向企业收取费用。传统的招聘网站一直采用这种模式，在发展的过程中出现了很多弊端，包括求职简历过多、岗位描述不真实、招聘信息过期等，导致人才与岗位的匹配度逐渐降低，求职用户对招聘网站渐渐失去了信任。传统的网络招聘平台仍然不愿意舍弃卖简历、卖广告的利益，长期不能解决低效、过期岗位或虚假信息等问题，无法满足人才、猎头的需求，从而造成了“企业普遍缺人，在网站上找不到人才”的现象。

很显然，效率低下的招聘网站已经无法适应快节奏的互联网时代。随着招聘效率的不断降低，传统的招聘网站开始被求职者疏远，被招聘企业抱怨，其广告业务也受到了沉重打击，收入很不乐观。传统的招聘网站进入了发展的瓶颈期，向互联网转型迫在眉睫。而人才众筹模式能够使传统的招聘网站发生质的变化，能够实现高效招聘。

深圳的一家上市企业L公司开辟了人才众筹渠道，采用人才众筹寻找优秀人才，获得了前所未有的招聘效率。

该公司的HR经理万经理对人才众筹模式的新兴招聘网站才客网很感兴趣，便在该网上发起了一个移动互联网产品经理的招聘项目。3天后的早晨，万经理上班打开电脑登录了才客网、工作邮箱，令他很惊喜的是，他一下子收到了才客网发来的10份由猎头顾问推荐的候选人简历报告。万经理看完之后，立即打电话邀请了其中的5位候选人第二天来公司面试。第二天万经理和业务部的负责人一起面试了这5位候选人，当天做出了录用决定，晚上就电话告诉其中的一位候选人愿意为其提供工作职位。万经理算了一下，此次人才招聘一共花了5天时间，费用为5000元，对该人才众筹网赞不绝口。

万经理通过人才众筹模式快速地找到了适合企业的高级人才——移动互联网产品经理。可见，人才众筹渠道是一种低投入、高效率的招聘渠道。

人才众筹为招聘行业注入了新鲜血液。其中，第一个吃螃蟹的是才客网。才客网是首家人才众筹的招聘网站，在我国的招聘行业史上画下了浓墨重彩的一笔。这种模式具有3个好处：**投入成本极低、耗时短以及人才与岗位匹配精准。**

我们从人才众筹的概念（图4-12）、人才众筹使用、人才众筹作用等方面来详细了解人才众筹这种全新的招聘渠道。

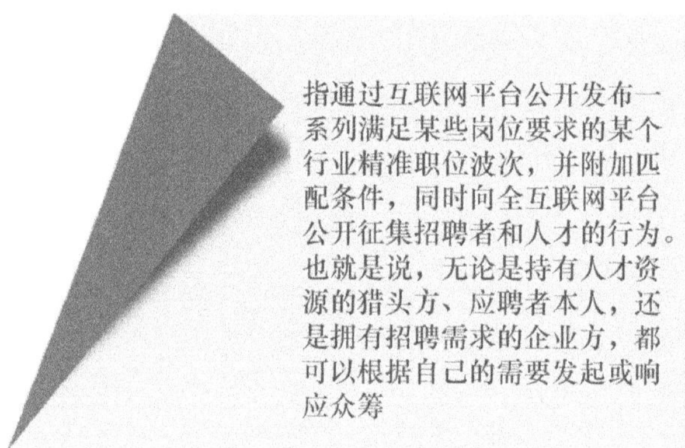

图4-12 人才众筹的概念

无论是招聘方还是求职者都可以在人才众筹网上发起招聘（或者求职）项目。人才众筹的流程包括3个环节。

首先，招聘方（或者求职者）公开发布带有匹配条件的精准职位需求，同时公开招聘者和人才的行为。

其次，设置期限。这可以确保招聘的时效性。

最后，招聘方和猎头在人才众筹平台上有针对性地展示需求和候选人资源，快速低成本地完成招聘方和人才方的匹配。

人才众筹招聘有 3 个显著优点：（1）简化了招聘过程，人才众筹去掉了传统线下招聘中耗时漫长的简历海选与首轮面试过程，在线上高效完成匹配，然后进入线下面试环节；（2）**更加个性化**，例如，“缺一个懂营销会推广的段子手”，再如，“来一个懂 IT 服务销售的汉子”，这样的招聘信息不仅令人耳目一新，还一目了然；（3）**成功率远远高于普通招聘网站**。人才众筹为每项众筹设定时限，一旦超出时限则众筹失败，从而促使发起者和人才快速响应对方。

人才众筹模式使招聘方和人才实现了共赢，为企业和人才提供了双向选择的机会，以最快的速度给人才提供最合适的工作机会，既让企业找到满意的人才，又比使用猎头费用低。此外，人才众筹可以确保应聘者处于活跃状态，一旦进入邀约面试阶段，确保其在 1 周内对企业的面试邀请做出回应，从而极大地降低企业招聘的时间成本。很显然，人才众筹是一种高效率的招聘渠道。在效率为王的互联网时代，人才众筹发挥的作用不言而喻。

人才众筹模式实现了全流程线上交易，具有信息交互的新特点，在线交易功能，形成了“需求方 / 人才匹配—交易—服务”的完整闭环。人才众筹网相当于把猎头业务完整地搬到了线上，因此，它又被称为全新的猎头 O2O 招聘模式。无疑，人才众筹是招聘行业的一次颠覆性创新，将驱动传统招聘网站实现互联网转型。

4.4 举一反三，利用现有人才搜寻新人才

无论在传统的线下招聘渠道还是在传统的招聘网站上，都越来越难找寻人才，企业被迫扩大了自己搜寻人才的范围、改变找寻人才的策略。

值得庆幸的是，企业寻找人才的方式变得越来越灵活。有的企业的 HR 人员直接在人口聚集的小区摆摊招聘人才，有的企业激励员工充当 HR 角色，在客户中搜寻新人才。

2016 年 4 月，我乘坐某公交车去医院买药。公交车上的乘客指导员看到一位拿着行李箱的乘客，随口问他去哪里，乘客说："我刚来城里找工作，先找我的老乡落脚。"这位公交乘客指导员说："我们公司正在招聘乘客指导员，不知你是否愿意干？"那位乘客很感兴趣地询问了待遇。公交乘客指导员说："一天跑两圈，基本工资三千多，但是经常加班，加一圈给 40 元加班费，管吃管住。"这位乘客思谋了片刻说："那你帮我问问，随时可以联系我。我还有几位老乡也可以干。"就这样，公交乘客指导员一边上班一边帮助企业做人才招聘工作。虽然不知道招聘结果，但是可以肯定，公交公司获得了更多的人才资源，需要该职位的人才可以快速获得一份工作。其实很多企业开始利用现有人才的力量搜寻人才，招聘效果都不错。

管理者决定利用现有人才搜索新人才需要掌握 4 个策略（图 4-13）：（1）**利用内部人脉圈获取信息；（2）让信息提供者成为最佳"说客"；（3）消除内部推荐的压力；（4）固化机制，形成稳定的内部人脉网络。**

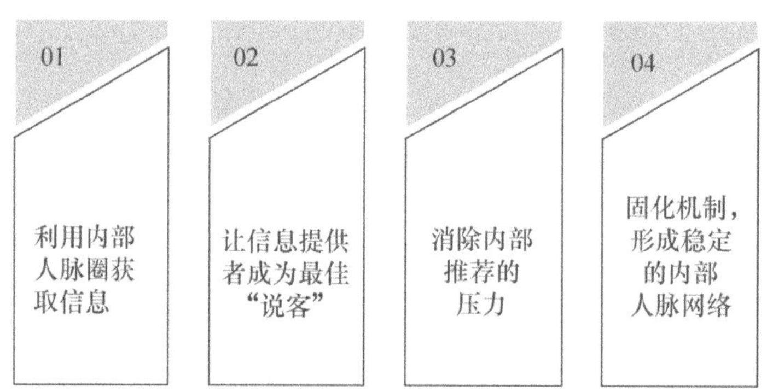

图 4-13　利用现有人才搜索新人才的 4 个策略

4.4.1 利用内部人脉圈获取信息

人脉圈历来被人们誉为一座金矿。如果你拥有人脉圈这座金矿，你将获得源源不断的财富。在一家企业中，每一位员工都有自己独特的人脉圈，管理者善于利用内部员工的人脉圈子，将会获得自己需要的商业情报、人才信息。

企业内部人脉圈逐渐成为企业获得信息的一个重要渠道，包括商业情报、人才信息等，对企业的价值举足轻重。因为能否充分利用信息决定着一家企业发展的高度，以及是否能成为杰出的企业。基于此，很多企业开始利用内部人脉圈获取人才信息。内部推荐就是利用内部人脉圈获取信息的重要表现。

事实上，不少高管已经认识到了人脉圈的价值，他们坦言经常从自己的业内好友圈里获取信息，来提高自己决策的科学性、正确性。但是很多高管却忽视了自己身边更丰富、更实用的资源，**即每一位内部员工的人脉圈。从内部员工那里，企业可以获得许多情报，包括哪些技术变革即将改变本行业。重要科技潮流是什么。竞争者正在做什么**。管理者鼓励员工挖掘情报，这会成为企业的重要工作之一，这一举措将会使企业有很大收益。因为人脉广的员工往往能为企业带来具有重要价值的信息。当员工从他们的人脉圈获得企业需要的信息时，他们能无限可能地帮助企业应对重要的商业挑战。

利用内部人脉圈获得信息对于企业的价值不可估量。这种方式获取的信息不同于其他方式获取的信息。通过内部人脉圈获取的信息往往来源于一线，有很多细节信息的描述。众所周知，价值往往存在于细节之中。这些都可以帮助企业形成核心竞争力。

简单地讲，利用内部人脉圈，就是利用公司员工的个人人脉圈，它是公司从外部获取信息的最有效方式。即使管理者不明确地对员工说通过他们的人脉圈获取信息是联盟的组成部分，那些积极的员工也会自发地建立他们的外部职业人脉圈。研究显示，个人的职业前景会随着人脉圈子的强大而加速提升，即能使个人的职业指数得到提升，这也是业内专家所说的职业前景和人脉关系之间服从幂次法则（“我”的“我们”次幂，I^{we}）。对于管理者而言，只有得到员工的信任，才会使员工心甘情愿地利用他们的人脉圈子为企业服务。

企业利用内部人脉圈获取信息的前提是获取内部员工的信任。管理者鼓励员工在上班的时候合理使用 Facebook、推特、微博、微信等社交网络，允许员工报销与有趣的人共进午餐的费用。这其实是管理者帮助员工投资他们的个人人脉圈子，有助于在彼此间建立起互惠的信任环境。当管理者要求员工为了企业利益利用他们的人脉圈子时，员工将会积极响应。

利用内部人脉圈获取信息有 3 种好处：可以使管理者做出更好的工作决策，可以使员工帮助企业应对更重要的商业挑战，是公司与外部世界交往并从外部世界学习的较有效方式。显然，企业主动利用内部人脉圈有助于招聘人才。

管理者利用内部人脉获取信息需要 4 个步骤实现：

首先，聘用有人脉的人才；

其次，培训员工如何通过交谈和社交媒体从人脉中发掘有价值的信息；

再次，实施有助于员工建立个人人脉的计划和政策；

最后，让员工在公司分享他们了解的信息；

利用内部人脉圈获取信息有四大重要作用：

一是收集新信息、过滤新信息；

二是能帮助企业获得“隐藏数据”；

三是可以为企业带来意外发现，它是创新的主要驱动力；

四是帮助管理者发现本会错过的机会。

获取信息的能力决定着企业的发展高度，也决定着企业在激烈人才竞争中的胜负。通过内部人脉圈获取信息不仅成本低，而且价值高。管理者善于利用内部人脉圈获取信息的管理者，将驱动企业发展，提升企业在激烈的人才竞争中的胜算率。

4.4.2 让信息提供者成为最佳“说客”

人才决策是关乎企业成败、兴亡的大事。比尔 · 盖茨曾说，假如把微软前 20 个最有价值的人挖走，微软将一文不值。可见，优秀人才对企业的发展至关重要。然而，优秀人才的竞争异常激烈，往往“一人难求”。面对此难题，我们经过长期探究和实践，发现让信息的提供者成为最佳“说客”，可以让企业家搜寻到合适的优秀人才。

很多企业家采用此策略寻找人才，效果显著。移动互联网公司小米的 CEO 雷军创业之初需要寻找优秀的软件人才、硬件人才、设计人才，但是这些人才非常稀缺。而且小米是一家初创业公司，在发展潜力、薪资待遇等方面没有明显优势，反而存在不确定的发展风险。于是，一开始雷军寻找优秀人才难度很大。当他说服老朋友（Google 的工程师）林斌加入小米公司之后，寻找优秀人才工作开始变得比较顺利。

林斌在微软、谷歌工作的过程中，结识不少软硬件的优秀人才。他加入小米后，主动地为雷军提供优秀人才信息，先后为雷军提供了他在微软公司的同事黄江吉、谷歌的同事洪锋、摩托罗拉的硬件工程师周光平等优秀人才的信息。其中，黄江吉是微软工程院的首席工程师，在微软工作了 13 年，面临一次人生、职业大选择——是继续留在微软还是去创业？是留在微软中国还是微软美国？林斌将他引荐给了雷军。洪锋曾是美国谷歌的高级工程师，当时是中国谷歌的产品经理。周光平是摩托罗拉的硬件工程师，快退休了，仍然对工作充满热情。林斌不仅把这些人才信息告诉了雷军，而且在面谈的时候使出浑身解数说服这些人才加盟小米公司。

之后，林斌将洪峰引荐给雷军，雷军提出与洪峰见面，实际上是面试洪峰，并让林斌也参加。林斌提前告诉雷军洪峰很强势。事实证明的确如此，雷军与洪峰见面时成了洪峰面试雷军。洪峰提出了很多细致的问题，找出了雷军创业的很多不靠谱之处。雷军无言以对，林斌在旁边调解面谈氛围。雷军不但没有生气，反而认为洪峰是一个想问题很细致的人，更加欣赏洪峰，邀请洪峰加入小米公司，共同创业。洪峰仍然很犹豫。这时候，林斌在旁边再次宣传小米的梦想、发展潜力，劝说洪峰。最后，洪峰认可了雷军的梦想，决定加入小米公司，挑战梦想。

在林斌的推荐和劝说下，这3位优秀的人才终于加入了小米公司。这些人才的加盟打造出了独一无二的小米人才团队，增强了小米的核心竞争力，为小米企业快速创业成功打下了坚实的基础。

显然，在雷军寻找优秀人才的程中，林斌不仅是人才信息的提供者而且是成功的“说客”。雷军正是采用让信息的提供者成为最佳“说客”的方法，如愿以偿地获得了顶级人才。可见，让信息提供者成为最佳“说客”，能让企业获得合适的优秀人才。

4.4.3 消除内部推荐的压力

内部推荐是一种有效的招聘方式。统计数据显示，内部推荐的成功率高达48.9%。内部推荐不仅快速、高效，同时成本低、周期短。中国人才管理第一品牌北森企业利用内部推荐方式获得了非常满意的招聘效果：仅仅通过1次微信转发，2次面试，3天就成功录取了数名销售精英，并立即对每一位推荐者奖励了1000～2000元的现金。内部推荐的效果不言而喻。当然，内部推荐不仅具有显著优势，还存在一些不容忽视的劣势，如表4-1所示。

表4-1　内部推荐的优势和劣势

优势	劣势
这种方式招聘进来的人才具有稳定性	由于管理者优先考虑内部推荐的候选人，使公司容易失去拥有外部更优秀人才的机会
这种方式招聘进来的人才比较忠诚	无法及时获得怀有不同理念的新鲜血液，从而使公司文化建设停滞不前
招聘成本低	内部推荐的员工过多，易形成内部派系，增加管理难度、成本
招聘效率高	内部推荐进来的员工处处优先，导致公司内部产生不公平现象，挫伤员工的工作积极性和士气

然而，有时候即使企业给出很高的奖励，员工也不愿意向自己身边的人推荐企业。

某硬件公司的郑经理苦于找不到合适的硬件工程师，最后决定采取内部推荐招聘方法。他明确表示，若员工推荐的人才被录用，该员工就可以获得 2000 元的现金奖励。员工听到此消息一点也不兴奋。过了一周，郑经理没有收到一份内部员工推荐的简历。他很纳闷，便深入员工当中了解情况。原来，很多员工表示，他们担心自己推荐的员工录取不上，感觉很没面子，把自己的老脸搭上也未必能安心挣到这 2000 元，所以干脆不冒这个险。

可见，员工不愿意冒着丢面子的风险去参加内部推荐。究其原因是内部推荐给员工造成了很大压力。员工担心企业对自己推荐的人才不满意，进而影响自己在企业的发展。员工担心自己推荐的人才在企业发展不好企业会怪罪自己。而管理者只看到内部推荐对企业的好处，却忽视了内部推荐给员工的压力。所以，尽管很多企业给出丰厚的现金奖励来开展内部推荐，但招聘效果甚微。

内部推荐，也被称为员工推荐，是企业通过动员其内部员工调用自己的人脉资源来帮助公司推荐新人才的招聘办法。长期以来，大企业很青睐这种招聘办法。因为大企业招聘量大，需要投入许多的人力、财力、时间。而采用内部推荐就不需要专门补充 HR 人员，可以动员内部员工兼职 HR 人员，而且没有找到合适的人才之前不需要给员工酬劳，既省时又省成本。内部员工推荐的人才往往能百分百上岗。阿里巴巴、苹果、腾讯、德勤（全球四大律师事务所之一）、渣打银行等企业都在采用内部推荐的方式找人，其中后三者近 50% 的员工是通过内部推荐找到的。这与大企业的待遇高有关。

可见，内部推荐是一种大企业喜爱的招聘方法，同时它效果显著。中小企业也应该大力使用内部推荐的方法寻找新人才。无法开出大企业的优厚待遇，那么就需要在奖励推荐人方面下功夫，只有这样才有可能改变员工的推荐意愿很低的现状。

大多数企业只奖励推荐成功的员工，且只给予现金奖励。企业只奖励推荐成功的员工，让那些推荐不成功的员工很没面子。于是，员工感到内部推荐很有压力。员工向企业推荐人才本来不是为了挣钱，而是出于热心，于是他们便会想与其冒着没面子的风险还不如不去推荐。因此，企业要不断完善内部推荐制度，对推荐者、推荐成功者分别给予奖励，当然奖励不局限于现金。为企业推荐不合适的人才犹如给自己脸上抹黑，试想哪个人愿意给自己脸上抹黑呢？所以，企业无需担心员工为了那一点奖励而推荐质量差的人。

企业对参与内部推荐的每一位员工进行奖励，可以有效消除员工内部推荐的压力，进而提高所有员工内部推荐的意愿。消除内部推荐的压力，管理者还需要彻底改变糟糕的领导文化，因为没有员工愿意把自己的好友拉近火坑。好的领导文化才会让每一位内部员工心甘情愿地当企业的兼职猎头，为企业引入源源不断的新人才。

4.4.4 固化机制，形成稳定的内部人脉网络

固化，是一种物理形态变化，指把物质从低分子转变为高分子的过程。例如，把水变成冰块，把铁水变成铁块，都可称为固化。固化改变了物体的形态，使物体的形态变得稳定。机制指有机体的构造、功能及其相互关系，或是机器的构造和工作原理。从企业管理层面讲，固化机制，可使企业与员工的关系变得稳定。而我们这里要讲的固化机制，特指形成稳定的内部人脉网络。

稳定的内部人脉网络，简言之就是公司同事人脉网络，同事包括公司的前员工和现有员工。稳定的内部人脉网络对公司有不可估量的好处，可以为公司每一位员工的职业生涯提供意想不到的帮助。一家企业努力建设、维护稳定的内部人脉网络，可以使公司和员工的价值都得到大幅提升。

然而，大多数行业并没有发现稳定的内部人脉网络的好处，只有专业服

务公司和大学重视并充分利用了稳定的内部人脉网络的价值。

全球最著名的管理咨询公司麦肯锡早在 50 年前就建立了官方内部人脉网络，它的成员超过了 24000 名。全球领先的战略咨询公司贝恩公司安排了 9 名全职员工维护公司内部人脉网络。其中 6 人在贝尔高管网工作，他们会把前员工主动介绍到贝恩公司的客户和其他公司那里担任高管，并向前员工提供一般的职业咨询服务。除了麦肯锡、贝恩这两家服务公司之外，还有德勤、波士顿咨询集团等行业也在做类似的工作。

大学机构似乎比专业的服务公司更重视内部人脉网络。大学雇佣不少员工举办校友聚会、组织校友交友、发行杂志，形成了稳定的内部人脉网络。哈佛大学、北京大学、清华大学等大学无不重视内部人脉网络，积极地举办校友聚会，加强了内部人脉网络，实现了名利双收。

专业的服务公司、大学之所以愿意投入资金、时间经营内部人脉网络，因为其中有利益，它们的前员工（或者校友）可以为企业带来直接收入。专业服务公司的前员工向老东家推荐新客户，那些当上其他企业高管的前员工直接成为了老东家的客户。校友则直接向大学捐款，截至上个财年（2015 年 6 月 3 日），哈佛大学接受的捐赠总值已达 364 亿美元。截至 2015 年 6 月 3 日，哈佛大学最大的一笔捐款是 4 亿美元，来自校友约翰 • 保尔森。哈佛大学成为了最富有的大学，这深深受益于其稳定的内部人脉网络。于是，专业服务公司、大学很乐意投资内部人脉网络。可见，经营稳定的内部人脉网络可以使组织大大受益。

一些公司有员工自发建立非正式的公司内部人脉网络，来促进员工之间互助，并不是为了使员工与老东家联系。非正式的公司内部人脉网络的出现，使公司意识到自己错失了重要机会。他们开始认识到投资内部人脉网络与投资新产品不一样，很难计算出精确的回报，回报风险很大，也许很多年也得不到回报。但是，不能因为其回报的不确定性就放弃它，因为不可预测并不等于低价值。

随着人们之间互惠关系、联盟关系成为发展趋势，内部人脉网络的价值逐渐显现出来。企业投资内部人脉网络的决心越来越大，原因有 4 个方面。

第一，企业一旦形成稳定的内部人脉网络，便可以帮助企业寻找到优秀人才。具体有 3 种方法，**一是召回离开公司的员工**，到公司开始另一段任期，例如，领先的会员制顾问公司 CEB 形成了稳定的内部人脉网络，两年后，前员工重新聘用率增长了一倍；**二是使前员工向企业推荐优秀人才；三是拉近公司与优秀应聘者的距离**。应聘者了解了雇主的很多前员工成为了价值数亿美元的企业高管的信息，会认定其加入该公司对自己的职场有帮助。

第二，内部人脉网络中的前员工可以为企业提供有价值的商业信息，例如竞争对手的信息、新兴行业趋势等。研究数据显示，新兴科技潮流报告往往来自前员工而不是企业的在职员工。

第三，内部人脉网络中的前员工可以为企业推荐客户。

第四，内部人脉网络中的前员工自愿担当企业的品牌大使。过去企业只需要打广告就可以提升企业的品牌形象，现在这个办法越来越不奏效。可以说企业的品牌控制权已经不完全在企业手中了，也掌握在员工、客户手中。在社交媒体上，员工、客户谈论企业的观点被认为更加客观。尤其是前员工在社交媒体上宣传产品、回复客户，拥有在职员工无法企及的可信度。可见，企业利用稳定的内部人脉网络不仅可以提升品牌形象，而且可以招聘人才、获取有用信息、推荐客户。

企业对内部人脉网络投资水平有 3 种，由低到高依次是忽略、支持和投资。

第一种，忽略。公司只有非正式的内部人脉网络，是群主为了自己的利益创立的。公司无法控制或影响它对公司的回报。

第二种，支持。公司与非正式内部人脉网络的创建者建立直接联系，并提供非正式支持，比如掏钱为前员工聚会买蛋糕，支持前员工独立工作等。这可为公司带来潜在的收益，例如让一些优秀的前员工重返公司，可节省大量招聘费用。如果能聘用到 6 位高管人才，那么与使用猎头相比，可为企业节省 6 位数的招聘费用。高管的年薪少则 100 万元，多则 1000 万元，而猎头费用通常是高管年薪的 20% ~ 30%。

第三种，投资。公司直接建立内部人脉网络，雇佣专门的员工维护，并为前员工提供福利。很多大学采用的就是投资模式。例如，哈佛大学商学院曾经聘请校友克里斯坦森专门管理该院的高科技行业校友会。它的投资还包括提供网络设施，邀请校友会的管理者参加该院所有校友的年会。很多公司也开始采用这种投资模式建立稳定的内部人脉网络。

建立稳定的内部人脉网络，管理者需要熟悉 4 个步骤（图 4-14）。哪个管理者对内部人脉网络投资水平高，哪个企业会获得更合适的高级人才。

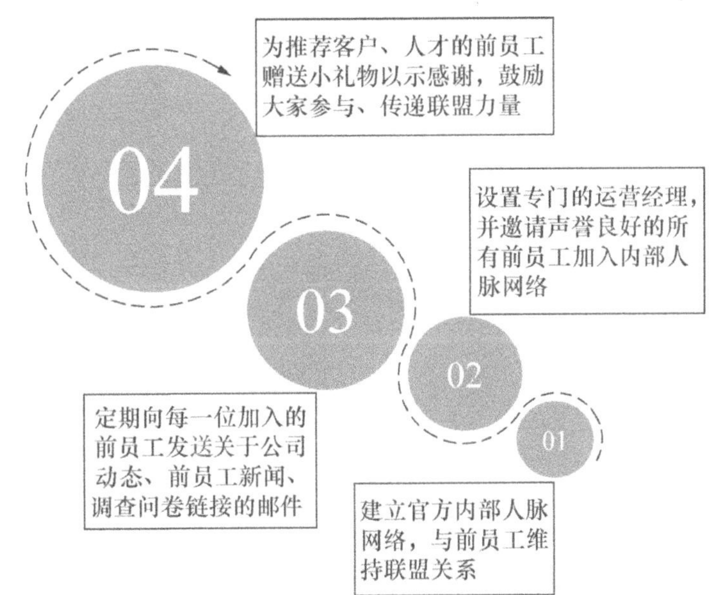

图 4-14　建立稳定的内部人脉网络的 4 个步骤

一些企业形成了稳定的内部人脉网络，进而提高了企业的品牌知名度，拓展了企业的业务。稳定的内部人脉网络最显著的作用就是能够为企业带来有价值的信息、推荐人才，甚至能帮助企业提高销售金额。此外，很多公司研究其内部人脉网络后发现公司打造稳定的内部人脉网络需要的成本远远低于其想象，而回报却远远高于其想象。因此，管理者应该快马加鞭地建设、维护稳定的内部人脉网络，以获得更有价值的信息和更优秀的人才。

第5章

人才培养重构：做人才成功的“领航员”

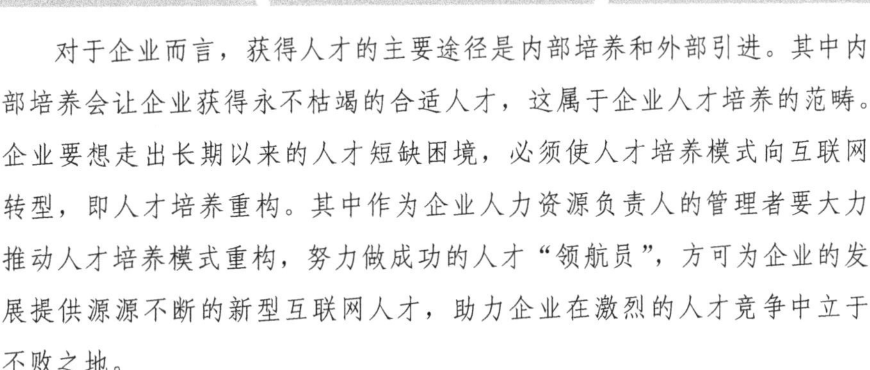

对于企业而言，获得人才的主要途径是内部培养和外部引进。其中内部培养会让企业获得永不枯竭的合适人才，这属于企业人才培养的范畴。企业要想走出长期以来的人才短缺困境，必须使人才培养模式向互联网转型，即人才培养重构。其中作为企业人力资源负责人的管理者要大力推动人才培养模式重构，努力做成功的人才“领航员”，方可为企业的发展提供源源不断的新型互联网人才，助力企业在激烈的人才竞争中立于不败之地。

5.1 互联网时代的人才培养新思路

人才培养模式变革浪潮来袭，HR 管理者应顺应这股浪潮，成为企业人才培养的“领航员”，带领更多的人才主动转型为互联网时代创新人才、认同企业价值观人才、高效人才。这要求 HR 管理者的人才培养思路必须升级为互联网时代的人才培养新思路。

互联网时代人才培养新思路有三大核心内容：一是创造力比胜任力更重要，二是价值观比技能更重要，三是效益比成本更重要，如图 5-1 所示。

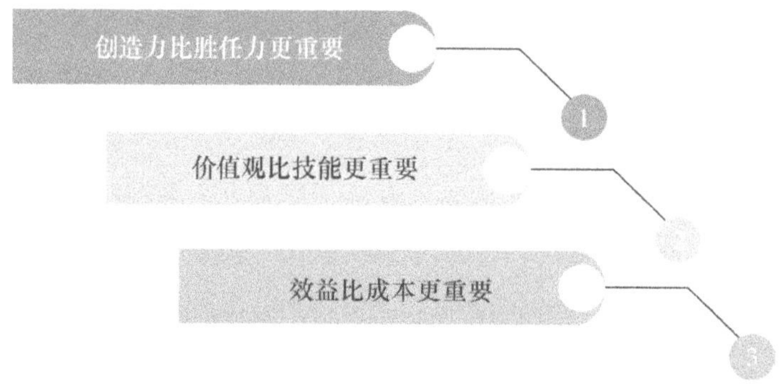

图 5-1　互联网时代人才培养新思路

5.1.1 创造力比胜任力更重要

越来越多的研究表明员工的创造力比胜任力更重要。《经济学家》曾经向 200 家左右的中国优秀企业的总裁做了一项关于“员工最致命的弱点是什么”的调查。结果是大部分总裁不假思索地说“缺乏创造性思维”。

亚马逊创始人兼首席执行官杰夫 • 贝佐斯非常重视员工的创造力。亚马逊的“普通”员工网站工程经理本杰明 • 布莱克有个创新想法——“让亚马逊作为高效零售商的业务专长转为服务于电脑运算能力的一般市场”，然后他和他的经理克里斯 • 平卡姆一起向贝佐斯解释了他们的创新想法。贝佐斯与他们多次交流之后，认可了他们的想法，并向董事会汇报了此想法，但遭到了董事会的质疑。贝佐斯极力为员工的这个创新想法进行了辩护并使其付诸实施。这个新想法促生了新业务，即亚马逊网络服务，该业务于 2006 年推出，2013 年年收入约 38 亿美元，2014 年年收入达到了 51.6 亿美元。该业务收入增幅很大。2015 年第一季度收入 15.6 亿美元，同比增长 49%；2015 年第三季度收入 20.8 亿美元，同比增长 78%。

可见，员工的创造力对企业的贡献是多么大，创造力是企业需要员工具备的最重要的能力。因此，在互联网时代，管理者认为员工的创造力比胜任力更重要，管理者对人才的创造力培养显得颇为重要。

过去 HR 筛选候选人，管理者评估应聘者，往往注重胜任能力。对于满意的人才的评语少不了“素质不错，基本上能胜任工作岗位”这样的字眼。管理者若只顾重视人才的胜任能力，而忽视了人才的创造力，会导致企业的团队创造力不足，研发不出充满创意的产品，从而企业没有竞争力。可见，企业的人才团队不能没有创造力，人才团队的创造力决定着企业的竞争力。因此，管理者要果断地变革企业的人才培养模式，殚精竭虑地培养人才团队的创造力。

如果有人问：苹果公司和诺基亚公司谁对手机的研究更加专业？大家会异口同声地说：诺基亚。然而，诺基亚管理者致力于技术专业化，无暇顾及产品创新，忽视了其人才的创造力。苹果重视人才的创造力，鼓励人才创新，产品创新力度大。结果，不专业的苹果打败了专业的诺基亚。苹果的秘诀就是重视人才的创造力，从而提高了产品的竞争力。

管理者只要愿意，人才的创造力完全可以培养出来。培养人才创造力的方法主要有 4 种。

第一，造就好的环境。研究显示，在好的环境下，人才的创新能力能够被激发出来。事实上，我们并不缺乏拥有创新潜力的人才，而是缺乏激发人才创新潜力的工作环境。那些致力于创新的互联网企业，都想方设法地营造好的环境。例如，百度实施弹性工作制度，造就了宽容的环境，其工程师可以自由安排自己的工作，可以享受公司提供的免费早餐、午餐，24 小时免费咖啡、零食等。结果，工程师的创造力很强大，每天平均有 6 项技术升级上线，每天带给中国网民更好的使用体验。

百度工程师的创造力很强大，这得益于百度为工程师营造了好的工作环境。百度的工程师表示，他们可以穿着自己喜欢的衣服上班，即使 9 点多来到单位仍然可以享受到免费的早餐；他们可以自由安排工作，可以在办公室里轻松娱乐，可以找包括 CEO 在内的每一个人讨论问题；他们的同事都是业界的精英，他们每天得到高人的熏陶，不仅拥有难得的学习机会，而且进步很快。百度很重视培养人才的创新能力，为每一位新人安排一位导师，使其耳濡目染，获得了快速成长。良好的工作环境激发了百度工程师超强的创造力。百度培养出了一代又一代的创新人才，获得了数不胜数的创新技术、产品，企业获得了持续发展，成为搜索引擎的领导者。

第二，为员工树立创新的榜样。HR 管理者要想培养员工的创造力，仅仅给员工放松的时间还不够。因为 HR 管理者只把重视创造力挂在嘴边还不能激发出员工的创造力。管理者向员工直观地展示创造力，具有榜样的作用，进而吸引员工效仿，让员工在工作中努力发挥创造力。

管理者若不重视培养人才的创新能力，迟早会将企业带进阴沟里；反之企业会兴旺发展。

苹果公司是一家以创新著称的企业。苹果电脑公司在发展之际，重视创新的乔布斯被排挤出公司，首席执行官不重视产品创新，只追求销量和利润。不久，苹果公司濒临破产的边缘。苹果董事会决定请乔布斯重返苹果。乔布斯再次回到苹果公司，提出了“不同凡响”的口号，即“创新是苹果的核心”。每次新产品的发布会上，他都会感谢他的团队成员的功劳、创新想法，从而打造出了一个富有创造力的创新团队，创造了驰名全球的苹果帝国。因此，管理者一定要不遗余力地开发自身的创造力，为培养富有创造力的员工树立榜样，才能培养出一代又一代的富有创造力的人才。

第三，营造创新的氛围，给员工思考的时间。如果企业管理者和 HR 管理者想拥有有创造力的人才，营造创新氛围是一个不错的办法。创新氛围是指员工的创新思维活跃，任何创新想法都允许被提出来，并能得到支持和付诸实践。研究显示，人们的创新想法产生于非工作时间，即处于无期限要求、身心放松、独自一人的情况下。例如，相对论是爱因斯坦在草坪上休息的时候发现的。那些重视员工创造力的企业，让员工实行弹性工作制度，给员工更多的放松时间。例如，谷歌发现员工把 70% 的时间花在“应该”做的事情上，30% 的时间用在了非工作的事情上，盈利却得到了迅速增长，股票市值高得惊人。原因是这种制度给了员工自由时间，使员工的思维更加活跃，有利于激发员工的创造力。HR 管理者最重要的任务就是确保企业最重要的资源——人力资源得到有效利用。实现此目标的一个有效的方法就是 HR 给员工营造创新的氛围，给员工放松的时间。

第四，重视员工的建议。管理者不仅要设立员工意见箱，而且要切实地了解员工的想法，尤其要表现出很欢迎员工提出新想法的样子。这会让管理者获得更多创新的想法。

因此，企业管理者应该基于人才的胜任力大力培养人才的创造力，这是企业永葆活力的秘诀。同时，人才的创造力是一家企业的永不枯竭的动力，是提升产品竞争力的源泉。

5.1.2 价值观比技能更重要

我国领先的教育科技企业好未来的董事长兼 CEO 张邦鑫曾说："能力不足能后天培养，价值观不同会导致企业分崩离析，企业危机始于人才招聘。"

的确如此，若一个人的技能低，可以通过培训获得提高。这也是很多大企业热衷招聘大学生的缘由。若一个人的价值观与企业的价值观不一致，他在企业干不长久，成不了企业的子弟兵，甚至会挖企业的墙角。张邦鑫在创业之初，不重视员工的价值观，曾经招聘过一些不认同企业价值观的人才，结果遭受了惨痛的教训：学校有两个教学技能顶尖的老师带走了他当时精英班的 200 名学生，单干去了。这犹如给他当头一棒，让他亲身体会到"人才价值观不同会导致企业分崩离析"。这表明，人才的价值观比技能更重要。

一些创业公司在发展之初急需高技能的人才，往往忽视了人才的价值观，导致高薪聘请的高级人才无法融入团队，最终被迫放弃。阿里巴巴在发展之初聘请了一批高级人才，结果这些高管无法融入团队，才能发挥不出来，没有做出好业绩，白白浪费了很多资金。一个团队的价值观不同，会让企业分崩离析。价值观一致的人在一起会拧成一股绳子，具有无穷的力量。

那么，何为价值观？**价值观是一个人在生活中和工作中所看重的原则、**

标准和品质。**价值观在一个人的职业生涯中起着决定性的作用。**是什么让一个人数十年坚持一个职业？是什么让一个人长期钻研一个专业？是什么驱使人们寻找最短的时间、最快的赚钱方式？是价值观。价值观犹如人们前进的方向。价值观不相同的人，是不会朝着同一个方向使劲的。

如果把企业比喻成一辆车，团队成员就是推车的人。如果团队成员的价值观不一致，会出现有的往前推、有的往后推、有的往左推、有的往右推的情形，无法形成合力，甚至会把车推翻。可见，人才的价值观对企业的发展至关重要。一个团队中每一位成员的价值观都保持一致，才会驱动企业朝着同一个方向前进；反之，企业难以前进，甚至会倒退。

员工只有认可企业的价值观，才会充满热情地工作，进而做出一番成绩；反之，无法适应企业，工作处处掣肘，迟早会待不下去，离开企业。一个人才认可企业价值观，会把工作视为事业，不会在意加班（肯定会在意薪水），一心想着干好。什么样的价值观培养出什么样的人才。华为的核心价值观是“以客户为中心，以奋斗者为本，长期艰苦奋斗，坚持自我批判”，从而培养出了一批批艰苦奋斗、心甘情愿加班的战将。

华为是一家技术驱动的公司，相对于人才技能来说，他们招聘人才时更加重视人才的价值观，要求所有的人才认同“长期艰苦奋斗”的价值观，更直白说是“加班”的价值观。如果顶尖人才无法认同此价值观，往往在华为待不长久。

网上曾经流传一个华为招聘高级人才的故事：华为某部门重金招聘来一位日本专家。他上任第一天先进行了自我介绍，然后强调道：“我是个加班狂，请各位同事多多支持！”该专家进入华为 3 个月便提出了辞职。当 HR 问道“为何辞职”时，他只说了一句话：“你们这样加班，是不人道的！”虽然这个故事令人哑然失笑，但是它反映出了华为的“加班”程度，体现了华为“长期艰苦奋斗”的价值观。不具备“长期艰苦奋斗”的价值观的人才是无法融入华为团队的，更无法成为华为的战将。

对于人才而言，要获得成功稳定的职业生涯，不仅要具备顶尖的技能，更要认同企业的价值观。优秀的人才明白价值观比技能更重要，所以会获得更好的职业发展。对于管理者而言，要把人才的价值观看得比技能更重要，对新入职的人才一定要进行价值观培训和评估，方可委以重任。

总之，人才的技能不高，可以通过培训、实践快速提高；人才的价值观与企业不一致，很难纠正过来，甚至会给企业造成重大损失。若人才没有树立起来正确的价值观，遇到问题的时候很难解决！所以，管理者在人才培养方面要高度关注人才的价值观，在面试的时候一定要严格把关人才的价值观。

5.1.3 效益比成本更重要

HR 管理者进行人才培养还要有“效益比成本更重要”的新思路。例如，传统的管理者不愿意花钱让员工参加培训班，不愿意花钱从外面请专业培训师培训员工，就是重视成本的典型表现。这样一来，人才学习技能缓慢，不利于提高人才可创造的效益。尤其在新技术快速迭代的互联网时代，企业让员工自己摸索，没等员工学会这门技术，这门技术就淘汰了，被新的技术取代。很显然，互联网时代 HR 培养人才只看重成本不重视效益行不通，难以快速获得掌握新技术的人才，无法快速提升企业的竞争力。这要求 HR 培养人才要将效益看得比成本更重要。

管理者重视人才培养，给人才提供培训机会，可以深深吸引人才并有效留住人才。有远见的管理者在人才培养上往往把效益看得比成本更重要，很重视人才培训，很舍得花钱培训人才。

在人才培养方面把效益比成本看得更重要的企业往往人才济济，获得了突飞猛进的发展。华为就是其中的典型代表。华为的管理者按照效益比成本更重要的思路进行人才培养，培养出了一批批高级的技术人才和管理人才，并有效地留住了优秀人才。

华为的掌门人任正非采用效益比成本更重要的新思路进行人才培养，体现在两个方面。

一方面，任正非很重视人才培养，对新入职的人才都会进行 180 天的带薪培训，其每年支出的员工培训费和科研开发费超过了营业额的 3%。统计数据显示，2015 年华为年收入为 3950 亿元。由此可计算出，2015 年华为的员工培训费和科研开发费超过了 118.5 亿元。可见，华为培养人才的成本不低。当然，华为人才培养的效果很明显：2015 年，华为年收入同比增长了 37%，净利润同比增长 33%。2015 年，华为的年收入远远超过 BAT 三巨头的总营收（而 BAT 三巨头的总营收合计近 2500 亿元）。2015 年华为的智能手机出货量排名第一。

另一方面，任正非说华为可以高价买元件，高价买机器，也可以高薪买人才。华为成立之初，曾经聘请上海交大的老师刘平当华为的软件工程师。刘平是硕士研究生，在交大工作了 8 年，月薪 400 元（1993 年）。他进入华为后第一个月只上了一天班，却拿到了 1500 元，之后每月都涨薪。10 个月后，他的月薪为 6000 元（1993 年年底）。华为给人才提供持续的开发培训。华为提供在职培训和脱产培训，以促使人才不断成长，从而适应企业发展。任正非重视人才培养，舍得给优秀人才花钱。每年华为都会派遣不少管理者、技术人才到国外学习、考察、交流，快速提高了这些人才的素质。这为华为不断强大打下了坚实的人才基础，使华为在 500 强企业中的排名不断晋升，华为 2015 年的排名是 228，比 2014 年提升了 57 名（285）。

华为之所以能获得如此好的战绩，得益于任正非采用了互联网人才培养新思路——效益比成本更重要，使华为赢在了人才培养上，从而培养出了层出不穷的优秀管理人员、技术超群的人才。华为舍得花钱、花精力培养人才，获得了技能杰出的人才，推动了华为飞速发展。这说明采用效益比成本更重要的人才培养思路是培养人才的明智之举。华为的不断胜出再次说明人才就是企业的核心竞争力。

可见，管理者采用效益比成本更重要的人才培养新思路可以快速提高企业人才队伍的技能、素质，从而提高企业的竞争力，增加企业效益。因此，HR 管理者一定要用互联网时代的人才培养新思路培养人才，以为企业打造出人才辈出、高手云集的人才盛况。

5.2 企业人才培养的 4 个阶段

人才短缺不仅成为大企业的“通病”，而且逐渐成为中小企业的“通病”。因此，培养人才成为摆在所有企业面前的重要任务。长期以来，虽然企业制订了一些看似宏伟的“人才战略”计划，但是人才培养效果甚微，导致人才危机加剧，人才危机成为企业的普遍硬伤。造成这种状况的原因有 2 个：一是优秀人才培养不到位，以及外部引进人才成本高、难度大；二是企业对优秀人才的管理不到位，导致企业辛辛苦苦培养起来的成熟人才不断流失。因此，企业决不能在人才培养上有丝毫怠慢。

无论对国家来说还是对企业来说，培养人才只有起点，没有终点。从某种程度上而言，人才培养是企业的一项长期的战略任务。因为没有哪个企业不期望持续发展下去。众所周知，要让汽车跑得远，离不开持续地为其补充动能——汽油。而企业持续发展下去的动能便是人才。企业发展需要持续不断的动力，所以企业管理者需要不断地为企业培养人才。

然而，人才培养不可能一撮而就，而是需要一个过程。企业培养一个优秀的人才需要经历 4 个阶段（图 5-2）：**第一阶段是适任期，加速新成员与企业的融合；第二阶段是转变期，给予人才充分的尝试机会；第三阶段是固定期，提供全方位的成长支持；第四阶段是调整期，岗位轮换挖掘人才潜力。**

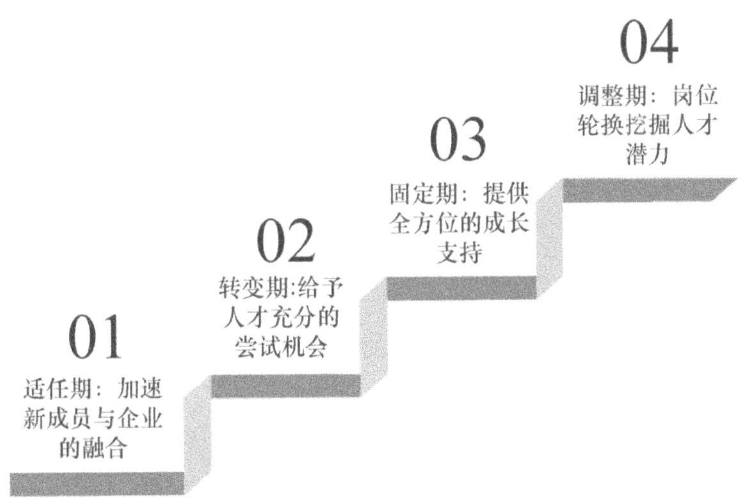

图 5-2　企业人才培养的 4 个阶段

其中，转变期是人才培养的重要时期。企业需要应对瞬息万变的技术变革、市场竞争，我们应对的方法就是转向转变期模式。转变期人才培养效果大相径庭，因此转变期是人才培养的重要时期。管理者进行人才培养要遵循这 4 个时期，并要有所侧重。

遵循人才培养的 4 个阶段有利人才快速成长。领英的产品副总裁戴维 • 哈恩通过人才培养的 4 个阶段，在短短 9 年时间里从一个毫无商业经验的职场新人快速成长为赫赫有名的硅谷高管。人才培养的 4 个阶段最终改变了他的公司和他的职业生涯。

5.2.1　适任期：加速新成员与企业的融合

企业内部培养人才应从招聘新成员开始。每一位新成员进入企业都会经历一段适任期，即我们熟悉的适应期、试用期。这个过程一般需要 1 ~ 3 个月。在这段时期内，管理者进行人才培养的主要任务是加速新成员与企业融合。

适任期适用于职场新人培养。培养的方法是为新员工设置稳定、易于理解的、标准化的工作。这些工作职场新人更容易完成，有利于企业招聘到人才、留住人才，尤其适用于企业大规模开工。

无论是大企业还是小企业都离不开内部培养人才这种方式。内部培养人才的对象往往是大学应届毕业生。企业需要对他们进行培训，加速他们与企业的融合，适应岗位、企业文化和领导，即人才培养的适任期。使他们早日得心应手地完成适任期的任务，提升工作技能。

应届毕业的大学生进入企业后，毫无疑问，要先进入企业人才培养的适任期。

领英人才解决方案小组的全球解决方案总监埃达·古特金大学刚毕业就在某企业如愿以偿谋到一份设计洒水器的工作，担任工程师。经历了企业人才培养适任期，她虽然很喜欢这份工作，但是她发现自己更喜欢与人打交道，而不是整天面对着电脑。在适任期结束后，她发现自己不适合工程师岗位，更适合管理岗位。最后，她果断地转型，回到学校攻读工程与管理硕士学位。这成为她后来从事管理工作的关键因素。如果没有这段适任期，她不会那么快就发现自己最喜欢的工作是管理而不是工程师。

她再次进入领英同样经历了适任期。埃达·古特金领导领英人才解决方案小组的副总裁迈克·加姆森为埃达·古特金制定了一个6个月的适任期，明确了她的任务目标是确定公司是否面临部分客户流失的问题，如果是，请提出一个解决方案。古特金全身心地投入该工作，发现需要拓宽项目范围，并与加姆森谈论后达成一致意见。她分析问题的结论得到了公司的认可，公司按照她的解决方案成立了一个专门改善客户管理的新销售团队。在适任期内，迈克·加姆森发现埃达·古特金与自己很合拍。最后，加姆森为古特金规划了人才培养的转变期，并为其制订了转变期计划，助其逐渐踏上管理之路。

人才培养的适任期对企业来说可以快速发现职场新人是否适应岗位；对个人来说，可以让其快速地发现该工作是不是自己最喜欢的，一旦发现该工作不是自己最喜欢的，可快速地重新规划职业。

5.2.2 转变期：给予人才充分的尝试机会

转变期是人才培养的最重要的阶段，管理者采用的主要策略是给予人才充分的尝试机会。上文中没有指明的人才培养阶段，便可视为“转变期”。转变期是一个人才成长的关键时期。管理者在人才培养的转变期应给予人才更多的关心，将获得惊喜。

领英人才解决方案小组的全球解决方案总监埃达 · 古特金在领英成功实现了职业转变。这得益于她的领导丹 · 夏皮罗和迈克 · 加姆森给予了她充分的尝试机会。古特金大学刚毕业从事的是工程师工作，后来发现自己更喜欢管理工作，于是决定朝着管理方向发展。在领英的第一个任期中（即适任期），迈克 · 加姆森觉得古特金非常适应这一岗位，便主动地与古特金协商道：“让我们找出适合你的职位。”他和丹 · 夏皮罗一起为古特金制订了一个新的转变期计划。此转变期的目标是帮助销售团队探索销售新产品的方法。这可以让古特金开启管理生涯，获得管理经验，并帮助领英开辟出一个重要的增长领域。但是古特金经过分析，发现这个机会不适合实现她最初的目标（帮助销售团队探索销售新产品的方法）。她立即重新定义了自己的目标，转而着手在人才解决方案小组内部建立领英的招聘媒体业务，即人才品牌。这是一个全新的领域，几乎不可能得到其他部门的支持。值得庆幸的是，领导充分信任她，并给予她这个尝试机会。

在这个经典的开创事例中，古特金做了实现目标需要的一切事情。其中主要的有 4 件：（1）创建了招聘媒体业务领域的商业投资案例；（2）组建了一支员工队伍；（3）自学了结构化查询语言（SQL）；（4）研究了 Salesforce.

com。从而，古特金具备了改进销售过程中的网络环节所需的实务技能。此业务为领英带来了惊喜的收益，其中2009年的年收入为120万美元，2013年的年收入为2亿美元。2010年，在领英人才解决方案团队整体业务收入中，领英的“人才品牌”所占比例达到了20%。还有，古特金建立的全球售前咨询师、分析师和客户经理团队达到了85人。显然，无论从业绩还是从人才培养方面来看，古特金已经成长为一个优秀的管理人才。

一年多之后，即她生完女儿并休完产假后，她的经理丹·夏皮罗主动地给她制订了第二次转变期计划。丹·夏皮罗经常询问古特金：“未来5年你希望实现什么职业目标？我们一起研究需要做什么事情。”古特金说：“我想当总经理。我觉得需要提升销售技能。但是我没有任何销售经验。”丹·夏皮罗表示，古特金的新鲜视角能帮助她做好销售工作，并愿意给予她尝试销售工作的机会。在此次转变期内，古特金获得了更全面的管理技能，领英也获得了新鲜视角。在领英经过第二次转变期后，古特金逐渐靠近了她想做总经理的梦想，成长为领英的高管。

经过这2个转变期，古特金顺利地转到了管理之路上，成功实现了职业转型，成长为管理界的明星。

阿里巴巴的员工陆兆禧经历了3段转变期：(1)2000—2004年，他出任阿里巴巴华南大区经理，从光杆司令发展为百人团队，把阿里巴巴的B2B销售业务做了起来；(2)2004—2008年，他出任支付宝总裁，带领5名成员，一手创建起了支付宝；(3)2008—2011年，他出任淘宝总裁，带领淘宝走进盈利时代；(4)2013—2015年，他担任阿里巴巴的最高管理者，即阿里巴巴集团总裁。可见，陆兆禧在转变期获得了较多的尝试机会，并取得了好成果，实现了自己职业生涯和企业的飞跃转变。

转变期不规定具体的期限，但是根据一般的经验来看，员工转变期将持续 2 ～ 5 年。例如消费品行业，宝洁的新品牌经理的初始转变期为 2 ～ 4 年；谷歌的董事长埃里克 · 施密特说，他希望员工的转变期为 5 年，其中头两年进行学习，接下来两年完成工作，最后一年过渡。管理者为了巩固与员工的长期关系，可能会有后续转变期。后续转变期可能比标准的 2 ～ 5 年更长。

在转变期培养人才需要掌握几个要点：（1）不设置明确的期限，而是以完成某个特定任务为目标；（2）领导与员工一对一协商员工的转变期目标；（3）领导要与员工真诚地对话；（4）确定详细期望的框架。在转变期内，领导承诺员工可以获得改变自己职业生涯和公司的机会。在转变期进入最后阶段时，领导需要与员工协商后续任期，以便留住员工。总体来说，管理者能给员工提供更大的成长空间和更多的发展机会，使员工不断地改变职业规划，更容易留住人才，进而使彼此实现长期稳定的投资关系。

5.2.3 固定期：提供全方位的成长支持

人才培养的第三个阶段是固定期，该阶段企业进行人才培养的主要策略是为员工提供全方位的成长支持。

任何一位顶尖人才都是从“菜鸟”成长起来的。若企业能为员工提供全方位的成长支持，将会获得更多顶尖人才和杰出接班人。

管理者在人才培养过程中需要给员工提供什么样的支持呢？研究发现，企业需要为人才成长提供 4 个方面的支持。

第一，入职培训。这可以将新入职的员工塑造成企业想要的样子。IBM 就是这样做的，把所有新入职的员工塑造成 IBM 需要的“新蓝”，他们高度认同 IBM 的企业价值观和做事方式。“新蓝”经过入职培训快速练成了 IBM 的“童子功”，成为 IBM 的真正成员。

第二，业务学习。IBM 安排业务人员学习专业知识和产品知识，还给员工提供与客户打交道的机会，比如拜访客户的标准化流程，让资深的销售经理扮演客户，新入职员工模拟客户拜访。

第三，为新员工指定“师傅”，便于新员工一边干一边学习，尽快上手。例如，IBM 公司为新入职的每一位行政管理人员安排一位“师傅”，可以使新员工快速熟悉工作。

第四，提供向高级人才学习的机会。比如 IBM 的优秀人才和接班人可以做总经理的特别助理，作为“智囊团”参与由总经理主持的公司中长期业务发展战略规划。这犹如实践，可快速提高高级人才的实战能力。

我国的南孚电池企业非常重视人才培养，在人才培养上采用的也是为人才提供全方位的成长支持的策略。例如，在实践中增长才干、量才而用、委以重任、国外培训等，获得了一批批技术、业务水平过硬的人才，成为世界电池行业中的技术领先者。可见，企业为人才提供全方位的成长支持，有助于培养出高级人才，进而为企业的发展积累强大的人才力量。

5.2.4 调整期：岗位轮换挖掘人才潜力

企业的接班人、复合型人才，几乎不可能从外部引进，只能通过内配培养来获得。企业人才培养最高阶段的主要目标是培养接班人、复合型人才，通常采取岗位轮换的策略，有利于挖掘人才的更大潜力。

高管人才培养的路径是岗位轮换或者轮岗制度。岗位轮换人才培养对象是管理型人才，如企业的领导人才、复合型人才，纯粹技术型人才并不适合。培养复合型人才是企业培养人才的最高级阶段，采用的主要方法是岗位轮换。

岗位轮换有助于企业留住人才。某企业的 HR 人员很苦恼地说，原来一年招聘两次人才，如今一年四季都在招聘人才，但企业仍然缺人才。主要原因是留不住人才。后来，公司经过再三讨论决定采用岗位轮换制度。一次性招聘进来 50 名人才，进行为期 1 年的岗位轮换，一年后有 30 名留下。留下来的都是技术过硬的、安得下心的人。可见，岗位轮换在留住人才方面的效果很显著。

众所周知，企业人才流失严重会不断增加企业的招聘成本、人力成本。降低人力成本的最好方法就是留住优秀的人才。而岗位轮换能深深吸引谋求发展的人才，增加员工的工作兴趣，进而有利于留住人才。于是，一些企业为应对员工“闪辞”，在人才培养的过程中实施岗位轮换的制度，不仅有利于多角度挖掘人才的潜力，还有助于企业留住人才。

岗位轮换已经成为企业培养人才的一种有效途径。很多国际知名企业在公司内部或者分公司之间建立了岗位轮换制度，诸如阿里巴巴、华为、IBM、爱立信等企业。岗位轮换可以为员工提供尽可能多的工作岗位、尽可能丰富的工作经验，可带给员工新鲜感，从而深深吸引住人才。对于大多数企业来说，岗位轮换既有利于企业的人才培养，又能有效遏制“闪辞族”，还可以解决某些岗位人员不足的问题。

管理者实施岗位轮换方法需要遵循一定的流程。**首先，尊重管理者**（岗位轮换主要适用于管理人才）个人意愿。一个人只有对岗位有兴趣，才会全身心地投入，达到最佳的工作状态，进而做出好成绩。反之，注定做不好。**其次，做好竞岗工作**，让那些想成为全面发展的管理者自愿报名，然后企业选择自己愿意培养的人才。这样做，企业才可获得超预期的人才培养效果。

岗位轮换的优势明显，可以发掘人才的潜力、培养复合型人才、留住人才，促进部门之间的交流，提高企业的工作效率。但是它也有弊端，有可能导致企业部门之间的恶性人才竞争。众所周知，每个部门都有部门绩效，获得更多的优秀人才有利于做出更高的部门绩效。部门之间的人才竞争不可避免。然而，并不是所有的企业都可以采用岗位轮换的方法培养人才。企业一定要结合自己的实际情况采用适合企业的人才培养模式，方可取得好的人才培养效果。就目前的研究实践来看，岗位轮换适用于国际性的大企业。

企业坚持不懈地实施岗位轮换制度，有助于挖掘人才潜力，有效地解决人才流失严重、高级人才匮乏的问题。

企业就像一辆公交车，员工就像乘客。只有少数人从始发站上车，大部分人从中途上车。只有少数人从终点下车，大部分人中途下车，然后换乘另一辆车继续驶向自己的目的地。只有那些始发地、目的地都与公交车始终保持一致的人才能从起点一直坐到终点。这就像如今正在变化的雇佣关系。在互联网时代，企业不断放弃终身雇佣制，采用任期制，即允许员工在每一段任期结束后随时离开。只有高度适应企业的极少数优秀人才才会终生被企业雇佣。大多数员工希望获得终身雇佣，但是这已成历史。

因此，互联网时代的新型人才应早日适应任期制，利用好每一段任期制，促使自己快速成长，才是明智之举。值得庆幸的是，员工的就业观念开始改变，他们不再幻想在一家企业里工作一辈子，他们不再天真地效忠于一家企业，学会了不断寻找实现自身更大价值的工作平台。与此同时，企业不可避免会流失优秀人才。只有实现企业与员工共赢，企业方可长久地留住优秀人才，并从其身上获取更大价值。

培养人才的这 4 个阶段又称任期制，有利于新成员快速融入企业，有利于中层人员获得充分的尝试机会、获得全方位的成长支持，有利于管理者挖掘优秀人才潜力。无疑，任期制是目前很有效的人才培养模式。

5.3 营造利于成长的氛围

创业者创业需要创业氛围，投资人才投资需要投资氛围，销售人才成交需要成交氛围，等等。管理者促进人才成长同样需要成长氛围。

这里的氛围就是环境，环境对一个人才的成长至关重要。古人云，近朱者赤，近墨者黑。可见，环境对人们的影响巨大。可以说，与什么样的人在一起相处，决定你将成长为什么样的人。因此，人们对人文环境越来越重视。

世上没有无用的人才，只有不会用人的管理者和不会培养人才的领导。而氛围是培养人才的重要因素。良好的氛围能把庸才变成干将；不良的氛围会把英才变成庸才。好环境造就好人才已经成为培养人才的公理。

众所周知，人才培养的集中营是高校，探索人才成长是高校管理者的一项长期的战略任务。一些大学开始重视人才成长，并探索人才成长的方法，其中一个有效的方法就是成长氛围。

西北农林科技大学的校长孙其信曾寄语青年科技人才：“希望有一批青年人才尽快成长起来，逐渐成为能挑重担、能打大仗，具有较强创新能力的学术领军人才。”他还强调在院校管理体制下，大力发挥学院在人才培养中的重要作用，因为人才强校归根到底是人才强院、人才强学科，因此学院要不遗余力地支持青年人才发展，在青年人才成长过程中给予主动帮助，其方法就是营造良好的人才成长氛围，让青年人才想干事、能干事、干成事，进而形成自发图强的精神。

的确如此，环境对人的影响巨大，成长氛围有利于人才形成主动学习的习惯，尽快取得工作成果，获得成就感，进而提高员工的工作满意度，有利于企业留住人才，当然最大的好处就是可促进人才自发图强。成长氛围还能让管理者在培养人才时事半功倍，甚至一劳永逸。

一旦企业营造出成长氛围，将会有效地促进人才奋发自强。用不了多久，企业将会获得一批批优秀的人才。

用成长氛围促进人才奋发自强，有 4 个重要策略（图 5-3）：**第一，富有挑战性的任务；第二，内部竞争学习；第三，充分授权；第四，人尽其才。**

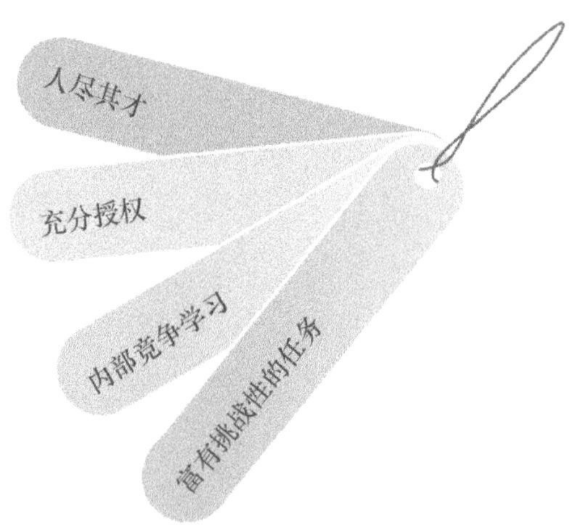

图 5-3　用成长氛围促进人才奋发自强的 4 个重要策略

5.3.1　富有挑战性的任务是成长源泉

企业竞争最终是人力资源的竞争，是人才的竞争。因此，企业必须不断地引进人才、发展人才，方可提高人才的竞争力。管理者开始高度重视人才成长，不惜用物质、非物质来激励人才。在人才成长过程中，管理者经常使用 3 种非物质激励，即晋升、培训、挑战新任务。

随着企业人才招聘成为常态，人才培养也随之成为了企业的一项长期战略任务。因为人才培养不是周期性的，而是一个持续的过程，只要员工在企业一日，管理者就有义务培养他、帮助他成长。同时，人才成长无上限，人才成长需要动力，或者说人才成长一定有源泉，那么，人才成长的源泉是什么呢？我经过深入地研究和大量实践发现，富有挑战性的任务是人才成长的源泉。

首先，我们了解一下对于个人来说，什么样的任务属于挑战性任务。挑战性任务有一条重要衡量标准，就是员工此时不具备完成该任务的能力，但是具备完成此任务的潜力。挑战性任务的目的是激发员工的潜能。

其次，我们了解一下挑战性任务在企业人才培养中的应用。管理者应该给每个员工设计富有挑战性的任务。通用电气利用此方法促进了人才成长，还留住了人才。平安集团人力资源副总监姜宏宽给我们分析了其中的奥妙，他说：“通用电气一个很重要的企业文化就是变化。”挑战性任务带给了员工新的变化和新的要求，从而让员工在工作中保持激情。轮岗是实施富有挑战新任务的重要方式，华为采用轮岗制不断地给予员工富有挑战性的任务，培养出了源源不断的帅才、干将。

分析很多人才的成长过程会发现对其成长贡献最大的时期是迎接挑战的时期。例如，我的一位同事被公司委任为华南地区的总经理，我们听到此消息都替他捏了一把冷汗，他本人对此工作也没有把握，硬着头皮去干，迎接了很多挑战后，他心里越来越有底了。短短一年，他可以得心应手地处理各种总经理事务，管理才能、协作能力、沟通能力都得到了显著提升。这次挑战性任务促使他快速成长为企业的高管。当然，并不是每一位人才都能通过富有挑战性的任务获得快速成长。实践中，被挑战性的任务击垮的也大有人在。因此，管理者采用富有挑战性的任务促进人才成长要因人而施。

为人才安排富有挑战性的工作任务是人才成长最直接的方法，对那些强烈渴求成功的人来说更奏效。挑战性任务能激发人才潜能已被管理界人士所公认。因为挑战性任务能逼迫一个人想出问题的解决方案，甚至克服性格上的一些缺点，进而完成在舒适的环境中不可能完成的事情。显然，这就是一种成长。而这种成长能带给其巨大的成就感，激励其不断地拼搏。

富有挑战性任务的作用有两方面：一是激励作用，最大限度地激励员工改变和学习；二是驱动员工主动学习。

管理者给员工提供富有挑战性的任务，鼓励员工接受挑战性的任务，在人才培养中可以取得惊喜成果，即员工不断地成长。

5.3.2 内部竞争学习推动共同进步

市场竞争推动了行业的进步，促使了员工不断进步。学习是进步的力量，我们每个人对此都深有体会。在竞争和学习的合力推动下，企业的所有员工能得到共同进步。于是，越来越多的管理者采用内部竞争学习的方法来推动员工共同进步。

促进员工进步是领导的一项重要任务，决定了管理者培养人才的能力。培养人才成为了企业考核管理者的一项重要指标。管理者不遗余力地探索、实践推动员工共同进步的方法，他们发现内部竞争学习这种方法最有效。

全世界最好的移动芯片公司高通通过内部竞争学习推动了员工共同进步。高通内部高手云集。高通的管理者是如何做到的呢？答案是一个有效的管理方法——内部竞争学习。高通的管理比较松，几乎全靠员工的自觉性，但是高度重视内部竞争，一堆牛人工程师在一起拧着劲儿竞争，根本不会偷懒，他们拼命地学习、工作。结果，大家的技能都得到了突飞猛进，从而成就了高通在移动芯片领域遥遥领先的地位。

我国的大多数企业通过内部员工技能学习、技能竞赛来推动员工共同进步，培养起来不少技术能手。

钦州市开投水务有限公司工会举办“迎五一水务杯”职工岗位技能竞赛，先让员工学习计算机知识、污水处理流程、供水生产工艺流程等理论知识，接着大力应用、操作。经过半年多的学习，在“五一”前一天，50多名员工同台比拼理论知识和实际操作技能。最后，多名员工凭借深厚的理论知识、精湛的技术摘获“岗位技能能手”大奖。举办这次技能竞赛促使员工互相学习理论知识、切磋技能，大家的理论知识、技能都得到了提升。显然，钦州市开投水务有限公司通过此次内部竞争学习，推动了员工共同进步。

企业管理者持续地举办类似的员工技能学习竞赛活动，将会培养出一批批技术精湛的技术人才。

可见，通过内部竞争学习是一种效果很不错的培养人才法，管理者采用此种方法有助于提高企业人才质量。

5.3.3 充分授权让人才学会自我决策

管理者常常为是否向员工授权苦恼不已。实践中，一些管理者体验到了“不授权累，一授权就乱”。的确，管理者在授权的过程中会遇到暂时混乱的情况。但是，管理者若因为害怕一时的混乱就拒绝向员工授权，长此以往，一方面会让管理者事无巨细，像诸葛亮一样出师未捷身先死；另一方面会给企业造成“蜀中无大将”的人才困局。可见，管理者不向员工授权，危害深远。因此，管理者向员工授权势在必行。尤其在人才竞争异常激烈的时代，管理者不向员工授权，大事小事都自己亲自决策，一是忙不过来，二是导致决策慢，失去机会，最严重的后果是企业工作效率低下，员工的决策能力难以提升。

华为的总裁任正非在管理企业中早就呼吁“让听得见炮声的人决策”，即让一线员工直接决策。在华为发展的初期，任正非实施高度集中的中央集权，的确取得了很大成就，但是在快节奏的互联网时代，中央集权的优势丧失殆尽，给华为带来了诸多弊端：降低了一线员工的激情和敏锐度，高层不了解一线情况，不愿意授权，悄然形成了庞大的官僚体系。可喜的是，任正非及早地认识到了集权的弊端，立即改变管理方法，决定下放权力，向员工充分授权，以解决集权制造成的低效、机构臃肿等问题。任正非向员工授权以来，华为获得了许多独当一面的战将，企业获得飞跃发展。在世界 500 强企业排行榜中，华为的排名得到了不断提升。

华为的案例启示我们管理者应该毫不犹豫地向员工授权，提升员工的决策能力。只有身在一线的员工拥有决策权，企业才能抓住每一次商机，快速响应市场，抢到发展先机。更深远地讲，管理者向员工授权可以培养员工的决策能力。因此，管理者应该充分授权，让员工逐渐学会自我决策。

然而，授权是一门艺术。管理者懂授权，工作更轻松；会授权，管理更高效。授权已经成为了管理者向员工传授能力的一件工具，可以让员工能力得到快速提高，获得成就感，变得自信，进而把自己视为企业的主人。可见，管理者向员工授权可以让企业获得一批具有创业心态、主人翁精神的人才。有了这样的人才，企业富强指日可待。

那些杰出的企业领导者莫不是善于授权的高手。他们充分授权，不仅没有让企业乱成一团，反而让企业和员工都变得更强大。

全球500强企业Facebook的CEO扎克伯格充分授权，让员工学习自我决策，培养出了众多高绩效的人才，共同缔造出了世界最大的社交网站。扎克伯格在管理员工的过程中并不制定所有的决策，而是信任员工并授权给员工，让员工自己学习决策。遇到员工不能决策的事情，他也会让员工参与决策，并按照员工认为对用户有好处的方式制定决策。在他这样的管理之下，他的员工学会了自我决策，逐渐成长为了能正确决策、科学决策的优秀人才。员工对他鼓励一线员工参与决策的机制十分满意。因此，扎克伯格成为全球最受员工认可的领导、老板。员工对他的认可度高达99%。可见，他领导的团队凝聚力是多么的强大。

我国餐饮界的龙头企业海底捞的成功同样得益于其CEO张勇充分向员工授权，让一线员工亲自决定给顾客免单、打折扣等事情，让员工学会了自我决策，让越来越多的一线员工成长为了优秀的餐饮管理人才。海底捞CEO张勇的授权，本质上让人人成了管理者。海底捞其实是由一万个管理者组成的公司！这么多管理者齐心协力管理公司，它不强大是不可能的。

由此可见，管理者充分授权能让员工学会自我决策，可以培养出一批批勇于决策、正确决策的优秀管理人才。

5.3.4 “人尽其才”赋予人才强劲的成长动力

企业遭遇优秀人才流失，其中一个重要原因是优秀人才在企业的发展空间受到限制，遭遇事业发展的天花板，才能施展不开，需要寻找更大的施展才能的“舞台”。对于高级人才来说，他们的薪水应付生计绰绰有余，他们工作的首要目的早已经不是挣钱养家糊口，而是追求更大的成长平台。而“人尽其才”的策略能让每个人充分地发挥自己的所有才华与能力。无疑，“人尽其才”的策略能留住追求成长的人才，可赋予人才强劲的成长动力，从而推动人才快速成长。“人尽其才”也是解决企业人才困局的一个重要措施。

“人尽其才”形象地讲就是让“100 瓦灯泡发 100 瓦的光”，让拥有 100 分才华的人发挥出 100 分的能力。

管理者主动地了解员工的才能，给其安排合适的岗位实现他的个人价值、能力提升，并给予不断晋升的空间，这样一来管理者将实现人尽其才，创造出“八仙过海，各显神通”的盛况。

某餐饮企业采用“人尽其才”的人才机制，在培养人才方面的效果显著，在短短两年的时间内让普通的服务员成长为店长。

管理者采用“人尽其才”的策略有 2 个技巧：**一是营造“人尽其才”的氛围；二是实施基于“人尽其才”的绩效管理**。谷歌建立了一套 OKR（目标与关键成果法，其中 O 表示目标，KR 表示关键成果）管理体系，用以应对目标无法量化情况下如何提升业绩。它的核心思想是由下向上分层设定目标（O）与支撑目标（O）实现的关键成果（KR），并定期评估和调整。评估结果并不是高分就好，采用百分制计算，谷歌认为大部分员工的考评成果是 60 ~ 70 分最好。如果分数太高，说明设定的目标（O）不具有挑战性，如果分数太低，说明设定的目标不具有可行性，立即调整。评估的成果不会用来计算薪酬，但是会成为员工职位晋升、获得发展机会的参考依据。

“人尽其才”的人才培养策略赋予了人才强劲的成长动力。哪家企业的管理者善于采用此策略，哪个企业将会人才辈出，甚至让整个行业人才如云。“人尽其才百业兴”，人才对企业发展的重要性不言而喻。一位管理者受人尊敬的主要原因是为企业培养出了一批批优秀的人才。

通用电气的前 CEO 杰克 · 韦尔奇在美国企业界深受人们尊重，原因在于他采用“人尽其才”的策略培养了许多骨干管理者，从而为美国的众多公司培养出了一批批顶尖的高管人才。

因此，我们建议每一位管理者积极、努力地实施“人尽其才”的策略，让每一位员工的才能都发挥出来，将会驱动人才强劲成长，并有利于企业留住人才。

5.4 引领人才突破“职业高原”

每一个员工（或者说每一位人才）在职业生涯中都可能遭遇“职业高原”。随着组织结构的扁平化，机构精简，企业的管理岗位越来越少，人们纵向晋升的空间变小了，导致“职业高原”现象越来越普遍。企业、个人不得不面对“职业高原”这个严峻的现实问题。

研究数据显示，工作满 3 年，遭遇“职业高原”的员工约有 10%；工作 5 年之后，遭遇“职业高原”的员工超过了 30%。在竞争激烈的企业里，这种现象更严重。“高原现象”已经严重影响到了企业的发展，加剧了企业人才流失。管理者再不寻求走出“职业高原”的对策，企业将会“大出血”。因此，管理者引领人才突破“职业高原”迫在眉睫。

人们在职场中会遭遇“职业高原”，最终会离开企业。为了留住人才，管理者不仅要了解员工在职业生涯中的发展情况，而且要想方设法地帮助员工破解“职业高原”。

管理者引领人才突破“职业高原”需要从 4 个方面入手（图 5-4）：**第一，透彻了解“职业高原”现象；第二，分析人才职业高原形成的原因；第三，掌握职业高原的突破策略；第四，适度挖掘职业高原的积极作用。**

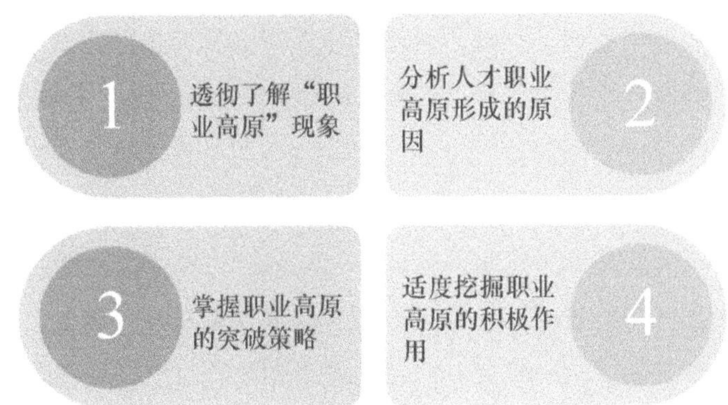

图 5-4　引领人才突破“职业高原”的 4 个方面

5.4.1　什么是职业高原

“职业高原”是职场人士在职业生涯中的成长停滞或者晋升不畅的一种现象。“职业高原”早在 1977 年就被美国职业心理学家费伦斯（Ference）第一次提出。Ference 给职业高原的定义是在个体职业生涯中的某个阶段，个体获得进一步晋升的可能性很小。1988 年，人们对职业高原有了不同的理解，费德曼（Feldman）和威茨（Weitz）则认为职业高原指个体在职业中接受进一步增加责任与挑战的可能性很小。尽管他们对职业高原的理解不完全相同，但是我们可以从他们的理解中得出职业高原是个体职业生涯中的峰点，是个体职业上的一种“停滞期”。

5.4.2　人才职业高原的成因分析

“职业高原”现象在骨干员工中比较普遍。

中国移动面临转型动荡期，一些高管选择离职，中国移动旗下咪咕公司咪咕阅读总经理戴和忠于2015年12月提出辞职申请。2016年5月16日下午，沃尔沃汽车集团中国区正式对外宣布，沃尔沃汽车中国销售有限公司总裁兼CEO付强辞职，原因是“个人发展原因”。2016年5月17日，广菲克宣布广菲克销售公司销售部高级副总裁陈雪峰因个人原因离职。事实上，汽车行业高管离职的原因是传统汽车企业遭遇了行业天花板，进入了转型期。

可见，人才遭遇“职业高原”有自身的因素，也有企业的因素。

职业高原在发展的过程中，有数种分类标准，其中最长见的分类标准是根据影响员工达到职业高原的组织和个人因素，可划分为两类。**一类是个人高原。它指员工缺少进一步晋升所需的能力和动机。另一类是组织高原。它指在一个组织内缺少员工发展所需的机会，组织无法满足员工个体职业发展的需要。第一类是员工自身原因造成的职业高原，第二类是组织因素导致的职业高原**。这是常用的一种分类标准。

骨干员工的流失往往导致企业人才“大出血”、竞争力剧降。因此，管理者需要下苦工研究职业高原形成的原因，以便对症下药地帮助员工突破“职业高原”瓶颈。

遭遇职业高原的人们表现为工作动力很低，工作投入度很低，缺勤率很高，工作压力很大，容易出现健康问题，工作满意度很低，离职意向很高，等等。可见，职业高原对员工和企业有严重的负面作用。因此，管理者一旦发现员工遇到职业高原，必须立即去处理。首先要分析人才职业高原的成因，这有助于有的放矢地解决人才的职业高原问题。

很多管理者在职业发展的过程中会遭遇职业高原。杜先生是一家中型民营企业的管理人员，在职业发展的过程中遇到了职业高原。

杜先生大学毕业后来到了A公司做管理工作，最初做行政主管，工作一直很出色，第 2 年晋升为了行政总监，第 3 年晋升为了行政经理，而公司最高职位是总经理，就是老板马总。杜先生又干了两年，职位没有晋升，薪水也没有增加。杜先生冷静地思考之后决定离开 A 公司，并向马总提出辞职申请。尽管马总主动提出增加 50% 的薪水，也没有留住杜先生。杜先生表示他离开公司是为了寻找更大的发展平台，而不仅仅是追求高薪水。

杜先生离开 A 公司后去了一家集团公司 M，第一年做总裁助理，第二年做分公司总经理，事业蒸蒸日上，薪水也超过了在 A 公司时的两倍。

经过分析，不难发现杜先生遭遇“职业高原”的成因是在 A 企业向上晋升没有了空间。也就是说他的“职业高原”的成因是结构高原，是组织因素造成的。作为个体，要突破这种“职业高原”，流动是最好的方法。的确是这样，杜先生从 A 公司流向 M 公司，从经理职位升至总经理职位，成功突破了“职业高原”，在职场生涯中获得了如鱼得水的发展。这也符合“树挪死，人挪活”的道理。总而言之，如果人才的职业高原原因是“结构高原”，那么人才最好不要再对组织寄托希望，果断地离开组织，寻找更适合自己的企业，方可突破“职业高原”。

经过深入地研究，我归纳出职业高原的成因，主要有 3 种，即结构高原、内容高原和个人高原。

（1）**结构高原**。结构高原会导致员工的职位难以流动，它的成因是组织的结构形态。

（2）**内容高原**。内容高原会导致工作本身失去挑战性而使员工在知识、技能上难以提升，从而导致员工绩效长期处于停滞的状态，或者是员工工作本身的停滞导致其处于高原。它的成因大致有两种，一种是组织结构设计，另一种是员工自身对这份工作不够重视。

（3）**个人高原**。个人高原会造成员工（管理人员）自身学习的主动性和积极性低下，或者职业发展方向不明确，或者职业动力和激情不足。它的成因大致是个人的情绪、控制感受到了大的影响。具体地讲，个人高原主要由3个因素引起（图5-5）：①专业技能缺乏；②软技能欠缺；③缺乏内在激励。

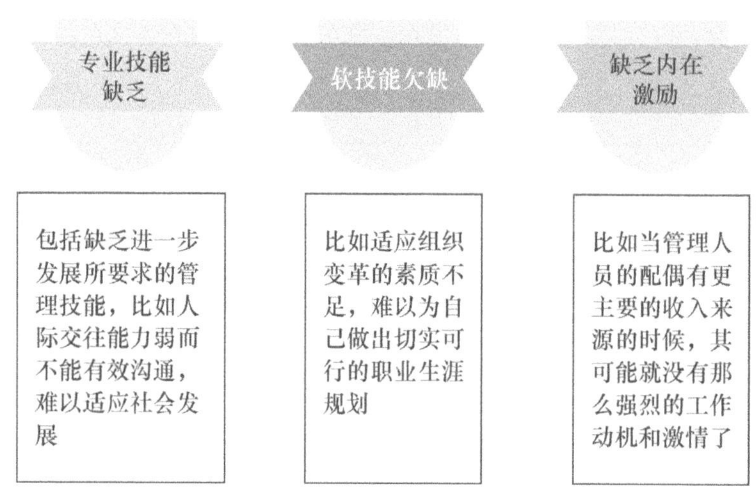

图5-5　引起个人高原的3个主要因素

在职业高原的以上3种成因中，个人高原是最危险的。无论管理者还是个体都要想方设法地防止个人高原的形成。

5.4.3　职业高原的突破策略

在现在社会中，大多数工作者是在组织中成长起来的，所以无论个人还是管理者都应该关注其在企业中的职业发展情况，一旦发现自己遇到"职业高原"，须快速地找出成因，并第一时间研究突破策略。

突破职业高原的策略主要有两种，即组织适调和个体适调。

（1）**组织调适**。常常采用的措施有6种：**第一，培养良好的企业文化，包括良好的互动氛围、尊重知识、尊重人才、科学的人才上升渠道、公平等；**

第二，建设内部制度，如工作轮换；第三，“师徒制”，让有经验和智慧的骨干人才担当员工的教练、指导员，使骨干人才可以接受挑战，并获得被需要、被尊重的感觉；第四，实施公平合理的晋升制度；第五，升级激励机制，采用宽带薪酬（指工资级别少、浮动范围比较大的一种新型薪酬结构设计方式）；第六，完善培训体系。

（2）个体调适。主要有 4 种措施：第一，进行心理方面的职业咨询，通过科学的方式排解不良情绪；第二，不断改进目标，适时调整自我期待；第三，勇于面对现实，合理调整心态；第四，员工主动与同事、上司交流，适度表达自己的不满，互相体谅，重点商讨解决的方法。

对于人才来说，职业高原严重影响其成长进步；对于企业来说，人才队伍的质量上不去，可能会造成成熟人才大量流失。为此，管理者应该积极探讨职业高原的突破策略，带领人才早日走出“职业高原”困境。

5.4.4 适度挖掘职业高原的积极作用

俗话说，尺有所短，寸有所长。任何事物都有长处和短处。尽管大多数的 HR 管理者和个人认为“职业高原”是个严重的问题，造成了人才成长缓慢、人才流失，不愿意面对它，但是，这并不代表“职业高原”没有任何积极作用。事实上，职业高原会对人才产生两种作用：消极作用和积极作用。“职业高原”对企业留住人才的积极作用不容小觑。因此，管理者应该适度地挖掘职业高原的积极作用。

可挖掘的“职业高原”的积极作用有 3 个方面。

第一，通过适度挖掘职业高原的积极作用，个体可获得一个让自己冷静思考的机会，主动追寻个人兴趣，提高个人的职业技术，从而可为企业做出更大贡献。

第二，通过适度挖掘职业高原的积极作用，个体能够静下心来理智地认识自己现在的处境、思考未来的发展方向，有助于为日后的发展打下坚实的基础。

第三，通过适度挖掘职业高原的积极作用，个体会重新审视自己的职业目标，想方设法地协调好职业和家庭的关系，无疑，这为日后更大的发展做了充分准备。机会总是垂青有准备的人。个体适度地挖掘职业高原的这些积极作用，在职业生涯中将会获得青云直上的惊喜。

总之，面对“职业高原”现象，我们应遵循物尽其用的原则，以促进员工成长，帮助企业有效留住人才。

第6章 人才激励重构：让人才成为内部“粉丝”

传统时代，企业也重视人才激励，主要激励方式是加薪、职位晋升。随着互联网给组织架构带来的变革，企业的组织日益扁平化，可供晋升的管理职位越来越少，无法满足那些强烈以成功为导向的人才的成长需求，进而导致企业骨干员工流失。这要求企业的人才激励向互联网升级，即企业的人才激励重构。人才激烈重构的目的是促进人才成长、留住人才，终极目标是让人才成为内部“粉丝”。这样的员工充满热情、忠诚度高，具有凝聚力、向心力，能从根本上解决企业的人才危机，提升企业的竞争力。

互联网时代的人才激励重构有四大策略，即人才激励、薪酬奖励、鲶鱼效应、情感联系。管理者熟练地掌握这些策略，在人才培养、留住人才方面将会获得意想不到的效果。

6.1 人才激励，热情与忠诚的“催化剂”

有句名言“有激励的地方就是世界之巅。”管理者莫不想获得最有价值的人才。因此，你要不遗余力地激励员工，以源源不断地获得最有价值的人才。如今，热情与忠诚的人才是最有价值的人才。

热情的人就像坠入爱河的人，只看到事物好的一面，常常忽略一些缺点。于是，热情的员工会原谅领导、企业的一些失误。管理者激发员工的热情并不需要付出巨大的金钱和精力，只需要用心。因为能够激发员工热情的往往是一些小事，这些小事能使员工产生情感共鸣。那些希望员工废寝忘食工作的管理者必须学会人才激励。

激发员工热情有一条定律：**员工所获得成绩达到或高于其对管理者的期望**。为此，管理者要先弄清楚员工对自己、对企业的期望，然后想方设法激励员工提高成绩。若员工轻松实现期望的成绩，就不再兴奋，工作的热情便会逐渐减退。管理者为了让员工继续保持热情，必须超越他们的期望，然后不断激励他们，满足他们的期望。最后，管理者激励员工尽可能采用创新的方式，因为没有新意的激励方法就无法激发员工的热情。

很多经理提起“忠诚的员工”时感慨万千，他们认为忠诚的员工犹如濒临灭亡的珍稀动物。的确这样，忠诚的员工已经成为稀缺资源。忠诚是最高尚的品德，是用金钱买不到的，是用权威强求不来的。但是，管理者依然需要忠诚的人才队伍，因为员工的忠诚不仅能使其做事积极，而且工作富有成效。忠诚的员工把企业的得失看得和自己的得失一样重要，会始终如一地赞誉企业，积极地推荐企业的产品。可见，忠诚的员工是企业最有价值的员工。然而，忠诚不是单向的，而是双向的。管理者的不当行为会把员工对企业的忠诚毁于一旦。管理者获得人才忠诚的最好的方式是人才激励。

众所周知，即便是同一个人，用积极的心态做事与消极的心态做事，结果也会大相径庭。为什么会这样呢？原来积极性是一种有吸引力的内在动力。人们通过实践发现，鼓励人们做一些有趣、有意义、有挑战性、有必要的事情能够调动人们的积极性，从而能让人们做出平时做不出的工作成果。可见，激励在人才培养中发挥着重要作用。在互联网时代，管理者需要想方设法地促进人才成长、留住核心人才，而人才激励就是一种有效的方法。因为人才激励是刺激人才热情与忠诚的“催化剂”。

何为人才激励？**人才激励是指通过各种有效的激励手段，激发人才的需求、动机、欲望，形成某一特定目标并在追求这一目标的过程中保持高昂的情绪和持续的积极状态，发挥潜力，以达到预期效果的活动。**

通过人才激励的定义我们不难发现，人才作用和潜力发挥受诸多因素影响。这些因素包括社会环境、工作条件、技术设备等客观因素，以及接受教育、训练和知识经验积累之后形成的素质、能力等主观因素。

如今，管理者不仅渴求优秀人才，更渴求忠实的人才。忠诚的人才才会打造出稳定的团队。只有稳定的人才队伍才能拧成一股绳，具有战斗力，干出一番伟大的事业。在互联网时代，员工的忠诚度十分重要。

人才激励对人才的成长，对企业吸引人才、留住人才，具有重要意义。人才激励能激发人才的热情，调动人才的积极性，开发人才的潜力；提高人才的素质，实现组织的目标；提升人才对组织的忠诚度，吸引和留住优秀人才。

6.1.1 人才激励的目标：热情与忠诚

缺少热情和忠诚的人才队伍不稳定，反之充满热情和忠诚的人才队伍坚不可摧。

海尔员工以热情著称。一位客户在海尔青岛招待所的时候脚气复发，走路一瘸一拐，该招待所的服务员小宋看到了主动询问该客户："您的脚怎么了？需要我帮助吗？"客户说："脚气复发了，没事。"客户下午回到招待所，不仅看到一盒达克宁，还有小宋刚给他打的一盆热乎乎的洗脚水。客户看到了感动得说不出话。后来，他在海尔的客户大会上发表讲话，称赞海尔的员工热情周到，他说："没有任何一家公司会在员工手册里写上'遇到客户跛脚你该怎么做？'我终于明白了海尔强大的秘密。"很显然，海尔走向国际，成为家电制造业的领军，得益于海尔人才队伍的热情。

阿里巴巴的团队成员忠诚度高得让你想不到。

2016年3月，马云在阿里巴巴西溪园区报告厅里做了一次内部演讲，激励阿里巴巴的800名刚入职一年的员工。他说："我们的第一产品是员工……我们还在华星大厦（今在国际化的工业园区）办公的时候，想挖阿里巴巴的企业猎头很多，他们说只要阿里巴巴的员工愿意去，工资是阿里巴巴的4倍。阿里巴巴的员工没有一个因此离开！"

可见，阿里巴巴的人才队伍非常忠诚，绝不为利益所动摇。这也许是阿里巴巴获得巨大成功的秘诀之一。

因此，管理者需要想方设法地激励企业人才队伍的热情和忠诚。激励人才热情有两个原则。**一是公平性**。古人云，不患寡而患不均。这强调的是公平性。如果管理者做不到这一点，还不如不奖励或者不惩罚。因为任何的不公平都会使员工产生消极情绪，抑制员工的积极情绪和热情。**二是因人而异**。物质激励人才的热情有限，管理者主要通过非物质激励人才热情，非物质激励人才热情有 18 种方法：自我激励、组建临时团队、生存竞争、分组竞争机制、在内部引入外来竞争、鼓励员工的创新想法、给员工完全自由发挥的空间、培训机会、岗位轮换、给予员工顺畅的事业发展渠道、员工参与决策、减少审批程序、荣誉激励、危机教育、双向沟通、亲情关怀、变惩罚为激励、变消极管理为积极管理。

这 18 种方法基于八大动力源泉：**即使命（自我激励、组建临时团队）、生存（生存竞争）、竞争（分组竞争机制、在内部引入外来竞争）、兴趣（鼓励员工的创新想法、给员工完全自由发挥的空间）、空间（培训机会、岗位轮换、给予员工畅顺的事业发展渠道、员工参与决策、减少审批程序）、荣誉（荣誉激励）、危机（危机教育）、沟通（双向沟通、亲情关怀、变惩罚为激励、变消极管理为积极管理）**。那些成功的创业公司，莫不拥有热情高涨的人才队伍。

尽管管理者很反感缺乏忠诚度的人才，但是他们的人才队伍的忠诚度越来越低。结果他们的人才团队员工离职率高居不下。在互联网时代，企业一边不愿意与员工维持终生雇佣关系，一边要求员工忠于企业，这个矛盾很难调和。但是并不是没有办法。管理者提高人才的忠诚度有九个步骤。

第一，把好招聘关，这是为了从源头提高企业人才队伍的忠诚度。在招聘的时候，招聘团队成员既要测试人才的技能，又要测试人才的品质，在技能同等的情况下，以品德的高低录用人才。

第二，做好入职培训，第一课务必对员工上“忠诚度”课。因为入职培训对人才的忠诚度和稳定性影响很大，有助于其早日适应企业文化。“忠诚度”培训的最高境界是让员工主动认可企业，自愿提高对企业的忠诚度。这可以提高员工的技能，有助于其职业生涯发展和高质量的人脉资源积累。

第三，对人才进行日常的绩效辅导。管理者指定的绩效目标应该因人而异，让能者多劳多得。这可以避免绩效过高过低的情况发生，绩效标准过低，对于人才没有挑战性，达不到激励的作用；绩效标准过高无法达成，必然导致员工压力过大、失去工作热情，进而离开，最终影响企业人才队伍的稳定性。绩效辅导有利于提升企业人才队伍的整体绩效，提高人才队伍的稳定性、忠诚度。

第四，家族企业不要把员工当作外人。

第五，制度规范、透明。有的企业主动给本地的员工上“五险一金”，但不给外地的员工上社会保险，这不利于培养员工的忠诚度。

第六，制定合理的薪酬福利政策。薪酬福利是企业激励人才、吸引人才的有效杠杆。管理者给人才的薪水太高，意味着要人才贡献更大的价值，如果他们做不出来，就会逃之夭夭；反之，管理者给人才的薪水不高，人才再怎么努力，薪水也不涨，久而久之，其必然对公司的发展失去信心，进而寻求满足他薪水待遇的工作。管理者只有制定合理的薪水福利政策，才可以提高人才的忠诚度。

第七，打造诚信的企业文化。企业文化是企业的 DNA，什么样的 DNA 培养什么样的人才。企业要求员工诚信。企业也要做到基本的诚信。如按照公司的规定，员工的业务提成应该为 6000 元，却只给员工 3000 元。试想一下，管理者这样做，员工会忠诚于企业吗？因此，在诚信问题上，企业要以身作则。

第八，适时导入股权激励。随着阿里巴巴上市，员工股票巨幅升值，相当于让万名阿里巴巴员工晋升为千万富翁。这让人才对股权更加青睐，更愿意持久地为企业奋斗。

第九，坚持员工离职挽留和离职谈话。离职挽留是企业关心员工的一种方式，可以体现企业对员工的诚意，可以降低员工对企业的抱怨。离职谈话可以让管理者听到员工的真实心声，看到企业的真实面目。管理者与员工进行离职谈判一定要做好谈话记录，可预测企业的人员流动趋势，有利于制定出合理的应对措施，进而降低企业人才流失率和提高企业人才的忠诚度。

总之，对于正在创业的创业公司和正在发展的企业来说，最有价值的人才队伍不一定具备顶尖的技能，但是一定要具备热情和忠诚的特质。管理者打造热情和忠诚的人才队伍，可以提高人才队伍的凝聚力，降低人力资源成本，实现人力开发的更大价值。

6.1.2 互联网时代的人才激励原则

俗话说，做人要讲原则，做事要讲方法。原则是我们说话、做事所依据的准则。原则已经成为管理学名词，指观察问题、处理问题的准则。管理者做事有原则，方可令员工心服口服。在人才激励这件事情上，同样要有原则。传统时代的人才激励有三大原则：物质激励与精神激励相结合、外在激励与内在激励相结合、组织需要与人才个体需要相结合。进入互联网时代，人才激励的原则发生了巨大变化，形成了独有的互联网时代的人才激励原则，即情感留人、待遇留人、事业留人。

这里我们主要了解顺应时代潮流的互联网时代的三大人才激励原则，如图 6-1 所示。

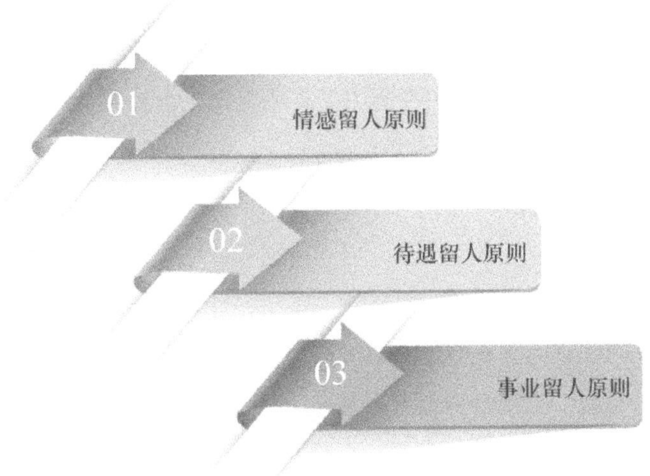

图 6-1 互联网时代的三大人才激励原则

（1）**情感留人原则**。它是无形激励的一个重要方面，以刚性制度实施柔性管理。情感留人原则被广大的创业企业所采用。众所周知，创业企业往往资金短缺、盈利能力低下、工作强度大，没有能力给员工充足的休闲时间、丰厚的货币奖励等好福利，反而需要员工经常牺牲休息时间加班干事业。在这样的创业过程中，管理者能给员工的就剩下了情感。因此，管理者应该关心每一位员工，尤其是让每一位员工在工作和艰苦奋斗的时候深深感受到领导的关爱。这样既能使管理者（企业家）的人格魅力和领导力得到淋漓尽致的展现，又能使管理者激发员工的热情，进而深深吸引住人才。

（2）**待遇留人原则**。过去员工关心的待遇首先是现金回报。互联网时代，人才关心的待遇包括现金、期权、股权等。随着 90 后逐渐成为企业的主力军，他们中的不少人可以得到父母的资助，对现金回报并不敏感，但对其他的回报很感兴趣。在“大众创业”的时代，创业企业如雨后春笋般涌现出来，不少创业企业取得了令人瞩目的成就。它们正是实施待遇留人的原则，吸引了一群忠实的“粉丝”。它们是如何吸引人才的呢？当然，创业企业不可能给员工大量现金回报，因为它本身的现金太短缺了。但是创业企业有股权、期权。很多创业企业给核心人才分配股权，唯品会就是其中著名的一家。

唯品会在发展的第 4 年（2011）曾拿出 4.4 亿元的股权激励企业高管，留住、吸引了许多高管，在业界产生了巨大反响。一年之后，唯品会在美国纽约交易所成功上市。如今唯品会成为一家以持续盈利著称的互联网创业企业，自从上市以来，唯品会创下了连续 13 个季度盈利的纪录。

很显然，在唯品会持续盈利的情况下，拥有唯品会股权的高管，其财富得到了成倍增加，工作热情越来越高。

有的创业公司在吸引销售人才方面实施“超额利润分享制”；有的创业企

业在业绩大幅提升的时候拿出部分增量利润奖励团队，等等。总而言之，待遇留人的核心原则是要让团队看得见企业的诚意，这样团队才能干得卖力、拿得过瘾。

（3）**事业留人原则**。事业留人，也就是公司快速发展的事业能够为每一个加入企业团队的成员创造更大的成长空间。一旦公司有朝一日上市，甚至成为行业的领军，或者员工亲手研发出的某种产品成为国内外的领先产品，员工会获得美好的感觉，而这种感觉可以吸引人才长久地留在企业。

事业留人具体来说包括 3 个方面内容：**第一方面，公司品牌提升为员工带来的品牌溢价；第二方面，企业发展为员工带来的晋升机会；第三方面，员工完成一项工作的成就感**。阿里巴巴、小米创业之初采用事业留人原则，吸引了超级创始团队成员，为如今的成功打下了良好的基础。

管理者培养人才固然重要，如果其辛辛苦苦培养起来的人才学了一身本领却不想着为企业做贡献而迫不及待地离开，去寻找更大的发展平台、追求更高的薪水，那么管理者犹如给竞争对手免费培养人才，不仅浪费精力、资金，还会给企业带来更大的竞争压力。所以，企业不但要培养人才，而且要想办法留住人才。我们广大的管理者掌握了这些互联网时代的人才激励原则，能深深吸引住核心人才，可有效地解决企业人才流失的问题。

6.2 薪酬奖励，灵活运用的“正激励”

激励大致分为两类，即“正激烈”和“负激励”。**“正激励”的方式包括领导人的言行感召、物质奖励、关心支持、精神褒扬、薪酬奖励等**。“正激励”可使企业的人才在物质和精神上获得满足，能激发员工极大的工作热情，驱动企业快速发展。**“负激励”的方式包括专项整顿、口头或书面批评教育、物**

质惩罚等，作用包括提高工作效率、改进工作、纠正错误等。但是，“负激励”这种激烈方法的尺度不好掌握，使用恰当，效果显著，使用不当，危害很大。因此，我们建议管理者慎用“负激励”。

原则上讲，管理者应该采用“正激励”与“负激励”相结合的方式激励人才。但是实践证明，“正激励”效果往往胜于“负激励”，同时“正激励”更符合以人为本的现代管理理念。因此，我们建议管理者多使用“正激励”。

“正激励”中应用灵活的一种方式是薪酬奖励，它是一种互联网人才激励方式，最大的特点就是使用灵活。薪酬奖励是一种重要的人才激励方法，也是最易于使用的一种物质激励方法。薪酬奖励的本质是，支付给人才的薪酬总额不增加，只改变支付方式，往往会获得很好的激励人才的效果。

例如，华为董事、高级副总裁陈黎芳2015年年底在北京大学宣讲会上说，应届大学生的起薪是14万～17万元，最高35万元。华为员工的薪酬包括工资、奖金、股票分红，在薪酬中所占的比例相当，大约是1∶1∶1。3年后，工资就是零花钱，奖金、股票分红逐步可观。陈黎芳强调人才在华为奋斗越久越划算。华为的副总裁级别的人才，2000年以前入职，2015年的税后年薪为461万元，由税前工资82500元、税后奖金46万元、税后分红307万元、43万元的离家补助组成。无疑，华为的薪酬奖励很高，有利于留住人才。这让华为成为了一家科技人才云集的高科技企业。

薪酬奖励是一门艺术，因此管理者必须掌握一定的薪酬奖励的技巧（图6-2）。薪酬奖励技巧主要有4种：**第一种，抓住简单有效的激励元素；第二种，设计灵活合理的薪酬体系；第三种，股权激励；第四种，绩效考核和薪酬激励相结合**。

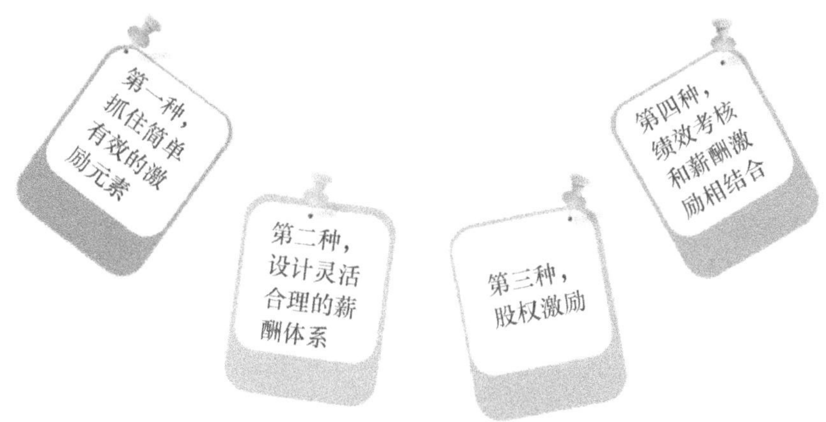

图 6-2　薪酬奖励的 4 种主要技巧

6.2.1　薪酬，简单有效的激励元素

薪酬奖励的目的不是为了分配利益而是为了激励企业的人才。因此，薪酬奖励的关键字是激励元素。为了灵活应用，薪酬奖励力求具备简单有效的激励元素。管理者采用薪酬奖励须遵循 2 个步骤。

第一，在薪酬构成上增强激励因素。

从对员工的激励角度而言，薪酬有两大因素：**一是保健性因素，包括工资、五险一金、婚假、产假、带薪年假和固定津贴等；二是激励性因素，包括培训、奖金和股权等。**

首先，管理者要做好保健性因素，否则会导致员工缺乏安全感，士气低下，离职，还会导致企业招聘不到人员。但是并不是说高工资就一定能起到激励作用。有的企业尽管给员工的工资和福利不低，但是并没有帮助企业吸引到人才，也没有留住人才。之所以会造成这种现象，在于企业的工资、福利被员工视为了理所当然的所得，没有起到激励作用。

研究显示，导致员工满意的全部因素中 19% 的是保健性因素，81% 的是激励性因素。能调动员工工作热情的是激励性因素。M 公司现有员工 10

万余人，公司实施了“有突出贡献技术人才”奖励政策，评选出绩效突出的专业技术人员，再分为3个等级，第一等级每月奖励4000元，第二等级每月奖励2000元，第三等级每月奖励1000元，约有200位员工拿到了此奖励。我们发现这些拿奖励的员工工龄不低于7年，分别是企业技术权威、技术尖子、技术骨干。显然，M公司的薪酬奖励很简单，但是发挥出了有效的激励作用。

第二，激励元素简单、有效。

管理者有效激励员工可以采用“七步法”（图6-3）：**第一，构建信赖；第二，重建接纳；第三，出其不意；第四，合成快乐；第五，投其所好；第六，间歇强化；第七，组织承诺。**

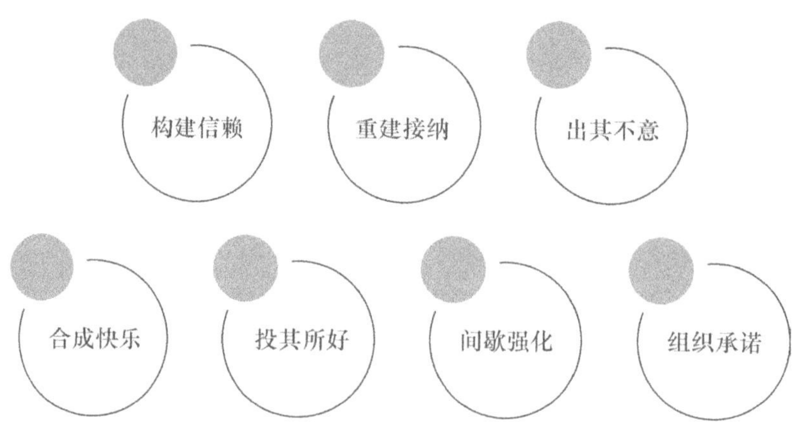

图6-3　有效激励员工的“七步法”

例如，构建信赖。信赖是薪酬激励制度能够发挥切实有效作用的基石。管理者与员工之间产生信赖，即使企业的薪酬制度不够完善，员工也会努力工作；反之，再科学的薪酬设计也难以激发员工的工作激情。

海底捞的员工发自内心地为顾客服务，随时随地帮助客户消除不满，让顾客深深感受到了海底捞热情贴心的服务。这在于海底捞的管理者与员工之间构建了信赖，管理者不需要员工处理客户不满时层层审批，并授予员工免单、赠送菜品、打折等权利。于是，海底捞的员工工作主动积极，往往能在第一时间消除客户不满，提升了海底捞的品牌形象。

我们再看看华为的薪酬奖励。

任正非说年终奖是最糟糕的薪酬奖励制度。他还鼓励员工主动放弃休假、加班费等。结果，华为的员工没有任何抱怨，大部分主动加班，不要加班费。这同样在于华为的管理者和员工之间构建了信赖。

尽管薪酬激励能让员工的腰包鼓起来，但是薪酬激励绝非仅仅靠钱“说话”。员工的工资、奖金、股权激励等薪酬激励关键不在于多，而在于励之有道，用之有度，方可起到“激励人心”的作用。

6.2.2 设计灵活合理的薪酬体系

很过管理者在管理企业的过程中遇到了如下困惑：业务领导不关心团队绩效，业务团队上下联系不密切，业务领导排挤优秀的业务人员，企业的薪酬激励对员工没有激励作用……这些不良现象产生的原因就是薪酬激励出问题了。因此，管理者重新设计薪酬体系刻不容缓，并且力求设计灵活合理的薪酬体系，方可解决此问题。

设计企业的薪酬体系有两大原则：一是灵活，二是合理。

研究显示，人力成本占到了企业总成本的 30%，而人力成本的核心就是薪酬。可见，企业给员工的薪酬支付很庞大，但是往往激励性不大。究其原因，传统企业的薪酬体系存在固定、不合理的问题。针对此问题，管理者设计薪酬体系时需要遵循灵活、合理的原则。

所谓合理，指设计出的薪酬是员工喜欢的。比如，有的员工喜欢基本工资低、提成高的薪酬；有的员工喜欢基本工资高、提成低的薪酬；有的员工喜欢获得企业的股票。基于此，企业不妨采用菜单式的薪酬，即根据自己的特点和具体需求列出一些薪酬项目，并明确薪酬的构成要素，然后让员工根据自己的需求选择。很显然，这样的薪酬体系与传统的固定薪酬相比，具有超强的灵活性、合理性，容易得到员工的高度认可。

Facebook 的管理人员莫莉·格雷厄姆在加入 Facebook 的时候就认识到了薪酬体系的重要性，并与其他管理者共同努力，帮助 Facebook 建立了有序的薪酬体系，促使 Facebook 走上正常轨道。后来，莫莉·格雷厄姆离开 Facebook 做 Quip 的商务运营主管，她强调创业公司都需要一个简单、灵活、合理的薪酬体系。她认为创业者在创业的前两三年不要把主要精力放在薪水上，应该带领企业走向成功的事情当中，这能够快速提升公司的股票价值。这才是创业者和员工应该竭尽全力做的事情，也更能激发员工的工作热情。

的确如此，公司的股票价值快速提升，意味着拥有股票的员工财富增值快速，无疑，这对人才是一种莫大的激励。设计灵活、合理、透明的薪酬体系有五大要素。

第一，不要仅仅依靠薪水来吸引人才。随着时间的推移，人们对自己的薪水会逐渐不满意。

第二，薪酬透明。因为人们总是有办法知道自己的同事拿多少钱，所以不要把薪酬体系建立在别人不知道的假设上。有的员工本来对钱不是很敏感，但是一旦他知道跟自己能力相当、干同样工作的同事拿的薪水是自己的 2 倍，他就会感觉备受侮辱，进而愤怒地离开企业。所以，管理者设计薪酬体系的时候要尽可能地透明，有利于建立起诚信、友好的工作氛围。薪酬体系公平合理，员工的收入分配就不会不透明。

第三，一旦薪酬体系确定，不要频繁调整。这可以使管理者在薪水上不浪费时间，把主要精力放在努力提升公司价值上，即提升公司股票的价值。因为股票逐渐成为员工薪酬的主流。公司股票不断地升值，更有利于企业吸引、留住人才。

第四，薪酬的构成。互联网企业的员工薪酬大多数由工资、奖金、股票构成。

第五，尽可能通过公式计算薪酬。例如，某公司的业务团队成员薪酬计算公式是保底 +10 万元 ×5% 的提成或者 20 万元 ×7% 提成或者 30 万元 ×9% 提成。设计薪酬体系至少要遵循 3 个标准：一是为应聘者提供相对公平的基本工资水平；二是留出工资增长的空间；三是相同层次的员工采用相同的工资。这使你计算员工工资、为员工加薪有了参考依据，同时体现了公司薪酬体系的合理性、透明度。

管理者设计灵活合理的薪酬体系有利于发挥薪酬的激励作用，有利于企业打造一个人人齐心协力求发展的良好氛围。

6.2.3 股权激励，“金手铐”并不好戴

随着互联网创业大潮来袭，企业的薪酬结构发生了巨大变化，股权、期权逐渐成为了薪酬的重要组成部分。不仅在海外上市的企业纷纷实施股票期权，而且连国内的未上市企业也积极探索员工持股的办法。于是，国内外掀起了一股“员工持股”热潮。“员工持股”本质是一种激励员工的方法，正是时下最流行的一种股权激励的形式。

越来越多的互联网创业者推行员工持股的薪酬制度。这使企业激励了员工，并达到了吸引人才、留住人才的目的。股权日益成为企业薪酬的重要组成部分。股权激励的作用日渐明显。尤其是百度、京东、阿里巴巴在海外上市后，让持股的员工的财富翻了几番。很多人才看得眼红，开始对员工持股产生浓厚的兴趣。尤其在高科技行业，股票是一个诱人的字眼。

人才尤其是高级人才认为他们最关注的并不是工资的多少，而是企业有

没有“员工持股”制度。基于此，管理者开始大力实施股权激励政策，努力给企业的高级人才带上“金手铐”，期望留住优秀人才。然而，实践证明股权激励并不是万能的，股权激励这把“金手铐”并不好戴。

股权激励这把“金手铐”不好戴的原因主要体现在2个方面。

一方面，股权激励的兑现并非易事。一般的企业规定股权兑现有不低的要求，股权兑现的时间也长达3～5年。2015年12月360奇酷手机CEO周鸿袆启动员工股权激励计划，明确规定5年兑换一次，平均每年兑换20%，并与员工的业绩挂钩。言外之意，员工业绩达不到考核标准，年回报率肯定低于20%。

再如，赫赫有名的乐视启动股权激励计划，明确规定此股份来自乐视控股（全球）有限公司，而该公司预计在2022年才实现IPO。乐视控股（全球）只有让乐视生态成为自己的全资子公司，才可让持股的员工分享到股权回报。而目前，乐视控股（全球）没有持有一点乐视生态的股份。因此，即使乐视控股上市，兑现股权激励也会困难重重。

大同证券分析师张诚表示，目前实行股权激励制度的互联网企业多得不计其数，很大一部分是无法兑现的。优秀人才得知股权激励的这一状况后难免会降低对股权激励的热情，企业通过股权激励留人的效果也会大打折扣。

另一方面，股权激励有一定的风险。主要有2种风险：一是股权激励方案被企业终止，有的企业股权激励方案实施不到一年就被作废；二是员工的考核标准无法达到。存在这两个风险，员工持股也未必能得到丰厚的股权回报。

因此，股权激励仅仅是一个看起来很诱人的激励方式。人才想通过它实现自己的富翁梦，跟买彩票中大奖差不多。所以说，股权激励这把“金手铐”并不好戴。

尽管股权激励这把“金手铐”不好戴，但是企业纷纷实行，优秀人才争相获取。对于企业来说，股权激励可以以较少的现金回报留住优秀人才，激发人才的工作热情。对于人才而言，股权激励可以实现其百万富翁甚至千万富翁的美梦。

例如，腾讯、百度、阿里巴巴、京东、奇虎 360 等纷纷推行股权激励，使不少持股员工实现了自己的千万富翁、亿万富翁的梦想。腾讯在香港上市造就了 5 个亿万富翁、7 个千万富翁；百度在美国纳斯达克上市，一夜之间造就了 200 名千万富翁、400 名百万富翁；阿里巴巴在美国纽约上市，造就了数十名亿万富翁、上万名千万富翁。这使优秀人才对股权产生了浓厚的兴趣。基于此，股权激励将成为企业薪酬激励的重要内容，将发挥重要的人才激励作用。

6.2.4 绩效考核与薪酬奖励如何对接

企业实施绩效考核，几乎每一位员工都会难以接受，有的甚至反对。在大部分员工眼中，企业的绩效考核就是惩罚、扣工资的依据。如果企业实施绩效考核制度让大多数员工有这样的感觉，那么企业制定的绩效考核制度肯定不合理。企业的管理者要好好反思一下其中的原因。

通常来说，员工排斥绩效考核有两方面的原因。一是管理者对绩效考核的宣传不够。因此管理者应该大力宣传绩效考核的目的是激励员工完成工作任务，而不是为了奖惩员工。二是仅仅把员工当作绩效考核的对象，并没有让员工参与到绩效考核制度的制定、反馈之中。因此，管理者应该让员工成为绩效考核制度的制定者、参与者。

管理者如何实施绩效考核才能激发员工的工作热情？主要有 4 个措施。

第一，避免绩效考核指标太全面或者太单一。绩效考核太全面了只会增加员工的工作压力，并不能帮助员工完成工作。指标太单一，员工所做的很多工作成为无用功。

第二，绩效考核目标不能过高也不能过低。某位业务员每月可以销售 10

万元，管理者给他制定 100 万元的考核目标，他会认为你故意刁难他，很可能拍拍屁股走人；如果管理者给他制定 1 万元的考核目标，很可能之后他的业绩每个月都会下降。总之，绩效考核的目标要遵循“跳起来摘苹果”的理论，即员工加把劲能实现绩效考核目标。

第三，要有一个公平合理的考核标准。管理者严格按照考核标准，力求客观考核，避免主观考核。

第四，绩效考核要做到反馈循环。管理者需要遵循 PDCA 过程：计划、执行、检查、修正。

总之，绩效考核之所以失败，是因为管理者制定的考核指标不合理，没有遵循 PDCA 过程，不重视员工的反馈，更没有指导员工修正。很明显，这样实施绩效考核达不到促进员工完成工作的目的。

既然如此，管理者是不是不实施绩效考核了？当然不可以。因为只有对拥有主人翁心态、自觉的员工才可以不实行绩效考核。而大多数员工有惰性，离不开绩效考核来驱动。因此，对于企业来说，考核虽然不是万能的，但是没有考核是万万不能的。

薪酬奖励是一种有效促进员工工作积极性的管理方法。但是，不合理的薪酬奖励制度会影响员工的工作积极性。因此，管理者要把绩效考核与薪酬奖励对接起来，来促使薪酬奖励更加合理。

为了让员工不抗拒绩效考核，管理者最好把绩效考核和薪酬奖励有效地对接起来。同时，发放每年的年终奖金之前，需要先评估员工的绩效。可以说，薪酬奖励公平合理离不开对员工的绩效考核。绩效考核与薪酬奖励相结合，类似于“大棒”+“萝卜”。那么，如何将绩效考核与薪酬奖励有效对接起来？我们需要采用 5 个措施来实现。

第一，绩效与个人薪酬挂钩。员工的绩效与企业的生产效益密切相关。而企业的生产效益决定着企业的兴亡。所以，管理者要努力提升企业的生产效益。这离不开对员工的绩效水平的奖励。但是，过多的薪酬奖励会增加企业的人力成本，目前企业的人力成本已经很高。因此，管理者让员工的绩效水平与其薪酬挂钩，其工作绩效决定着自身的薪酬水平，这犹如让员工自己挣钱给自己开工资，不仅可以提高员工的工作积极性，而且可以减少企业的人力成本压力。

第二，根据绩效考核成绩制定绩效浮动薪酬。很多企业改变了员工薪水的结构，大部分企业的员工工资由基本工资 + 绩效工资构成。这里的绩效工资就是根据员工的绩效考核成绩来确定。同理，员工的奖金也是根据员工的绩效考核成绩来确定。

第三，清楚组织、团队、个人绩效与绩效奖金的关系。

第四，根据奖金总数和考核成绩确定部门和个人的奖金额度。

第五，根据绩效考核成绩来进行工资调整。例如，绩效考核成绩 60 分，基本工资上浮一级；绩效考核成绩 70 分，基本工资上浮两级；绩效考核成绩 80 分，基本工资上浮三级。

最后需要强调一点，是人才创造绩效、提升绩效，而不是指标考核人才。管理者将绩效考核与薪酬奖励有效地连接起来，不仅可以很好地改变员工对绩效考核的排斥心理，而且可以让员工看到分配薪酬奖励的依据。从某种程度上而言，没有绩效考核还真做不到薪酬奖励公平、公正。很显然，管理者将绩效考核与薪酬奖励有效连接起来，有利于发挥出薪酬奖励的激励作用。

6.3 鲶鱼效应，谨慎运用的“负激励”

尽管我们强调慎用“负激励”，但是我们的挑战精神让我们很难做到不使用“负激励”。同时，“负激励”运用恰当会起到“正激励”无法比拟的人才激励作用。因此，“负激励”常常被具有挑战精神的管理者使用。“负激励”

的形式很多，其中鲶鱼效应是管理者常用的一种形式。

何为鲶鱼效应？关于鲶鱼效应有一个有趣的故事。

挪威人喜欢吃沙丁鱼，而且是鲜活的沙丁鱼，于是活的沙丁鱼的价格是死的沙丁鱼的数倍。挪威的渔夫捕到沙丁鱼想方设法让它们活下，这样可以卖个好价钱。但是，沙丁鱼天生懒惰，不爱活动，鱼槽狭小缺氧，返航的路程又很遥远。于是，抵达码头时大部分沙丁鱼死掉了，剩下的也气息奄奄。然而，有一位老渔夫的沙丁鱼不仅是活的，而且生龙活虎，赚得钱总比别人多。但是他严格保守了其中的秘密。有一次，他出海遇难。其他渔夫查看他的鱼槽，发现有一条鲶鱼。有一位年轻的渔夫把这条鲶鱼放在了自己的鱼槽里，立刻出现了这样一幕：以鱼为食物的鲶鱼在陌生的环境中到处游动，那些懒洋洋的沙丁鱼发现这个异类分子立刻紧张起来，到处躲避，加速游动。结果，沙丁鱼都活蹦乱跳地抵达码头。这就是著名的“鲶鱼效应”。鲶鱼刺激了没有忧患意识的沙丁鱼，给鲶鱼带来了危机感，激发了鲶鱼的活力，促使鲶鱼四处游动求生。渔夫用鲶鱼激励沙丁鱼，获得了活蹦乱跳的沙丁鱼，这使其深深受益。

后来，管理者看了这个故事深受启发，把鲶鱼效应运用在人才管理之中。**“鲶鱼效应”的本质是通过个体的“中途介入”激发群体的竞争心。**

管理者发现企业人才队伍中有不少沙丁鱼类型的人才，他们安于现状，缺乏忧患意识。这导致他们工作热情、动力不足，绩效难以提升，但是他们并不是没有潜力。于是，管理者通过“鲶鱼效应”这种“负激励”方式来激励沙丁鱼类型的人才，获得了充满活力的人才，提高了他们的绩效，提升了企业的效益。

本田公司的本田先生运用“鲶鱼效应”激励销售团队，获得了显著效果。本田先生为了让公司保持活力，考察了很多欧美企业，发现企业的员工由3种类型组成：第一类是不可或缺的人才，占20%；第二类是一心一意为企业的勤劳人才，占60%；第三类是游手好闲拖企业后腿的人才，占20%。但是，把第三类员工全部淘汰又行不通，因为这会让企业付出沉痛的解聘员工代价，还会面对来自工会的巨大压力。于是，他非常困惑，就找来了他的得力助手副总裁官泽。官泽说，企业的活力取决于企业人才队伍的进取心和活力，尤其是管理人员的活力。企业应该先提高管理人员的进取心和活力。

本田先生便先从销售部门入手。他发现销售经理缺乏进取心和活力，进而影响到整个销售团队成员。他决定立即引进一位“鲶鱼”型人才，来刺激安于现状的销售团队，打破销售部沉闷的氛围。本田先生挖到了松和公司的年仅35岁的销售部副经理武太郎担任销售部经理。武太郎担任本田公司销售经理后凭借自己丰富的经验、技能，以及火一般的热情和坚不可摧的毅力，做出了显著业绩，受到了所有团队成员的拥戴，并感染了企业的所有成员。于是，销售团队成员的工作热情被激发，他们的业绩得到了明显提升。很快，公司的月销售额翻番了，在欧美的市场份额不断地扩大。本田先生对武太郎的表现非常满意，这不仅在于他对销售部创下了优异业绩，而且在于他激发了其他部门的经理的进取心和活力。

本田先生尝到了“鲶鱼效应”的甜头。从此，本田公司每年重点从外部引进年轻、精明能干的鲶鱼人才，来激励公司的沙丁鱼人才。

很显然，本田先生引入“鲶鱼”武太郎激活了死气沉沉的“沙丁鱼”——本田公司那些热情不足的管理人员、员工。本田先生运用“鲶鱼效应”很成功，有效地激发了企业所有团队成员的活力。

“鲶鱼效应”激发了员工的危机感和进取心，是一种激发员工工作积极性的有效措施，从而使企业充满活力。

使用鲶鱼效应这种“负激励”方法，管理者需要从四大方面入手（图6-4）。第一，鲶鱼效应的作用和应用条件。第二，“鲶鱼”从哪儿找？如何选择？第三，如何让“鲶鱼”发挥最佳的激励效应？第四，何去何从？引导“鲶鱼”的最终归宿。

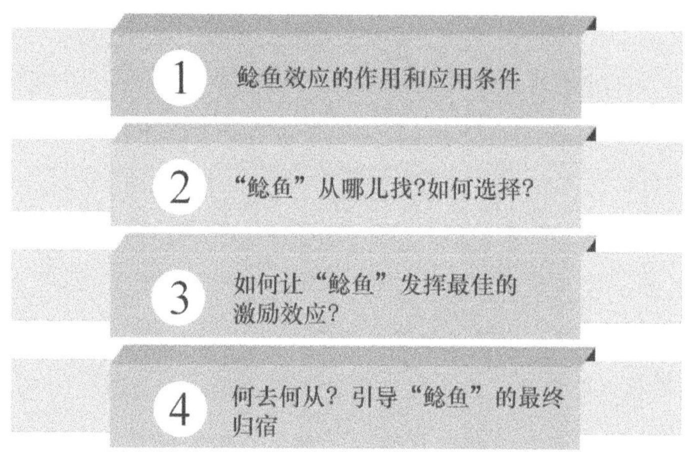

图 6-4　使用鲶鱼效应这种“负激励”方法要从四大方面入手

6.3.1　鲶鱼效应的作用和应用条件

对于进入稳定状态的企业，其人才往往会懈怠工作、热情降低。此时，鲶鱼人才进入人才团队可以产生鲶鱼效应，重新激发人才的工作热情和斗志。所以，管理者有必要了解鲶鱼效应的作用。

鲶鱼效应有三大作用。

第一，刺激作用。对于小团队来说，引入“鲶鱼”是为了激活团队的活力。“鲶鱼”的到来会给周围的沙丁鱼类型的团队成员造成压力，刺激他们的自尊心，使他们产生“你能我也能”的竞争意识，重新努力工作，否则他们感觉很没面子。

第二，带动作用。鲶鱼型人才往往是业务骨干，是那些具有很强感召力、业务能力超强、个人素质极高的人群，很容易被周围的人关注。于是，他们的进取心通过他们的言行感染着周围的人们，使周围的人们心甘情愿地以他为榜样、追随他。企业通过提升鲶鱼型人才的进取心，可带动企业所有团队成员的进取心，从而在企业内部形成积极向上的竞争氛围。

第三，形成“比、学、赶、超”的局面。当“鲶鱼”进入企业，管理者恰当引导可以让团队成员都不甘落后，积极进取，从而在公司内部形成“比、学、赶、超”的局面。

“鲶鱼效应”是一种慎用的“负激励”，运用不当危害不可估量，有可能让企业的人才集体流失。因此，管理者采用“鲶鱼效应”一定要弄清楚企业是否具备“鲶鱼效应”的应用条件。鲶鱼效应的应用条件有 3 个：（1）**企业进入了理想状态，团队环境、工作内容、性质已经很久没有变化；（2）“休克鱼”已经出现并从数量上明显影响到团队目标的实现；（3）挑选“鲶鱼”的目的是适度刺激。**所以，管理者要从数量上要把握好，以免引起团队的整体波动。管理者熟悉鲶鱼效应的应用条件，可以有效避免鲶鱼效应的弊端（如团队成员选择离开，团队成员变得更加消极，毁掉团队仅有的一点战斗力等）。

6.3.2 “鲶鱼”从哪儿找？如何选择

寻找“鲶鱼”有两个途径，一是从企业内部寻找，二是从企业外部寻找。

一些管理者总认为外来的和尚会念经。在寻找“鲶鱼”的事情上，盲目地从外部引进。这样做有很大的危害。管理者长期从外部引进管理人才，那么内部员工看不到晋升的希望，失去了升职的机会。尤其那些有能力的员工失去了发挥才能的空间，有的愤而离开公司，有的进取心被磨灭了，结果企业不仅不会充满活力，反而会失去生机。所以，管理者切忌优先从外部引进“鲶鱼”。

管理者在决定引进“鲶鱼”的时候，先看看员工是否安于现状、失去进取心。如果答案是“是”，可以从外部寻找“鲶鱼”。如果部门内有几个锐意进取的人才，那么可以选择其中的一个或几个作为“鲶鱼”，让他们刺激、带动企业所有员工的工作热情。如果管理者发现内部具有进取心的人才，把他们低估为“沙丁鱼”，执意从外部引进“鲶鱼”会给企业带来无法估量的损失。

周先生原来担任合资企业 M 公司企划部经理助理。他在 M 公司工作了 3

年，做出了优异的业绩。不久前，经理辞职了，周先生和其他员工一致认为周先生是最佳的经理候选人。可是，企业高层却决定从外部引进“鲶鱼”，做出了“让猎头为企业寻找企划经理”的决策。周先生看不到升职的希望，开始寻找更大的发展空间。1个月之后，周先生辞职，来到了民营企业N公司担任企划部总监。两年后，在业界的一个项目策划活动中，周先生策划的设计方案远远胜出M公司的策划方案，使N公司在业界声名鹊起，知名度一举超过了M公司。M公司的高层当即悔青了肠子。

很显然，M公司的高层当时寻找企划经理人选时小瞧了周先生，认为周先生的能力只能做经理助理，然后兴师动众地从外部寻找高级的企业人才（鲶鱼）。而事实证明，周先生是一位才能、潜力超群的人才。可见，管理者盲目地从外部引进“鲶鱼”会造成企业内部优秀人才快速流失，甚至被竞争对手挖走，从而成就竞争对手，让企业在硝烟滚滚的市场竞争中处于被动。

因此，我建议管理者优先从企业内部寻找“鲶鱼”。内部引进“鲶鱼”的常用的方法有3种。

（1）**寻找公司的潜在明星加以培养**。潜在明星员工具备热情、进取心，是企业要寻找的“鲶鱼”人选。

（2）**建设内部竞争型团队**。这可唤起团队成员的竞争心。

（3）**内部推荐绩效管理机制**。高绩效的人选就是企业的“鲶鱼”人选。总而言之，这样可以培养出士气高涨、工作热情、充满竞争心、想成功的内部人才，他们正是企业要寻找的“鲶鱼”人选。

那么，管理者如何从内部选择“鲶鱼”？可根据以下八大标准从内部选择“鲶鱼”。**（1）有强烈的工作热情和成功欲望；（2）有雄心壮志，不满现状；（3）能带动别人完成任务；（4）表现出超过其现在所负担的工作能力；（5）敢于做出决定，勇于承担责任；（6）善于解决问题；（7）有较强的学习能力；（8）不怕摔跤，敢于尝试错误**。如图6-5所示。

图 6-5 内部选择“鲶鱼”的八大标准

管理者只从内部寻找“鲶鱼”或者只从外部寻找“鲶鱼”都不可取，应该根据公司的具体情况略有侧重，二者并用。

6.3.3 如何让“鲶鱼”发挥最佳的激励效应

“鲶鱼效应”是一种难以掌控的管理手段，应用在人力资源管理中，对领导者的领导艺术要求很高，即要求领导把握好“鲶鱼”的管理尺度。管理者只有把控好对“鲶鱼”的管理尺度，方可让“鲶鱼”发挥最佳的激励效应。

有的管理者对“鲶鱼”的管理尺度过紧，这会遏制“鲶鱼”的活动能力，从而使其发挥不出“鲶鱼效应”。有的管理者对“鲶鱼”的管理尺度过松，这会导致企业的自由主义者增多。古人云，水可载舟，亦可覆舟。“鲶鱼”既可以激发企业的活力，又可以让企业太活跃没有秩序。总之，管理者对“鲶鱼”管理不当，会激化企业内部矛盾，严重影响企业正常运营。

因此，我进行了长期的研究实践，总结出要让“鲶鱼”发挥最佳的激励效应，管理者必须把握好以下 4 个方面的内容。

第一，公开、公平、公正地对待人和事。“鲶鱼”们往往才能出众、业绩突出，对“公开、公平、公正”要求颇高。他们期望获得领导和团队成员的一致认可，追求强烈的成就感，渴望得到公正的对待、公平的机会、公开的承认。因而，管理者对待这些人务必“一碗水端平”，处理事情务必公正。如果“鲶鱼”提异议，管理者一定要耐心解释，直到“鲶鱼”理解为止。

第二，营造批评与自我批评的氛围。古人云，人谁无过？过而能改，善莫大焉。意思是哪个人不犯错误呢？认识错误并能改正，没有比这更好的事情了。作为团队的领导，得心应手、指挥才华出众、业绩骄人的“鲶鱼”，首先要勇敢地承认自己的错误，千万不要与他们争功劳、推卸责任；其次鼓励他们把事情都摆在桌面上；再次尊重“鲶鱼”，诚心诚意地对待“鲶鱼”，使彼此友好合作，放下个人恩怨，客观地评价工作的成败得失，分析问题的根源，找出解决问题的方法。

第三，提倡民主精神，鼓励团结与协作。对于重要决策的制定，领导要让团队成员、鲶鱼一起参与。首先，领导或者“鲶鱼”制定一个初步方案，让所有团队成员一起讨论，一旦发现不合理的地方，任何人都可以立即提出参考意见，初步方案随时可以修改，甚至重写，领导只在决策的最后一步拍板。其次，一旦领导做出最后决定，所有的意见给予保留，所有的成员无条件服从决定，并严格执行。需要提醒一下，在讨论的过程中难免会出现争执，领导要不断地引导“鲶鱼”团结与协作，及时地化解争执。最后，决策实施结果出来后，有功劳的地方，领导要主动与大家分享；有过失的地方，领导要率先检讨，然后分析产生过失的原因，并勇于承担责任。

第四，创建学习型组织结构。学习型组织结构是基于组织成员的共同愿景，以团队学习为特征，对公众负责的一种扁平化的横向网络系统。它能促使人们勤奋工作，而且引导人们“更聪明地工作”。它能使学习上升为组织的核心，从而提高群体的智商，使组织的每一位成员活得更精彩。需要强调一下，在这样的组织结构中，领导的职能发生了改变，由传统直接指挥组织成员转变为为组织成员提供服务。因此，领导要把服务意识摆在第一位，主动地为“鲶鱼”和团队成员提供服务。

领导“鲶鱼”是一种艺术，管理者熟悉应用这些内容方可把控好对“鲶鱼”

人才的管理尺度，让“鲶鱼”发挥出最佳的激励效应。

6.3.4 “鲶鱼”人才的出路

俗话说，木秀于林，风必摧之。在一个组织中，“鲶鱼”往往是大家关注的人物，是组织的明星。任何事物都有正面作用，也有负面作用。“鲶鱼”人才往往业绩突出、地位优越、待遇优厚，难免会遭到一些人嫉妒，甚至诽谤。因此，“鲶鱼”人才在组织中如何安身立命是一个重要的问题。“鲶鱼”完成了刺激团队成员紧迫感、带动所有员工积极进取的任务后该何去何从？这是管理者必须思考的一个问题。也就是说，管理者应该积极地引导“鲶鱼”的最终归宿。

团队中的“鲶鱼”应该下功夫塑造良好的沟通力和影响力，以便获得团队的认可，实现与团队友好合作。一般来说，一个团队中放一条“鲶鱼”就够了，放多了犹如一山容不下二虎。有的企业每年都会引进“鲶鱼”，那么原来的“鲶鱼”何去何从了？

愿意当团队中“鲶鱼”的人才，并不是他有激发团队活力的觉悟，而是他为了寻找更大的发展空间，实现更大的自身价值。

大致来说，“鲶鱼”有两条出路。

一是晋升为更高层次的管理者。“鲶鱼”陈先生被任命为企业的销售部经理，完成了激发销售团队成员的进取心的任务。之后，他会有更高的追求。管理者想留住他，一味地加薪很难奏效，而让他升入更高的管理层，比如副总裁，不仅可以留住人才，还有可能使其激发其他副总裁的危机感，从而在企业的高层中产生“鲶鱼效应”，激励高层管理者再接再厉地奋斗。还有，A 医院各个病区护理水平差距很大。医院领导把 “鲶鱼效应”试用于护理人员管理中，获得了较好的效果。先根据全院护士以往工作能力、学习热情、上进心，在全院护士中选出“鲶鱼”护士，然后以工作为由，安排在每一位护士长身边，然后取代不称职或工作热情低的护士长。

二是当企业没有可供他上升的空间时离开企业，寻找更大的发展空间。

如果“鲶鱼”得不到好的归宿，从此管理者难以从内部找到“鲶鱼”，也很难从外部引进“鲶鱼”。试想哪个有能力的人愿意做出力不讨好的事情，愿意成为领导手中用完即弃的棋子，愿意被领导卸磨杀驴，愿意做没有未来的事情？因此，管理者一定要为“鲶鱼”的最终归宿着想。否则，企业以后难以吸引到“鲶鱼”，更不会有“鲶鱼效应”。而鲶鱼型人才是企业管理必需的。

6.4 情感联系，广泛运用的“心激励”

人是有感情的动物，人们的基本生活有保障了，对薪水的高低便不会太敏感。这就是一些企业仅靠高薪吸引人才但效果不佳的原因。有的企业给员工的薪水中等水平，甚至中等偏下，但员工忠诚度很高，愿意长久地留在企业。也许有的管理者会提出反对意见，企业既不能给员工提供晋升空间，又不能给员工加薪，怎么激励员工充满热情地工作，对组织不离不弃呢？这的确不是件简单的事情，但并不是完全不可能做到的事情。这时候，管理者不妨通过情感激励员工，也许能行得通。情感激励是通过良好的情感关系激发被管理者的积极性，从而达到提高工作效率的一种管理方法。

情感不用钱买，也是拿钱买不到的。随着互联网大众创业浪潮来袭，创业公司犹如雨后春笋般冒出，而创业公司的组织结构扁平化，没有多少可供员工晋升的职位。同时，创业公司资金匮乏，无法提供给员工丰厚的薪水。企业吸引人才、留住人才的难度本来就很大，这更加大了企业吸引人才、留住人才的难度。

不过值得庆幸的是，没有家庭负担、可以得到长辈资助的 90 后成为企业的新力军。他们对职位晋升、薪水高低并不很在意，但是他们追求个性，很看重管理者对员工的情感。他们要是遇到爱骂员工的管理者，不管多高的薪水都不会容忍，立刻拍屁股走人。我在与一位 90 后的应聘者交流时，问他为什么干了几天就离开 N 公司。他直率地说，N 公司待遇偏上，工作比较轻松，但是老板爱骂人，无法忍受。其实，不光 90 后的员工重视管理者对员工的情感，所有的员工都很看重管理者对员工的情感。情感激励在人才激励中的影响力越来越大。

情感激励有很多形式，其中应用最广泛的形式是情感联系。何为情感联系？社交网络崛起，人们之间的情感联系密切起来。例如，我们在朋友圈看了朋友晒的美食，点赞就是一种情感联系。这种情感联系可以让你的朋友感觉到你重视他，可以拉近彼此的距离。同理，管理者与员工进行情感联系可以让员工感受到你对他的尊重。如果说薪酬奖励属于物质激励，那么情感联系属于心理激励。因此可以说，情感联系是应用广泛的“心激励（心理激励）”。

管理者如果能让员工心服口服，那么会得心应手地指挥员工，成为真正的领导，从而把员工团结起来，把员工的热情调动起来。激励的关键是心理激励。何为心理激励？心理激励指管理者用一个具体的奋斗目标鼓舞和激发员工，使之采取积极的行动，向期望的目标发展。

情感联系已经被很多企业管理者采用，激励员工效果显著。要发挥出情感联系在人才激励方面的作用，可以采用四大措施（图 6-6）：**第一，让人才从心底里爱上企业；第二，让人才成为企业的永久合伙人；第三，关怀和包容人才的个人世界；第四，构建社群化的工作强关系。**

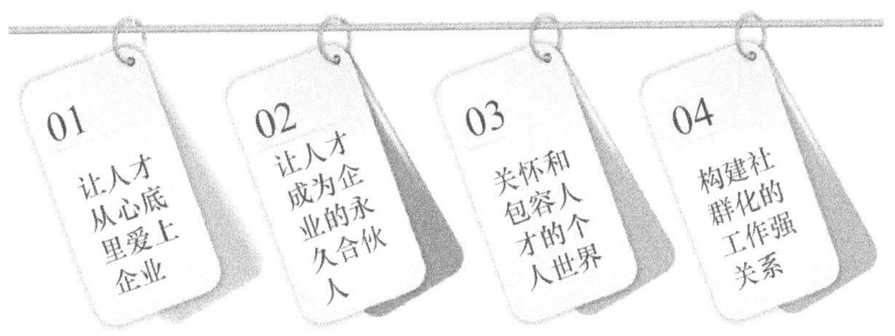

图 6-6 发挥出情感联系在人才激励方面的作用可采用的四大措施

6.4.1 让人才从心底里爱上企业

俗话说，要想得到别人的尊重，请先尊重别人。同理，企业想让员工打心底里爱上企业，请把员工当作家人，请爱员工。管理者爱员工就属于情感激励。管理者爱员工少不了与员工进行情感联系。海底捞的 CEO 张勇重视与员工的情感联系，让海底捞的员工死心塌地地爱上了海底捞。管理者要让人才爱企业，须先学会设身处地地关心员工。

海底捞的管理者张勇不仅给员工提供了丰厚的薪水，还十分重视用情感激励员工。海底捞是真正把员工当作人才的一家企业。尽管海底捞的员工来自落后贫困的地区，而且文化程度低，但是海底捞的 CEO 张勇从物质到精神上都很关心他们。

除了提供出了名的高薪水，他还很关心员工父母、孩子等，主动与员工交流，询问员工的父母生活情况，了解员工的孩子上学情况。他用实际行动来表示对员工的关爱。海底捞的员工大多数是背井离乡的农民工，他们的父母居住在老家。海底捞为其优秀员工、店长、大堂经理的父母每月发放几百元现金补贴。海底捞又为其优秀员工、店长、大堂经理的孩子提供（2000～5000 元）教育补贴。海底捞在四川简阳修建了海底捞寄宿学校，解决当地员工子女的教育问题。海底捞还为员工设立了救助资金。海底捞的管理者考虑到员工或其家属遭遇重大疾病或意外情况，专门从公司拿出 100 万元作为员工救助资金。

这真正地解决了员工的后顾之忧，让员工深深地爱上企业，一心扑在工作上。海底捞的店长拿自己的性命爱企业。有一位顾客拿着棍子闹着要砸海底捞的新店，该店的店长杨小丽带头阻止顾客砸店，保住了刚花了几百万元装修费用的店铺。因此，杨小丽被张勇提拔为了海底捞的高级副总裁。显然，海底捞通过父母补贴、教育补贴、救助资金等情感联系激发了员工的工作热情，使员工心甘情愿地爱上了企业。

这启示广大的管理者应积极地与员工进行情感联系，一定会让越来越多的员工打心里爱上企业，义无反顾地投入到企业的事业中。

6.4.2 让人才成为企业的永久合伙人

互联网创业者发现传统的激励机制很难“讨好”员工。究其原因，其本质上仍然是一种雇佣与被雇佣的关系，员工以打工的心态工作，而不是以一种创业的心态。传统的激励往往是一种交易，即“我给你多少钱，你给我干多少活”，于是，员工把这种激励当作理所当然的事情，并不会激动或热血澎湃。传统的激励无法起到人才激励作用，反而成了企业的沉重负担。显然，传统的激励方式已经过时了，急需新的激励方式来取代它。

互联网企业阿里巴巴、移动互联网公司小米、向互联网转型的海尔等企业，纷纷采用合伙人机制，驱动了企业快速发展。

阿里巴巴创始人马云在创业之初采用合伙人机制，激励阿里巴巴团队成员。首席财务官蔡崇信以合伙人的身份投身于阿里巴巴的事业之中，解决了阿里巴巴最初的融资和后来的上市等重要事情，最终晋升为了阿里巴巴的永久合伙人（阿里巴巴永久合伙人仅两位——马云和蔡崇信），享受到了创业的丰硕成果，身价早已达到了千万元。

阿里巴巴的成功让“合伙人机制”成为了管理界的热点，更见证了“合伙人”的超强激励作用。可以说，管理者让人才成为企业永久合伙人是对人才的最高激励。

永久合伙人其实是一种人才激励方式，是情感激励的一种，是一种至高无上的殊荣，可以享受企业的长期回报。永久合伙人可以更好地激励人才，充分地调动人才的工作热情，使人才坚持不懈地为企业做贡献，进而提高企业的效益。永久合伙人可以凝聚人心，愿意把工作当作事业。

这个道理很简单。没有人会用心擦拭一辆租来的车，却会随时拿出毛巾擦拭自己购买的车子。**永久合伙人机制最大的特点就是创造拥有感，拥有企业的股权、分红权、决策权、参与企业的经营权**。人才获得了创业的感觉，变为别人打工为“为自己打工”。例如，小米的员工这样评价“加班”：“如果你找一份工作，天天加班你就会想这怎么能行？但是如果是创业你就会想，创业是一种生活方式，永远在为自己干。”

永久合伙人意味着人才要不断地为企业做贡献，不能为企业做贡献的时候将面临退出合伙人机制，被新的合伙人取代。合伙人机制可保证组织有源源不断的人力资本。当然，合伙人退出之后，仍然会获得企业的荣誉，比如阿里巴巴设置了荣誉合伙人，使退出的合伙人继续与企业保持情感联系。

合伙人机制可以实现集体决策，使企业的决策更加科学、正确。合伙人机制可以打破壁垒、充分发挥人才的价值。例如，分公司的经理成为合伙人不仅会考虑分公司的利益，而且会站在总公司的角度上思考业务发展，有了好的提升业务的方法会主动地分享给其他分公司。很显然，这有利于激发人才的潜能，发挥出人才的更大价值，促进企业的整体发展。

因此，管理者要努力把企业的人才发展为永久合伙人，可以最大限度地激发人才的热情和潜力，进而实现人才的更大价值和企业的更大效益。

6.4.3 关怀和包容人才的个人世界

每一个人都有自己的个人世界，员工也一样。只有员工把个人世界里的事情处理好，工作起来才会心无旁骛，有可能做出高业绩。因此，管理者要正确对待员工的个人世界，具体的方法就是关怀和包容人才的个人世界。

新时代下员工对物质和金钱的诉求降低了，同时不服从权威和管制，这为管理者带来了巨大的挑战。管理者对员工仅仅进行物质激励很难奏效，几乎难以激发员工的工作热情和斗志。管理者对员工稍微不满意就横挑鼻子竖挑眼，对员工不守规定严厉批评已行不通，这样很难留住人。管理者必须改变自己的刚性管理方式，采用柔性管理方式，具体的做法就是通过情感联系关心、包容员工的个人世界。

互联网公司往往更多地关怀、包容员工的个人世界。汽车之家鼓励员工把值得称赞和批评的事情说出来、写下来，为员工提供舒适的休息区和免费的饮料。土豆网的领导了解到员工工作压力大，允许员工在办公室墙上乱画、随手涂鸦，帮助员工释放压力、放松心情。百度关心员工的身体健康，同时认识到一个强健的体魄对人们工作、生活很重要，在百度大厦里为员工特设了瑜伽房，允许员工上班期间去练瑜伽。阿里巴巴为员工设置了室内球场，供员工工作累了放松。海底捞对员工请假很包容，员工只要当天 22 点前提出休假申请，第二天可以无条件休假；海底捞还专门建立论坛，让员工在这里发泄对工作的不满，并在 12 小时内回复员工，在 3 ～ 10 天后给出调查结果。这些企业通过关心、包容员工的个人世界，使员工充满激情、干劲十足，从而推动了企业蓬勃发展。

6.4.4 构建社群化的工作强关系

社群是未来互联网公司最核心的竞争力，社群的力量将影响所有的“互联网 +”产业。社群的力量影响着企业的所有业务，包括企业的人力资源。社群化的工作强关系影响着企业的找人、留人和人才的工作热情。对于人才而言，社群化的工作强关系可帮助其降低失业压力、找到合适工作。很显然，社群化的工作强关系对人才有激励作用。

社群化的工作强关系离不开社群，而社群离不开精心运营。高人气职场导师秋叶曾谈论过运营好社群的话题，分享了其运营社群的秘诀：“这个世界上我们要学的根本不是网络营销，而是尊重人跟人之间社交方面真正的情感联系。”可见，运营社群的关键字是情感，而不是网络。

社群可增强人们的情感交流，巩固彼此之间的关系。互联网时代人们的离职周期越来越短，人们随时面临失业、找工作。失业会给人才带来经济压力和心理压力，而快速找到合适的工作又谈何容易。众所周知，人才在找工作方面，其社会关系发挥着很大作用，在机关、事业单位找工作，有关系往往能找到好工作；即使在社会上找工作，关系发挥的作用也越来越大。进入互联网时代，企业越来越重视内部员工推荐，因此每一位人才都不能忽视关系。

在传统的社交圈中，国外的社会学家马克·格兰诺维克提出，“弱关系”对人们的职场影响作用大，可以帮助人们找到合适的工作，而“强关系”却不能。这和人们找对象一样，在熟人中找到合适的可能性很小。我国社会学家边燕杰认为，在中国传统的关系圈中，“强关系”在找工作和职位提升中真正发挥作用，而“弱关系”却难以奏效。

在网络社交媒体中，“强关系”对人们找工作和职场提升帮助很大。卡耐基梅隆大学的克劳特和 Facebook 公司的伯克联手研究了全球英语圈里 18 岁以上的人员失业后利用 Facebook 找工作的情况，得到了一个出人意料的收获。失业者与社交媒体上“强关系”的人交流，得到了精神上的帮助，降低了压力，而与社交媒体上“弱关系（没有线下交流，只在线上有过交流，类似网友）”的人诉说失业的事情，却得不到帮助，没有降低压力。失业者与社交媒体上“强关系”交流找新工作的事情，提高了其在 3 个月内找到工作的成功率，而“弱关系”却做不到。

可见，社交媒体上“弱关系”无法帮助人们再就业，而“强关系”不仅可以降低人们的失业压力，还对失业者找新工作起着大作用。也就是说，在社交媒体时代，在失业者找新工作、降低压力这两方面，“强关系”的力量都远远超过了“弱关系”。总而言之，在信息相对对称的社交媒体时代，人们找工作时信息发挥的作用减弱了，作为社会资本的“强关系”发挥的作用正在增强。这意味着工作强关系更有利于企业吸引人才、留住人才。

随着社交媒体强关系对人们职场的影响不断增强，以及新型网络社群的兴起，管理者构建社群化的工作强关系刻不容缓，否则在未来人才竞争中将处于被动地位。管理者构建社群化的工作强关系，首先要构建好社群。具备工作强关系的社群一定是一个优秀的社群。构建一个优秀的社群，管理者需要掌握 5 个步骤，如图 6-7 所示。

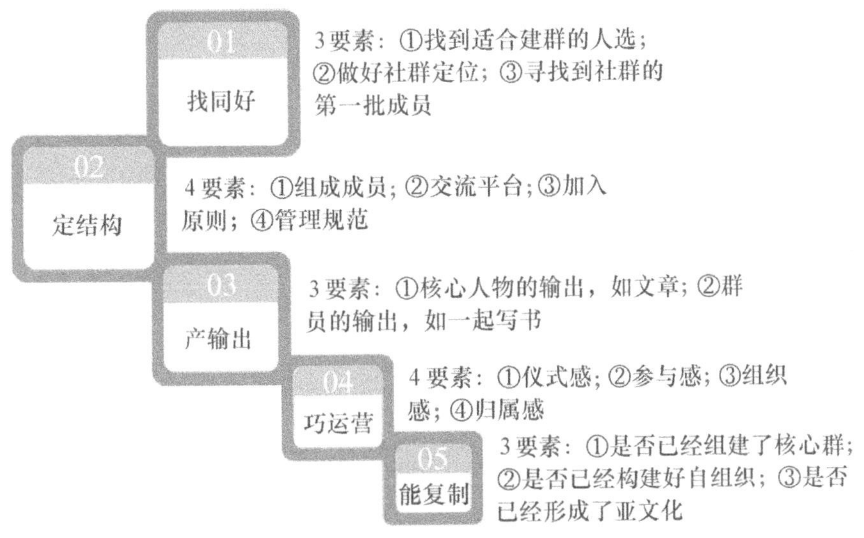

图 6-7　构建一个优秀的社群的 5 个步骤

图中的第二步，定结构中的 4 个要素需要加以说明：(1)组成成员，重在如何有节奏地引入成员；(2)交流平台，包括微信、QQ 等；(3)加入原则，你可以选择邀请制、开放制等；(4)管理规范，针对有人打破群规的情况，你需要制定明确的群规。第五步“能复制”中的 3 个要素需要解释一下：(1)是否已经组建了核心群，意思是你要懂得如何建立核心群；(2)是否已经构建好自组织，指建设群核心文化；(3)是否已经形成了亚文化，指在核心社群文化的基础上衍生出来的群文化。

建立强关系离不开优秀的社群领袖，社群领袖一定要有威信，并吸引一批人加入社群，在社群里发表话题、组织活动、促进成员们互动。例如，如果罗辑思维其领袖罗胖一年不管，在社群里不说话、不组织活动，还会有人每天去收听吗？恐怕用不了多久，那些会员都变成了僵尸粉，罗辑思维社群的强关系也将不复存在。

所以，管理者要想构建好社群，一定要在社群里发表工作话题、组织活动，鼓励每一位员工参与，促进彼此之间的情感联系，方可使企业的人才队伍具有社群化的工作强关系，从而充分地调动员工的工作热情，促进成员之间高度协作。

第 7 章

人才管理重构：建设高效的和谐团队

互联网变革着企业的商业模式、组织架构等诸多方面，企业的人才管理也早已卷入互联网的变革浪潮中。更确切地说，企业的人才管理重构势在必行。人才管理重构有四大步骤：第一，探索人才管理变革之路；第二，建设多元化人才团队；第三，以流程管理取代制度管理；第四，在人才管理中深度融入企业文化。人才管理重构的目的是建设高效的和谐团队。管理者实现了人才管理重构，将会打造出梦寐以求的高效和谐团队。

7.1 互联网式管理，企业人才管理变革之路

随着市场竞争越来越激烈，企业对人才的素质要求也越来越高。而市场经济的竞争最终体现在人才的竞争上。哪家企业拥有高素质的人才队伍，哪个企业便可获得更大的成功筹码。因此，加强人才管理，创新人才管理，成为了企业的当务之急。人才管理向互联网转型是一次重要的人才管理变革，目的是使传统的人才管理转变为互联网式的人才管理。

“互联网 +”已经发展为“经济新常态”，尤其是移动互联网的普及，让每个人都深深地感受到了“互联网 +”带给我们工作、生活的变化。“互联网 +”是一次深刻的社会变革，在人才管理变革中必将掀起巨浪。传统的人才管理模式已经与时代格格不入，将会面临巨大挑战，因为用不了多久，互联网环境中成长起来的 90 后、00 后会加入我们的人才队伍之中。这要求管理者必须学会用互联网思维进行人才管理，即实施互联网式的人才管理，方可吸引新型的互联网人才，打造出高效和谐的团队。

俗话说，顺时势者为英雄。在互联网人才时代，管理者继续采用传统的人才管理方式肯定行不通，因为管理的主要对象将成为互联网原住民。企业积极变革人才管理模式，方可顺应时代，获得新型互联网人才，快速成长为行业的领军。显然，互联网式管理是企业人才管理变革之路。

人才管理模式变革的原因有两大方面：**一方面，互联网时代就是人人是主角的管理时代；另一方面，管理者只有从模式到思维引导人才管理才能拥抱时代。**

7.1.1 人人是主角的管理时代

互联网带领我们进入了人人都是主角的管理时代。这是一个人人都是主角的时代，一个人人都可以参与决策的时代。管理者鼓励员工参与决策，将会让每一位员工成长为管理人才。如果企业的每一位员工都是管理者，既可实现员工自我管理，又能让企业获得众多的管理者。而管理对工作效率的作用很大。管理就是通过他人来达成自己的工作目标。人人都是管理者，意味着人人都积极地达成自己的工作目标。管理者把每一位人才变为企业的管理者，就会在企业内部打造出人人都是管理者的局面。让人人成为管理者，老板雇佣的不仅仅是员工的手，而且包括员工的大脑。毫无疑问，肯动脑筋的员工会比只用手脚工作的员工工作业绩好、有创造力。

企业让每一位员工成为人才管理的主角，可以大幅提升员工的工作效率。某公司事业部总经理徐经理鼓励部门所有的成员积极参与现场管理改善活动，实现了群策群力。结果，生产现场的环境焕然一新，生产效率得到了明显提升，员工的职业素养提高了，员工的工作态度变得主动。这为公司做好各项管理工作铺平了道路。

管理可以提升企业的效益。有远见的企业家不惜重金培养管理者、外聘高管，往往使企业越来越富强。

在人人是主角的企业里，员工主动、热情，工作效率很高。海底捞快速壮大，其秘诀就是人人都是管理者。

海底捞的员工不是机械地执行上级的命令，而是根据顾客的需求，亲自决定如何处理。众所周知，餐饮业与客户直接打交道的是服务员，所以引起客户不满的往往是服务员，服务员发现客户对自己不满意，有权给客户赠送一份菜，甚至免掉一桌菜，这使客户的不满当时就能消除，甚至对海底捞的服务赞不绝口。于是，海底捞基本上没有投诉的客户。如果管理者不把解决问题的权利交给一线员工，就会造成客户漫长地等待经理的处理结果，长时间对企业产生不满情绪。

海底捞的服务员把自己当作企业的管理者，不仅积极地解决客户的不满，还主动创新来为客户制造惊喜。海底捞的服务员发现客户吃火锅的时候喜欢把手机放在桌子上，有时候会滴上油，就向上级提议为客户提供装手机的塑料套。这在海底捞中被推广，让客户惊喜不已。显然，海底捞的一线员工主动地扮演着管理者角色。从这个意义上而言，海底捞是一家由10000名管理者组成的公司！试想，其他餐饮企业用几个管理者如何能胜过有10000名管理者组成的海底捞呢？所以，海底捞迅速成为了餐饮业的龙头。

这启示所有的企业家，在人人是主角的管理时代，让人人成为管理者，你将会获得成批的优秀管理人才，助力企业成为行业的领军。

7.1.2 人才管理模式和思维变革

海尔集团CEO张瑞敏曾说，没有成功的企业，只有时代的企业。的确这样，企业要发展一定要顺应时代。其实，任何事物要发展都要与时俱进，人才管理也不例外，也要拥抱时代。我们之所以强调管理者从模式到思维引导人才管理拥抱时代，一方面是没有永恒不变的人才管理模式和思维，另一方面是传统的人才管理模式和人才管理思维已经无法适应互联网时代，进而制约了企业的健康发展。管理者只有立即从模式到思维引导人才管理方可拥抱互联网新时代，方可获得适应时代的人才，追上时代的脚步。

首先我们了解一下人才管理。人才管理的核心既包括招聘到最优秀的、最有价值的人才，又包括如何留住这些人才，如何将他们安排到最合适的职位上，从而让他们的聪明才智被组织充分利用。人才管理的核心是人才的吸引和保留。

传统的人才管理模式、思维重在招人，而如今企业人才流失严重，即使常年招人，人才数量、质量仍然上不去，难解人才危机。因此，必须改变传统的人才管理模式和思维。

用互联网时代的人才管理模式取代传统人才管理模式，有利于留住优秀人才。

华为为了促进人才跟上企业快速发展的步伐，积极地变革了人才管理模式，创新了员工晋升通道，设计出了“五级双通道”模式。在此模式中，每一位员工都拥有两条发展通道：一是专业通道，二是管理通道。

这种人才管理模式需要通过三步来实现：第一步，确定“管理”和“专业”两个基本的晋升通道；第二步，根据职位划分的原则，细分专业通道，得到了 7 个子通道——人力资源、采购、技术、财务、营销、生产、服务；第三步，将这些细分的专业通道纵向再划分出 5 个等级，例如技术通道，从低到高依次是助理工程师、工程师、高级工程师、技术专家、资深技术专家。技术类员工往往管理能力欠缺，在传统的人才管理模式下得不到应有的职业地位，待遇与企业的高管也不能相提并论。在新的人才管理模式下，技术人员一旦升至资深技术专家，可以享受副总裁的职业地位和薪酬。这让企业成功地保留了一批经验丰富的技术人才。

而管理通道从第三级开始（专业人士获得二级资格证书，也可选择管理通道发展)，第三级是监督者，第四级是管理者，第五级是领导者。众所周知，随着企业组织架构的扁平化，可供晋升的管理岗位越来越少，而有了“专业”晋升通道，每一位员工都可以通过自身的努力得到晋升。员工可以根据自身的特长和意愿，自由选择朝管理或专业方向发展，也可以同时朝着两个方向发展。显然，在这种人才管理模式中，员工不用再费尽心思角逐越来越少的管理职位，可专注于自身的本职工作。在这种新型的人才管理模式中，每一位人才在企业都有了明确的发展方向、充分的发展空间；员工只要努力，就能晋升、加薪。这极大地提高了人才的工作积极性，有利于企业留住优秀人才。

俗话说，思维决定出路。管理者只有转变思维，方可跳出传统的人才管理模式，找到最适合企业发展的人才管理模式。管理者必须转变自己的人才管理思维，用互联网思维进行人才管理，方可为企业吸引并留住优秀人才，推动企业的人才早日拥抱互联网时代。

互联网原住民不断加入到企业的人才队伍中，并成为了一股新生力量。与此同时，新型的互联网人才为企业的人才管理带来了巨大挑战，迫使管理者改变人才管理的思维。我经过长期的研究和实践，找到了三大人才管理新思维：即游戏化人才管理思维、员工与客户一起创造价值的人才管理思维、去中心化与员工自主经营的人才管理思维。

（1）**游戏化人才管理思维**。很多管理者对90后员工很头痛，因为90后员工换工作和换衣服一样频繁，企业也不愿意为这类人才提供终生雇佣承诺。但是，管理者拒绝90后员工是不现实的。因为世界终究是属于年轻人的，企业的未来需要年轻的一代接管。同时，90后人才不用为养家糊口而工作，他们是互联网原住民，追求个性，听不进说教，不为金钱所驱使；他们渴望拥有一份快乐的工作，当然能拿高薪最好。在高薪和快乐的工作之间，他们会毫不犹豫地选择快乐的工作，毕竟有钱未必能买到快乐。管理者要吸引、留住90后人才，最好能让他们边玩边赚钱。这需要管理者用游戏化思维管理90后人才。游戏化思维就是让人才在充满乐趣的氛围下不知不觉地完成高难度的任务。游戏化思维有四个要素，即自由、快乐、乐趣、惊喜。

（2）**员工与客户一起创造价值的人才管理思维**。许多企业的实践告诉我们互联网时代员工与客户之间没有了明显的界限。客户就是员工，员工就是客户，二者的角色可以相互变换。随之，企业的价值创造没有了边界，员工一起为客户创造价值、为企业创造价值。一些移动互联网创业公司正是动员员工与客户一起创造价值，才获得了飞速发展。小米就是最典型的代表。小米粉丝与小米员工一起推动小米产品创新、品牌传播，同时他们又是小米的忠实客户。

人才价值创造的边界得到了巨大拓展，体现在 3 个方面：（1）通过互联网客户与员工可以随时随地交流，为企业产品创新提建议，为企业管理改进出谋划策，这使价值创造无时无处不在；（2）企业人力资源产品服务延伸到了价值链上的客户，例如，基于价值链经营的棉花种植企业、纺织企业通过互联网学习发展系统将种植户的技能提升纳入到企业人才发展系统内；（3）企业鼓励员工和业务经理参与企业人力资源产品与服务的研发、体验。

（3）**去中心化与员工自主经营的人才管理思维**。互联网扑面而来，个人与组织的力量对比被改变了，个人与组织的关系也被改变了。有了组织平台的支持，个人的价值创造能量和效能得以成倍地扩大。个人与组织的关系不再是绝对服从关系，不再是简单的依附关系。在新的网状价值结构中，首席执行官不再是组织仅有的一个指挥命令中心，每一个人才都充分自治、自主经营。组织不需要再确定核心人才，每一位人才都可以在自己的职位上发挥重要作用。在海尔互联网转型的过程中，首席执行官张瑞敏重新梳理了员工与企业的关系，倡导“管理无领导、员工自主经营”，使 8 万多员工变成 2000 个自主经营体，使每一位员工成为 CEO，海尔为这些 CEO、自主经营体提供平台。这无不体现去中心化与员工自主经营的人才管理思维。海尔不仅向互联网转型成功了，还培养出了许多 CEO。张瑞敏说，未来企业最高管理者的成功，不在于为企业制造出了多少产品，而在于制造出了多少

CEO、是否打造了一个让每位员工实现自身价值的平台。这方可让企业持续经营下去。

同时，组织的话语权在互联网时代不再集中在上面，不再是从上至下的单一话语权链，而是谁最接近客户、企业价值最终变现的环节，谁就掌握话语权，谁就是组织的中心。例如，华为主张让听得见炮声的员工做决策；微软取消了员工分级制，认为无论是什么层级的员工未来都可以成为组织运行的中心，都有机会对组织资源进行调配。这都体现了去中心化与员工自主化经营的人才管理思维。

管理者拥有了这 3 种思维，能有效地吸引、留住优秀人才，可避免被时代淘汰，进而拥抱时代。

7.2 建设多元化人才团队

一个团队的人才构成过于单一，无法产生集体智慧，无法让企业实现利润最大化。随着科技企业意识到人才队伍多元化的好处，不少企业开始定期发布自己人才队伍的多元化报告。

多元化人才团队往往很重视吸引各种各样的人才，也很重视男女搭配比例。显然，这有利于打造出优势互补的团队，可产生“1+1>2”的团队力量。打造多元化的人才团队往往需要花不少资金，但是实践证明舍不得花钱打造多元化人才团队，创业公司的业务便长期无法提升。因此，我们建议广大的初创企业一定要想方设法地建设多元化人才队伍。

Doxa 是一家初创企业，致力于为科技初创企业在创业之初打造多元化的人才团队。Doxa 的合作伙伴 Instacart（商超 O2O 鼻祖）、Lyft（打车应用）、TaskRabbit（跑腿网站）和 Shyp（美国在线物流）建设了多元化的人才团队，成为了发展速度飞快的科技企业。

很多初创企业建设多元化团队的时机不正确，往往在企业大规模招聘的时候才开始拥有了多元化思维。

Instacart 在融资成功、扩张的过程中，进行了大规模招聘。此时招聘量大，很难为每一个岗位招聘到合适的人才，甚至会给企业招聘到“烂人”。Miller（米勒）和团队成员曾经为 Instacart 招聘到了一个对女员工性感度进行排名的“烂人”。庆幸的是，Instacart 明确表态，企业不需要这样的“烂人”。米勒对 Instacart 的处理很满意。这还引发了她深思。于是，她离开 Instacart 之后专门成立了 Doxa 公司，一方面为了保护女员工，另一方面帮助初创企业建立起多元化的人才团队。

米勒通过四步骤来实现她的这两个目标：第一步，她和加州大学伯克利分校（UC Berkeley）的统计学家一起制作了一份调查表；第二步，她把这份表格发给了所有科技企业的员工，得到了很多科技员工的支持，并分析这些员工填写的表格，了解到了员工对企业的真实看法；第三步，她主动接触一些企业的高管，告诉他们自己的想法，不少企业管理层支持她，参与了她的调查活动，并将调查表发给了员工，这种由企业管理者主导的调查，让米勒得到了多的调查结果，她的调查表有 40 多个问题，但问题很简单，每位员工基本花 3 分钟便可以做完，这些问题大多是多选题，也有主观题，可以引导参与的员工说出自己对企业的真实想法；第四步，她获得了大量的调查信息之后，建立了一个科技企业的资料库，这个资料库有四大维度的员工信息：雇佣年限、员工的满意度、平均工作时长、平均年龄，还有员工对某企业的真实看法。

这些信息对人才到某家企业找工作影响很大。人才收到某公司的面试邀请后可以通过该公司的员工信息以及员工对企业的真实评价来判断这家公司是否适合自己，从而可做出有效的面试决策。很显然，这有利于人才找到更适合自己的工作。企业查看这些信息可以快速地了解到其人才团队的不足，有利于建立起来多元化的人才团队。如果某企业发现自己的团队女性员工数量不够，米勒可以帮助其找到合适的女性团队成员。这可帮助企业快速建成多元化的人才团队，促使其业务提升。

家喻户晓的唐僧团队是多元化人才团队的典型代表。唐僧团队由唐僧、孙悟空、猪八戒、沙和尚组成，他们的能力参差不齐，并代表了 4 种不同类型的人才。按照现代组织理论，唐僧代表部门总监，孙悟空代表项目经理，猪八戒代表项目成员，沙和尚代表项目后勤人员。根据人才的类型来说，唐僧是团队领导者，优点是信仰坚定、有毅力、善良、人脉广，缺点是太过于仁慈，以至于很容易上当受骗；孙悟空是独当一面的干将，优点是神通广大、智勇双全、有担当，缺点是难以管束；猪八戒是团队中开心果类型的人才，优点是具有亲和力，缺点是好吃懒做；沙和尚是团队中黏合剂类型的人才，优点是细心、老实、任劳任怨，缺点是不善表达，太低调。正是他们的才能参差不齐，性格迥异，产生了优势互补，才形成了多元化的人才团队，从而不畏艰难困苦，坚定不移地朝着目标前进，进而实现了目标。

可见，多元化人才团队具有很强大的凝聚力、战斗力。每一位管理者都应积极地建设多元化的人才团队，有利于实现企业目标、推动企业发展。互联网企业京东建设了多元化人才团队，在国际化进程中得到了进一步发展。因此，管理者应该大力建立多元化的人才团队。

建设多元化人才团队有 4 个有效措施：**第一，“明星团队”未必是最佳组合；第二，形成全面均衡的团队能力；第三，始终保持团队的精神契合度；第四，团队赋权，让人才团队迈上新台阶**。

7.2.1 “明星团队”未必是最佳组合

团队是创业公司成功的保障。往往是先有成功的团队，后有成功的企业。没有成功的团队，几乎不可能有成功的企业。创业大师马云曾说：“只要阿里巴巴团队在，即使阿里巴巴一时失败了，我还有信心再创造一个阿里巴巴出来！”因此，创业者和投资者都十分关注“团队”。他们经过探索发现团队的组合决定团队的力量和创造力，他们继续探究最佳的团队组合到底是什么样的。那么，创业者、专业投资者最青睐的团队是什么样的呢？

我们先听听创新工场投资经理孙志超的看法。他认为，明星团队未必是最佳组合。

大多数管理者明白投资者很看重企业团队，往往想打造一个明星团队来吸引投资者，希望拿到投资者手中的资金。管理者希望团队由一位腾讯搞产品的人、一位百度搞技术的人、一位阿里搞运营的人组成，从而轻松获得投资者的青睐。而事实上，豪华的团队组合能创业成功的极少。

“明星团队”的确可以吸引非专业的投资人，但是未必能做成一番事业。

应用 Color 有一个“明星团队”，他的创始团队成员一位是在线音乐网站 Lala 的创办人 比尔 • 努耶恩（Bill Nguyen），担任 Color 的 CEO；一位曾是 Bill Shrink 的 CEO，名叫彼得 • 范海姆（Peter Pham），是 Color 的联合创始人；一位是 Linkedin（领英）的首席科学家派蒂（DJ Patil），担任 Color 的产品总监。很显然，这是一个“超豪华的团队”。很多优秀的投资者想给其投资都需要排队。在产品没有上线之前，Color 已经获得高达 4100 万美元的投资，这导致 Color 的团队成员过于自信，为创业埋下了失败的祸根。团队成员过于自信，做了一个错误的决策，在产品没有推出之前就在各大媒体的头版上大肆宣传产品。这导致用户对产品的期望过高。于是，Color 上线之后，很多用户抱怨不知道如何使用。3 个月后，Color 的评价只有两颗星。无论是投资人还是用户对 Color 都很失望，进而对 Color 失去了信心。这最终导致 Color 的团队没有了回头路。

此外，Color 上线不到 3 个月，（创始团队成员中的两位）联合创始人彼得 • 范海姆和产品总监派蒂就离开了公司。可见，Color 的“明星团队”融合度不高，经不起考验。尽管没人知道他们离开的具体原因，但可以肯定的是，比尔 · 努耶恩与董事会产生了比较严重的摩擦。

Color 的超豪华团队快速解体，原因在于团队成员以过去的成功自傲，不尊重用户体验，不致力于产品创新。所以缺乏合作，即使是“明星团队”也不会成功。Color 的失败唤醒了那些只青睐明星团队的企业家、管理者，启示创业者不要盲目追求“明星团队”。因为实践证明“明星团队”未必是最佳组合。

“明星团队”无法高度配合。美国男篮由 NBA 明星球员组成团队，曾经参加 2004 年雅典奥运会，并没有像人们期待的那样摘获冠军，仅仅拿到了季军。想必，这令很多篮球爱好者失望透顶。无疑，美国男篮是一个“明星团队”，每一位团队成员都认为自己是超级明星，谁也不愿意当配角，总想着出风头。结果，团队组合起来却没有实现齿轮的有效配合。

阿里巴巴的团队一直被人津津乐道，不是因为它是一个“明星团队”，而是因为它是一个组合最佳的团队，无论是团队成员的性别组合，还是技能组合都达到了最佳水平。阿里巴巴的 18 位创始团队成员大部分是平凡人。马云最初还以为这些平凡的人做不出不平凡的事情，专门高薪聘请了很多知名大学的 MBA（工商管理硕士）人才。结果这些人才只会纸上谈兵，没多久就被马云请走了。而马云认为的平凡团队成员却做出了不平凡的事业——伟大的阿里巴巴王国。这得益于这些平凡的团队成员具有疯狂的干劲和高度的合作精神。

无论是知名科技公司的高管组成的 Color 创业团队、NBA 明星组成的美国男篮团队，还是马云聘请知名大学 MBA 加入阿里巴巴团队，都证明“明星团队”未必是最佳组合。

7.2.2 形成全面均衡的团队能力

团队决定一家企业的发展高度，更确切地说，团队的能力决定着企业的成败。那么，企业团队需要具有什么样的团队能力呢？研究显示，均衡性是一个成功团队的重要特征，全面均衡的团队能力是企业的业绩之本。简言之，一个成功的团队要形成全面均衡的团队能力。

管理者使团队形成全面均衡的团队能力需要抓住 4 个关键要素：均衡的技术业务能力、均衡的冲突管理能力、均衡的计划决策能力和均衡的问题解决能力。

（1）**均衡的技术业务能力**。它是均衡性的团队能力的核心，可以增强团队的竞争力，能明显促进企业业务发展。

华泰柏瑞建立固定收益团队非常重视形成全面均衡的团队能力，采用的措施是使团队成员形成全面均衡技术业务能力。华泰柏瑞固定收益团队由 5 位团队人员组成：副总监沈涛有长达 19 年的证券（基金）从业经验，是资本市场上一位名副其实的老将；货币基金经理郑青从事过研究员、交易员工作，拥有丰富的基金运作经验；拟任基金经理陈东曾在深发展从事外币投资工作，后来在工行的金融市场部从事信用债的投资和交易；研究员谢立曾是国内某大型基金公司的优秀研究员；一个新入职的研究员，也曾在国内最大的一个评级机构担任团队负责人，其评级机构工作经验也超过了 4 年。

我们发现这些团队成员的资历和背景各不相同，有的拥有国内企业信用评级经验，有的拥有国内银行间市场债券交易经验，有的拥有国内固定收益基金交易经验，有的拥有海外债券交易经验，有的拥有海内外固定收益基金管理经验。显然，这 5 位团队成员的资历和背景具有互补优势，这样的团队组合使华泰柏瑞固定收益团队形成了全面均衡的团队能力。

华泰柏瑞的固定收益团队形成了全面均衡的团队技术业务能力，短短三四个月时间，便促进华泰柏瑞货币基金业务蓬勃发展，并快速晋升到行业前列。

可见，均衡的团队技术业务能力可增强团队的凝聚力，提高团队的战斗力。

（2）**均衡的冲突管理能力**。在多元化人才团队中，各位团队成员才能高低不齐，性格迥异，在一起工作的时候难免会产生冲突。如果团队成员不具有均衡的冲突管理能力，无法亲密合作，团队会变成一盘散沙，没有凝聚力，更不会成为一个成功的团队。俗话说，勺子碰锅沿，常有的事。一群性格不同的人在一起共事，难免会产生冲突。团队要发展下去、要成功，一定要具备均衡的冲突管理能力。

（3）**均衡的计划决策能力**。俗话说，凡事预则立，不预则废。不论做什么事，事先有准备，更容易成功，不然会遭遇失败。建设团队也不例外，团队成员要懂得事先做准备，也就是培养自己的计划能力。此外，团队在发展的过程中，会遇到很多突发情况，离不开决策，只有不断地做出正确的决策，团队才会离成功更近；反之，会经常失败。一个团队的成员具有均衡的计划决策能力，更有利于团队成功。

（4）**均衡的问题解决能力**。团队要成功，离不开每一位团队成员群策群力地解决一个又一个的问题，当大家把达成目标过程中的所有问题都有效地解决掉，团队才会获得成功。

这无不表明均衡性是成功团队的重要特征。团队一旦形成全面均衡的团队能力，其团队成员的管理技巧和能力就会协调，解决与处理问题的方式就会相容，个性就会融洽，专业水平层次就会合理，专业方向就会配套等。可见，这样的团队中团队成员具有高度的协作精神，可增强团队的凝聚力，有助于团队爆发出超强的战斗力。

全面均衡的团队能力要求团队领导既要重视自身能力的提升，又要重视团队成员的能力提升。其中，提升团队成员的能力成为创业者关注的焦点问题。解决此问题有助于提高团队成员的工作满意度，留住人才，提升企业业绩。

7.2.3 始终保持团队的精神契合度

在人人互联的时代，单枪匹马几乎干不出一番事业，互相协作方可成就一番事业。“团队”成为时代的热词。大部分人开始尊重团队精神，认识到大家互相配合方可创造出更大的价值，从而实现更高的个人价值。但凡成功的团队都是一个和谐的团队，以统一的价值取向为基础，以深厚的情感为纽带，以高度的精神契合度为黏合剂。而对一个团队而言，最重要的就是精神契合度。然而，每个人的个性迥异，想法不同，彼此融洽相处、有默契，谈何容易。这必须要每一个人调整好自己的心态，大家有共同的兴趣、志向等，方可提高彼此的契合度，实现愉快合作。

那么，管理者如何才能使企业人才团队始终保持团队的精神契合度呢？我经过深入地研究和实践，得出要始终保持团队的精神契合度，一个有效的办法就是建立团队统一的价值观。成功的团队大多数建立了统一的价值观。

滴滴出行团队建立了“用分享经济改变大家拥有汽车的方式”这样的统一价值观，使团队始终保持着团队的精神契合度，快速成长为一个成功的团队，势不可当地推动交通行业的互联网化，以迅雷不及掩耳之势夺得互联网出行行业的龙头宝座。

阿里巴巴团队非常重视价值观，并建立了团队统一的价值观，其价值观的核心内容是客户第一、团结合作、拥抱变化、诚信、激情、敬业。这使阿里巴巴团队成员之间一直保持着精神契合度，从而拧成一股绳儿，进而创造出了闻名全球的互联网公司阿里巴巴集团。

毫无疑问，滴滴出行团队、阿里巴巴团队都是成功的团队。它们成功的一个共同秘诀就是建立了团队统一的价值观。一个团队具有了团队统一的价值观，才会始终保持团队的精神契合度，不会为了利益、权利而相争，导致团队成员分道扬镳，最终导致团队分裂。

一个团队只有建立了团队的统一价值观，才会有明确的奋斗方向，在前进的道路上少走弯路，从而走得更远、飞得更高。新东方的 3 个合伙人团队、腾讯的 5 个创始人团队，都获得了长足发展，这得益于他们竭尽全力地建立团队的统一价值观，始终朝着目标的方向前进。

许多团队的实践表明，团队成员在发展的过程中难免会遇到利益、权利等矛盾。团队必须及时地面对它、解决它，方可使团队走得更远。而这些矛盾的最根本的解决方法就是建立团队的统一价值观。也就是说，有了团队的统一价值观，团队成员遇到分歧，会自觉地通过团队的统一价值观这杆秤来衡量，想方设法地求同存异。

可见，管理者建立团队统一的价值观可以使团队成员之间始终保持着精神契合度，从而形成了超强的凝聚力、向心力，进而产生无穷的战斗力、源源不断的前进动力。

7.2.4 团队赋权，让人才团队迈上新台阶

很多管理者抱怨“总有忙不完的事情”“整天忙得焦头烂额”。可以说，出现这样的状况，管理者的管理方式肯定存在问题，主要问题是不懂得向团队成员授权。众所周知，权利与职责成正比。你手中掌握的权利越大，意味着你的职责越大，肩上的担子越重，不忙才怪。管理者不懂向团队授权（赋权）会导致团队成员失去更多的实践机会，成长缓慢。无疑，不懂团队赋权的管理者不利于企业培养人才。因此，管理者必须学会团队赋权，这不仅能让自己从忙乱中走出，最重要的是能让人才团队迈上新台阶。

管理者懂得团队赋权可以提高团队的工作效率；反之，团队成员做任何事情都需要上报、等待审批，效率可想而知。众所周知，人体正常运转需要处理惊人的信息量，这一切都是大脑来处理吗？我们举例来说明，身体的白细胞发现了一种疾病，必须上报大脑，等待大脑的指令然后再生产抗体，这

显然行不通。然而，我们的企业正在这样运转。管理者不向团队赋权，就会导致这样的情况。因此，管理者要努力向团队赋权。

管理者进行团队赋权，不需要再事无巨细地解决每一位团队成员的问题，不需要独自一人挑重担了；对团队成员而言，他们承担责任，拥有了权力，他们能自主地处理问题。这有利于在团队中建立起自主自治的关系，无疑，这可以提高团队的工作效率。

管理者进行团队赋权，可以使每一位团队成员参与决策，进而获得更及时、更正确的决策。商业作家加里 • 哈默曾说："管理者越集权，离一线越远。在奥林匹克山顶做的决定往往在山下行不通。"的确是这样，远离一线的高管做出的决策往往不能及时有效地解决一线的问题。因此，管理者要积极地进行团队赋权。那么，如何向团队赋权？管理者进行团队赋权需要把握 3 个要素。

第一，团队成员赋权的体系（即制定一套团队赋权的制度）。这个团队成员赋权体系应该从根本上让每一位团队成员有使用权力的空间，并且不允许任何人对他人发号施令，领导也不例外。团队成员不再依靠给他人赋权的领导了，这使每一个人都拥有自治权力，即不管他身处什么职位、采取什么行动，整个体系都会保护他的权力。

团队成员有了真正的权力，需要承担相应的责任，这对团队成员来说是一种挑战，是一种压力。因为再也没有家长式的领导帮助自己解决问题了。管理者放权之后，第一感觉是卸下了管理重担，与此同时，他们需要开发自己的新价值，并且改变长久以来发号施令的工作方式。

第二，权力与职责。我们鼓励团队赋权的时候，一定要提醒管理者"你们会失去做决定的权力"，一定要提醒团队成员"你们可获得做决定的权力和职责。这是你们自己的工作，而不再是管理者的工作，他们不能指示你做什么，也不能再为你的决定保驾护航"。

第三，最高管理者对团队赋权的态度。有经验的首席执行官不仅不会拒绝团队赋权，反而对团队赋权很喜欢、很感兴趣。我们原以为让首席执行官向团队授权会遭到拒绝。事实上，经验丰富的首席执行官认为团队赋权是个好主意，只要他们找到合适的方法，他们很乐意把手中的权力分配给每一位团队成员。

Medium（全新的轻量级内容发行平台）的首席执行官担心手握大权，要承担很多责任，从而导致自己无法集中精力干最喜欢的创造性工作。他听到可以卸下他肩膀上重担的团队赋权，根本不用别人劝说，便对团队赋权产生了浓浓的兴趣。

亚马逊美捷步的首席执行官谢家华也对团队授权很感兴趣，他认为团队授权是以一种安全又可操的方式分配权力，能够实现自我组织。他便在公司内部的一个小部门里进行团队赋权，试行很成功。然后，他决定在整个公司里开展团队赋权。接下来一年里，他真正地赋予了亚马逊美捷步团队的每一位成员对应的权力。

谢家华实践团队赋权得出管理者把权力分配给每一位团队成员，团队成员需要利用他们的经验和努力推动企业发展，他们必须承担这样的责任。这种转变其实难度很高。它要求管理者学会退后一步，团队成员上前一步。团队赋权之后，团队成员基本上都能勇敢地去克服自身的问题，自由处理工作。但是，这是需要不断地练习、实践才会形成的技能。随着团队成员越来越熟悉他们的新权力，他们的工作态度、思想转变了，开始思考“这是我的公司，我会怎么做”。显然，谢家华进行团队赋权促进了亚马逊美捷步团队进步。

管理者进行团队赋权，可以使企业团队变得高效协作。团队赋权让团队成员拥有了足够的权力处理不断出现的新情况，自信地做出处理决策。同时，拥有权力的团队成员可以自由地寻求帮助、提出见解，其他团队成员可以自由地给予支持，并解释他们的观点，团队领导再也不用在又忙又乱之中对自己根本不熟悉的情况发号施令。拥有权力的团队成员掌握了足够的依据，可以自信地进行决策，衷心地感谢帮助过他的人，并做出最后的决定。

很显然，这样的人才团队行动更加灵活、反应更迅速、适应力更强。这极大地解放了企业的管理者，使他们有更多的时间和精力投身于创造性工作上。无疑，团队赋权让企业的人才团队迈上了新台阶。

7.3 以流程管理取代制度管理

针对互联网时代的人才，人才管理必须变革。传统企业重视制度管理，这样的管理方式无法适应追求自由、个性的互联网人才。

制度管理是刚性的、严肃的，往往把人当作冷冰冰的劳动机器，而事实上人情感很丰富，人的情感直接影响工作效率。制度使人们产生恐惧、厌恶、紧张等消极情感，抑制了人们的工作热情和创造力。随着互联网新型人才的不断涌现，制度管理的弊端日益明显，主要体现在以下 3 个方面。

第一，制度管理的管理思想是人性本恶，以惩罚进行人才管理。制度管理的对象是人，其管理思想认为人性本恶，以惩罚为主。管理的思路是假如你不按照制度去做，管理者按照制度可以惩罚你；你要是再不遵守制度，管理者加倍惩罚你。显然，这是一种消极管理模式，是不会激发人才的工作积极性的，甚至会加速企业人才流失。面对新型的说不得、骂不得的互联网人才，刚性的制度管理无法帮助企业留住人才，反而会加速人才流失。

第二，制度管理是管理者用局部观念处理事情。制度管理使管理者形成局部观念，“制度导向”更多的是针对局部出现执行力问题而采取的奖惩措施，包括对执行人主观态度以及客观过失造成公司损失的处理。

第三，制度管理导致管理者陷入“惩罚制度”的思维定势。管理者惩罚员工不起作用时，首先想到的是“是不是处罚太轻了”。随即修改制度加重处罚力度。从这个意义上来看，制度管理相当于惩罚甚至重罚员工。这是追求个性、尊重、快乐的互联网新型人才深恶痛绝的、无法忍受的。管理者若继续采用制度式管理，将无法获得新型的互联网人才，无法完成向互联网转型。因此，管理者需要寻找新的管理模式来取代这种不适合互联网人才的管理模式。而流程管理能弥补制度管理的不足，更容易被互联网人才接受。

在人才管理中，以流程管理取代制度管理主要有3种做法：**第一，全方位弱化硬权力的作用；第二，打破职能壁垒，引导高效协同；第三，形成以人才实践为起点的流程进化机制**。

以流程管理取代制度管理，企业方可培养出、吸引住懂得柔性管理、高度协同、有担当、大胆实践的互联网人才。

7.3.1 全方位弱化硬权力的作用

权利包括硬权力和软权力。领导者重视将硬权力和软权力相结合，往往能达到事半功倍的人才管理效果。硬权力又称法定权力，是根据领导者在企业中的职位而拥有的基本职能权力。一般来说责任越大，拥有的法定权力越大。例如银行的行长职位最高、责任最大，拥有的硬权力也最大。硬权力在人才管理中的优点是可以使员工保持“居安思危”的危机感，从而提升工作效率。但是，领导者过分使用硬权力会打击员工的工作积极性，让员工产生逆反心理。加之互联网时代的人才期望参与决策、获得尊重、拥有自由等，管理者必须要全方位弱化硬权力的作用才能得到人才的认同。那么，如何弱化硬权力呢？管理者弱化硬权力需要遵循3个原则。

（1）**管理者不能只用硬权力，要将硬权力与软权力相结合**。成功的管理者既能得到员工的爱戴，又能使员工敬畏。单独使用硬权力或者单独使用软权力都无法达到这样的人才管理效果。往往管理者使员工敬畏容易，但是得到员工的爱戴并不容易。而管理者的品格、能力、感情等软权力会让大部分员工心服口服。对于那些惰性很严重的员工，管理者还需要通过硬权力强制规范他们的行为，才能确保制度顺利实施，以提高人才管理效果。管理者想得到员工的爱戴和敬畏，离不开弱化硬权力、施加软权力。

（2）**先用软权力，后用硬权力**。我们建议管理者先用软权力管理员工，缘由是软权力能让员工从内心深处认同和服从领导的指挥；反之，管理者先用硬权力管理员工，容易激起员工的对抗心理，甚至会降低员工的工作效率，不利于获得理想的人才管理目标。管理者先用软权力管理员工，往往可以获得惊喜的人才管理效果。

某智能手机公司的石总经理发现员工小江最近老迟到，他认为先采用硬权力也许会使小江不迟到，但是小江不会发自内心去改变。于是，他决定通过软权力来解决小江迟到的事。快下班的时候，他把小江叫到办公室，亲切地问道："小江，最近你家里是不是发生什么事了？你迟到次数不少啊！"小江眼睛有些湿润，石总经理觉得肯定有原因，就说："我知道你迟到肯定有原因，但说无妨。"石总经理从小江的回答中得知，小江的母亲生病住院了，小江是因为每天早上去医院侍奉母亲才迟到的。石总经理不仅没有责怪他，还关心他要注意身体，并亲自到医院看望了小江的母亲。这让小江感激涕零。从此，小江再也没有迟到，工作也非常积极。

石总经理在解决员工小江迟到的问题上，先用软权力，彻底解决了小江的迟到问题，还改变了小江的工作态度。当然，对于小江这样的员工，管理者仅仅使用软权力就可以，但是对于使用软权力不奏效的员工，还要使用硬权力，方可维护公司的正常秩序。

（3）**软权力为主，硬权力为辅**。互联网时代的员工追求自由、个性，不愿意被控制。管理者继续通过命令、胁迫方式的硬权力，不仅不能让他们服从，而且会使他们产生对抗心理。这还有可能让管理者威信扫地，不利于日后的人才管理。而管理者用软权力不仅能影响员工的思想，改变他们行为，而且能赢得他们的衷心拥护。可见，软权力对人才管理的作用更大。因此，在人才管理中，管理者主要采用软权力，辅之硬权力来确保制度的正常实施。

总之，管理者不能过度使用硬权力，否则会疏远管理者与员工之间的关系，不利于提高团队凝聚力。管理者将软权力与硬权力相结合，可以起到全方位弱化硬权力的作用，无疑，有助于管理者和团队成员建立和谐的关系、友好合作、创造出好的团队绩效。

7.3.2 打破职能壁垒，引导高效协同

有一位中国公民要到境外旅游，办理签证的时候，有一项内容是填写紧急联系人，该公民写了他母亲的名字和联系电话。结果有关部门要求他开一个证明，证明“你妈是你妈”。此事很快成为了网络的热议焦点。导致这个问题的原因在于办事部门之间存在很高的壁垒。同样，在传统的企业管理模式下，各部门之间存在严重的职能壁垒，各部门之间对责任互相推诿，缺乏合作精神。职能壁垒会造成各职能部门的人员即使交流也无法达成共识，使团队成员优先考虑自己职能部门的利益，从而使企业利益无法最大化。职能壁垒还会让企业的研发、销售、市场、采购、生产、财务、客服等部门的人员感觉跨部门办事障碍重重，把时间都浪费在内部协调、扯皮上，甚至会产生敷衍了事的现象，进而导致工作效率低下。那么，是什么造成职能部门之间的壁垒的呢？有员工的原因，其中最主要的原因是组织制度不健全。因此，我们不应该去责怪员工，而应该去想办法消除阻碍员工积极工作的障碍。而完善的流程和制度可以有效减轻职能壁垒。

流程管理是如何打破职能壁垒，进而引导团队成员高效协同工作的呢？首先业务流程再造可改变过去强调专业化的模式，使老态臃肿的企业组织焕发活力和创造力。在业务流程再造的过程中，通过把分散在各个职能部门内的工作整合成一个单一的过程，并打破部门之间的限制，强调涉及该业务的团队成员同步作业，这样可实现组织内部的扁平化，促进各职能部门之间的交流，从而可以有效地打破职能壁垒，并引导团队成员高效协同。

7.3.3 改进人才管理流程，以人才实践为起点

事物是变化发展的，而不是一成不变的，这离不开进化。如果事物不去进化，就会落伍，甚至被淘汰。企业的人才管理流程也要不断进化，因为时代在变化，企业的人才状况、人才的需求、人才的思维也改变了，比如，企业不愿意采用终身雇佣制，人才不愿意终身效忠于一家企业；又如，企业的人才流失严重，几乎无法解决此问题；再如，人才的离职周期越来越短，等等。此外，任何企业的流程制度不可能十全十美，而且市场环境千变万化。因此，管理者处理企业的一些例外问题时往往会出现决策与已有的流程制度相违背的现象。这反映出企业的流程制度存在不完善的地方。

这一切都说明企业的人才管理必须变，否则企业的人才危机难以消除。一些管理者意识到人才管理流程进化机制的重要性，开始探索人才管理流程进化机制。他们形成了以人才实践为起点的流程进化机制，从而降低了企业的人力成本，缓解了企业的人才短缺。

某招商经理吴先生在广州创业，为客户提供“招商助理”服务，得到了许多客户的喜爱。为了把此服务做得更大更好，吴先生需要场地、团队、电话设备等。但是，他根本没有那么多钱租场地、建团队、购买设备。尤其是在找团队成员上，他的公司很小吸引不到有经验的人才，他也无法为团队成员提供中等的薪水，更不用说高薪了。加之人才短缺是企业面临的普遍问题，传统的人才管理流程并不能帮助企业解决此问题。吴先生也遭遇了人才短缺，这迫使他想其他办法来找团队成员。

吴先生经过深入的研究，决定改进人才管理流程，期望解决企业人才短缺的现状。他从招聘选人开始入手，锁定了实习生。他们为了积累工作经验，大部分人能心甘情愿地接受低工资。但是，实习生流动性大，大部分企业不喜欢他们。但这让吴先生招聘团队成员时有充足资源，而且成本低。实习生

的人才市场竞争压力很小。同时，他不在意人才的流动性大，一方面他给团队成员的工资很低，另一方面招商助理的工作很枯燥，所以团队成员积累到经验离开，他很理解。

吴先生还愿意把自己离职的团队成员介绍给客户，这也可以赚钱。吴先生告诉客户，他还可以帮助客户介绍新员工，是自己公司的实习生，经验丰富。大部分客户很乐意。他为自己的客户成功介绍过几个新员工（因为他是一家创业公司，人员本来不多，人才产出也不高）。他针对人才流失现象对人才管理流程加以改进：（1）将离职频率高的人才变为了兼职实习生；（2）把枯燥低收入的工作变成了入职前的培训；（3）利用人才流动性极大地降低了用人成本。从而，他有效解决了团队人才短缺、用人成本高的问题。

吴先生重视人才的工作实践，而不为人才流失所困，大胆地改进人才管理流程，形成以人才实践为起点的流程进化机制，从而提高了工作效率，有效地解决了许多企业面临的工作流程固定化、团队成员流失严重等问题。不少企业采用以人才实践为起点的流程改进机制，解决令人头痛的企业人才流失严重和用人成本高的问题，都取得了明显的人才管理成效。

可见，形成了以人才实践为起点的流程改进机制，企业不用再为人才流失所困，并可以降低用人成本、简化工作。

那么，如何形成以人才实践为起点的流程进化机制呢？管理者需要遵循3个步骤：**首先，制定人才实践的制度；其次，为人才提供尽可能多的实践机会；最后，随时检测人才实践的效果。**

众人皆知，实践是检验一切真理的标准。管理者重视人才实践，可以及时地发现问题，从而快速地改进工作流程。显然，这可有效地提高工作效率和管理效率。

我们建议管理者要定期检讨、改进流程制度，把例外的情况不断地写进流程制度之中，确保团队成员工作顺利、高效。

管理者实行流程管理，同时鼓励团队成员反馈例外情况，并把例外及早写入流程之中，无疑可以促进流程不断进化，从而避免团队成员遇到例外情况措手不及，甚至失败。

7.4 在人才管理中深度融入企业文化

在前文中我们论述了只有同时适应企业文化、工作岗位、领导的人才，才有可能长期投身于企业的发展之中，成为企业的联盟人才。可见，人才管理与企业文化息息相关。企业文化对人才管理的重要作用主要体现在 3 个方面：第一，企业文化对人才管理有很好的引导作用，企业文化将人才管理由重视“相马”转为培养“千里马”那样的优秀人才；第二，人才管理是企业管理的重要环节之一，在人才管理过程中引入企业文化，被称之为管理新境界，甚至最高境界，在人才管理中融入企业文化是提高人才管理效果既有效又便捷的方法；第三，让员工了解企业文化的精髓，人才管理可以更好地激发员工工作激情，使企业整个团队更加团结。

管理者在人才管理的整个过程中要重视企业文化、想方设法地引入企业文化。招聘选人是企业人才管理的开始，此时管理者就应该果断地将企业文化融入其中，坚持不懈地将企业人才招聘标准与企业文化结合起来。HR 在招聘的时候，可先通过海报、宣讲等形式将企业文化传播给潜在候选人，让其尽快了解企业；接着科学合理地测试候选人的价值观是否与企业的价值观一致，并选择那些认可企业价值观的人才加以面试。

在培训员工的时候，管理者继续加强对员工统一的价值观的培训。例如阿里巴巴入职培训的重要一课就是企业文化，目的是帮助员工建立统一的价值观。这对人才管理尤为重要，因为拥有相同价值观的人才聚在一起，可产生“1+1 > 2”的合力。

在评估绩效的时候，管理者不仅不能忽视价值观，还要以价值观为基础评估绩效，避免员工为了追求高绩效做出损害客户利益的行为，进而毁了企业品牌。阿里巴巴评估绩效的时候很重视价值观，曾经果断地开除了高绩效但违背企业价值观的人才。阿里巴巴正是在人才管理中严格地融入企业文化，才有了今天客户满天下的繁荣兴盛。

在薪酬设计的时候，管理者同样要把企业文化考虑进去，比如拥有竞争性企业文化的企业，将团队成员的薪酬差距设计得大些；反之，薪酬差距小点。管理者坚持不懈地把企业文化引入人才管理中，会获得具有凝聚力的团队，提高人才管理的效率。

总而言之，HR 管理者、企业管理者要想做好人才管理工作，离不开在人才管理中深度融入企业文化。人才管理与企业文化相互促进，可以获得较好的人才管理效果，能有力地激发人才的潜能，会让人才的才能充分发挥出来。

在人才管理中深度融入企业文化，管理者可采用 4 个有效措施：**第一，用文化引导和规范人才行为；第二，利益冲突爆发，引导个人服从集体；第三，“自省文化”使人才破茧成蝶；第四，以高度适应的文化“留人留心”**。

7.4.1 用文化引导和规范人才行为

企业文化是企业赖以生存和发展的灵魂，是企业持续发展的精神支柱和不竭动力。而独特的企业文化往往成就了优秀的企业，是企业所有团队成员的行为指南。然而，没有制度的企业几乎不存在，而没有企业文化的却数不胜数。互联网企业的实践证明，用企业文化进行人才管理比制度更胜一筹，用文化可以有效引导和规范人才的行为。

企业管理本质上是人才管理。传统的管理者进行人才管理往往采用生硬的管理制度，容易激发团队成员的不满情绪。如果说制度管理是对人才行为的硬性约束，那么文化引导就是对人才的软性约束。用制度管理人才往往会引起人才的不满情绪。例如，企业推行新制度，为了提高效益，往往会损害人才的一部分既有利益，很容易使人才产生抗拒的情绪。很多企业推行绩效考核制度，会损害团队成员的短期利益。从而造成大多数团队成员反对、抗拒、不接受。此时，管理者只采用生硬的制度管理人才，很可能导致绩效管理政策推行失败，或者导致团队成员大规模离职。如果管理者用柔软的企业文化管理团队成员，可以起到缓冲绩效考核等新政策对人才心理上的冲击的作用，引导他们接受新政策，促进团队成员和谐相处，使管理者实施人才管理更高效。

7.4.2 利益冲突爆发，引导个人服从集体

个人和集体的利益难免会产生冲突。团队成员与集体之间的利益冲突一旦爆发，若处理不当，后果会很严重。如果一个组织处理不好个人和集体的利益关系，二者都会受害。人才失去了工作，集体失去了人才，集体甚至会瓦解。

员工与企业之间存在利益冲突，比如企业接到紧急项目，希望员工加班完成，员工却希望正常下班；再如，企业希望员工在业务不忙的时候休年假，员工却希望自主选择休年假的时间，等等。企业要化解这些利益冲突，仅靠制度不行，必须动用企业文化。在加班的问题上，阿里巴巴通过企业文化引导员工服从企业。

阿里巴巴的员工加班犹如家常便饭。阿里巴巴一位员工的妻子因抱怨“丈夫加班狂”而出名。马云请其不定时来公司“视察”，感受阿里巴巴的“团队合作、激情、敬业”的企业文化。于是，在阿里巴巴的公司年会上，这位妻子冲上主席台，大声地说：“我想感谢阿里巴巴团队成员，我很荣幸把丈夫交给阿里巴巴。”从此，这位员工得到了妻子的大力支持，工作更主动，完全把工作当作自己的事业。

在人与集体之间的利益冲突爆发的情况下，阿里巴巴通过企业文化来引导员工的行为往往能引导个人服从集体，从而成功化解利益冲突。

不合理的企业文化不仅不能规范人才的行为，还有可能激起人才报复的行为，进而给企业带来巨大损失。企业文化崩塌的事情时有发生，常常被媒体大肆渲染，涉及的企业几乎无一幸免。

美国某公司的一名女性员工M女士离职了，然后到社交网络推特上抱怨该公司大男子主义的企业文化，引起了媒体的关注和大量报道。这造成了该公司的CEO辞职。很显然，大男子主义的企业文化激发了企业的内部矛盾，给企业的品牌造成了不良影响，还造成了企业高级人才流失。

团队成员每天都会打交道，难免会产生摩擦。良好的企业文化能够使团队成员化干戈为玉帛，而不良的企业文化会造成团队成员的矛盾激化、关系紧张、僵化，甚至导致人才离职。糟糕的企业文化对企业和人才都不利。良好的企业文化对企业的业绩有长久的推动力，能营造快乐的工作氛围，这正是人们所追求的工作场所。

文化在人才管理中发挥着重要作用。HR管理者通过企业文化可以有效地激发团队成员的工作热情，可以培养团队成员的集体意识，能使团队成员以大局为重、不计较个人得失。这十分有利于解决企业的利益冲突、提升企业团队的凝聚力。

一旦员工认可了企业文化，会把企业文化当作自己的行为准则，自觉地将个人的人生目标与企业的集体目标相融合，全心全意地为企业做贡献；团队成员认可了企业文化，会对企业充满信心，并主动把个人利益和集体利益、企业利益联系起来。无疑，这有利于引导团队成员在利益冲突爆发时主动地服从集体，促进企业持续、稳定发展。

7.4.3 “自省文化”使人才破茧成蝶

《论语》中有这样一句话：“曾子曰：吾日三省吾身。”曾子说，我每天多次反省自己的言行。他拜大教育家孔子为师，坚持“自省”，成长为了一名伟大的思想家、儒家大师。

“自省”是痛苦的成长，自省必须发现自己的错误，并从心理上重视，从行动上改正，身心都要经受痛苦。尽管很痛苦，但自省一定会让人们进步。自省犹如破茧成蝶，毛虫必须承受身心的痛苦努力地冲破坚硬的茧，方可化身美丽的蝴蝶，获得巨大的成长。自省必定经历一番成长的痛苦，但是会让你获得惊喜的成长。

自省需要以比自己好的人为参照物。他人是自己进步的阶梯，以他人为镜，易于发现自己的不足。参照物需不断变化，成长的不同阶段需对应不同的参照物。只有这样，人们才能保证自己的成长动力永不枯竭，才能不断进步。自省是自我提升、挖掘潜力的重要方式。通过不断检讨，人们能快速发现自己的对错、得失，进而改正错误。知错就改是大家公认的一种进步。而人的能力就是在不断的自省中得以提升的，人的潜力就是在不断的自省中得以释放的。

自省是每一位人才学习和成长的关键要素之一。

“自省文化”是丰田公司企业文化的重要内容之一，是每一位员工都要学习的一项要素。丰田公司的美国分公司成立之初，丰田的总裁山品匡史认为，自省文化与美国文化格格不入，没有立即把“自省文化”引进丰田公司的美国分公司。直到必须引进自省文化的时刻，他才把“自省文化”引进丰田公司美国分公司，教导丰田公司的美国管理者，促使其随时发现问题，寻找解决的方案。

丰田公司的实践说明，没有人才自省，人才和企业不可能有所改进，自省与改进是如影相随的，懂得自省的人永不落后。当然，我们要坚持不懈地自省。全球改善咨询集团经过长期研究得出，人们每隔一段时间对目前工作自省，能及时地发现问题，然后快速地制订改善的计划，并落实这个计划，可以获得持续不断的进步。

我国的企业也重视自省文化。我国三胞集团的董事长袁亚非经过十余年的管理实践，总结出大企业管理员工只依靠制度约束远远不够，大企业管理人才离不开企业文化。

三胞集团是一家拥有100多家子公司和9万多名员工的大企业，其董事长袁亚非通过多年的人才管理实践总结出：人才管理、企业管理仅靠制度远远不够，管理离不开企业文化。袁亚非进行企业、人才管理主要依靠企业文化。三胞集团的企业文化就是“自省文化”。袁亚非认为，企业的人才要有所成就，要进步，必须“自省”，包括他本人。他管理数万名员工，除了制度约束，还采用了文化约束。在文化约束方面，他主要通过“自省文化”鞭策企业的团队成员成长。他规定部门经理及以上职位的团队成员必须写自省报告。每月的第一天，集团的自动办公系统会给部门经理及以上职位的团队成员发一条信息“该写自省报告了”。自省报告的内容不受限制，大家可以写工作、生活，甚至是瞬间的感触等。写“自省报告”的目的并不是为了批评团队成员的错误，而是为了让团队成员养成“自省”的好习惯。

袁亚非还规定自省报告隔级上报，可避免言路堵塞，这有利于更高一级的管理者真实地洞察直属下级领导者的管理状态，反省自己的管理工作。身为董事长的袁亚非十分重视“自省”，在工作中、与企业外部人员交流中、与下属的工作中自省，让他获得了很多工作感悟，学会了举一反三。显然，这就是一种成长。袁亚非还把一些团队成员的报告编成册子，在出差等碎片化时间里批阅。他通过自省报告可以看出这个人有没有进步，洞察到管理中存在的问题。袁亚非通过自省文化，使企业的管理人才成长了，形成了高效团队，推动了企业业务持续而快速地增长，实现了 1000 亿元的年销售额。

这启示管理者进行人才管理，采用“自省文化”。“自省文化”可以促进人才快速地成长，实现人才破茧成蝶的华丽蜕变，从而使人才不断进步，使企业更加繁荣。

7.4.4 以文化“留人留心”

一家企业的员工流失比例过大，无法形成具有稳定性的人才队伍，会失去忠于企业的知识型员工的支持。这会造成企业人才危机，进而使企业面临市场淘汰的危险。因此，管理者要认真对待人才流失问题。而事实上，管理者对人才流失的重视程度远远不够。

标榜重视人才的硅谷企业，一旦遭遇经济危机，会毫不犹豫地裁掉他们平时口口声声说的企业最宝贵的资源“人才”。美国哈尼根公司的总裁莫里斯说：“如果员工办公桌上一台价值 2000 美元的台式计算机不见了，公司一定会对此事兴师动众地展开调查。但是如果一位掌握大量客户关系、年薪 10 万美元的经理跳槽到竞争对手那里，却不会调查，员工们也不会被叫去问话。”

显然，管理者对人才还不够重视，甚至对人才的重视还比不上办公设备。于是，管理者疲于招聘、培养人才，结果总是“竹篮子打水一场空”，人才流失严重。这迫使不少管理者开始考虑“留人”这个难题。

随着人才竞争不断加剧，企业普遍遭遇“人才流失”的困境。管理者莫不思考如何“留人留心”，想了很多法子，比如增加工资、上五险一金、改善伙食、改善工作环境、缩短工作时间、实施弹性工作制度，等等。但这些方法在留人留心方面效果并不明显。究其原因，对薪酬不满意并不是员工离开的唯一因素，因此管理者通过加薪留人效果并不理想。其实，员工离职还有一个原因：在公司工作不顺心、不开心。杰出的企业管理家马云曾说，员工离职要么钱没给到位，要么是心受委屈了。事实上，大多数优秀人才离职的原因是心受委屈了。因此，管理表面上是管人，本质上是管心。人才管理说到底就是管理员工的心。自古以来“士为知己者死”，管理者把员工的心管好了，员工就会对你誓死追随。兵法也强调“攻心为上”，这也适用于人才管理。总之，在人才管理中，管理者想留人先留心，不妨多关注员工的情绪，想方设法地让员工工作快乐、顺心。员工顺心了，做起事情更有成效，结果更令人满意，其留下来的可能性便更大。

“留人留心”的方法很多，目的不外乎是提高员工满意度。因为提高员工满意度是解决员工高频跳槽的关键所在。而提高员工满意度的一个重要原则就是文化：管理者竭尽全力地建设令人舒心的环境，结合企业的生产和经营需求，营造与企业相符的文化氛围，提高员工对企业文化的满意度。留人留心的一个重要举措是企业文化，比如事业感召力文化，可以让人才从企业文化中看到事业发展的方向，使其对企业充满信心。这样的企业文化可以留住企业最需要的人才。

管理者建立文化必须遵守 3 个原则，如图 7-1 所示。

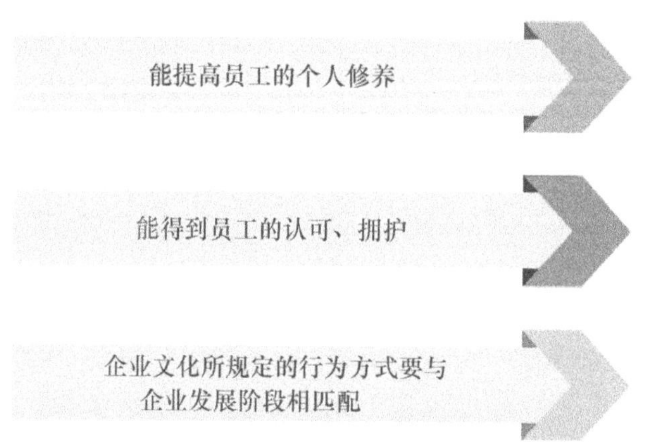

图 7-1　管理者建立高度适应的文化必须遵守的 3 个原则

一是能提高员工的个人修养。高度适应的企业文化有利于提高企业团队成员的个人修养，让团队成员获得成就感，更忠诚于团队，无疑，这可以更长久地留住团队成员。

二是能得到员工的认可、拥护。管理者制定的企业文化必须得到广大团队成员的认可和拥护，方可深深吸引住团队成员；反之，企业文化会迫使团队成员逃离企业。

三是企业文化所规定的行为方式要与企业发展阶段相匹配。例如，当阿里巴巴在发展之初只有几百人的团队的时候，其企业文化主要包括马云的个人愿景、他与 17 个创始人之间的侠义精神以及“让天下没有难做的生意”的使命感。这种文化虽朴素，却有效地吸引和巩固了志同道合的初创团队。当阿里巴巴团队发展到数千人时，原来的企业文化不能有效地引导团队成员的行为，阿里巴巴的管理者将企业文化发展为了“六脉神剑”：客户第一、团队合作、拥抱变化、诚信、激情和敬业。此企业文化给了阿里巴巴团队成员更明确的行为指南。随着阿里巴巴蓬勃发展和团队继续壮大，阿里巴巴将价值观考核提升到了与绩效考核同样重要的地位，用价值观有效地规范团队成员的行为。这就是阿里巴巴吸引人才、留住人才、保持高速稳定发展的秘密。

从一定程度上而言，最好的企业文化本质上是“留人留心”的企业文化。

管理者坚持以高度适应的企业文化“留人留心”，可以带领企业快速走出人才流失的困境，帮助企业有效解决长期面临的“留人”难题，助力企业尽快打造出人才济济的人才盛况、建成高效的和谐团队。

第8章 人力资源重构：在时代更替中保持恒久动力

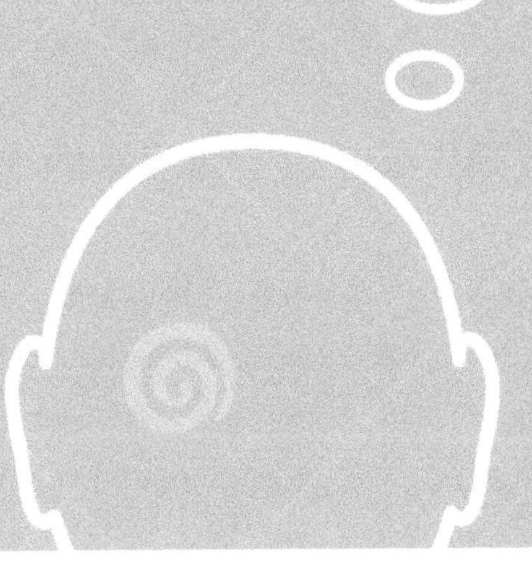

互联网时代浪潮汹涌而至，强烈地冲击着企业的人力资源管理，对企业的人力资源产生了深刻的影响。而人力资源不断地革新才能使企业在时代更替中保持恒久动力。因此，人力资源管理要顺应时代发展浪潮，积极地向互联网转型，主动地改革创新，才能为企业的发展提供源源不断的动力；反之，会使企业落伍，甚至被时代淘汰。可见，企业的人力资源重构势在必行。

8.1 人力资源失衡，企业传承中的“定时炸弹”

互联网发展得如火如荼，促使管理者不仅要积极地变革企业的组织结构，而且要紧锣密鼓地变革企业的人力资源。因为企业不尽快变革人力资源，会造成人力资源严重失衡。而人力资源失衡就像空中失衡的飞机，会随时爆炸。于是，HR 和管理者普遍认为人力资源供需失衡是企业传承中的“定时炸弹”。

人力资源失衡的表现有两大方面：第一，人力资源结构性失衡；第二，人力资源供需失衡。

第一，人力资源结构性失衡。企业人力资源结构失衡主要包括两类：一是岗位失衡；二是年龄失衡。

人力资源岗位失衡，通俗地讲就是企业的岗位多、人才少。例如，某会计事务所有 10 个注册会计师职位，仅有 3 名注册会计师；再如某企业有 10 个研发工程师职位，仅仅有 5 名研发工程师。这都属于岗位失衡。

人力资源年龄失衡的表现：企业的人才队伍要么年龄大的员工太多，要么年龄小的员工太多。目前大部分企业的人才队伍基本上由 60 后、70 后、80 后、90 后构成，其中 70 后、80 后、90 后是主力。如果企业的人才队伍中 70 后、80 后、90 后员工的比例失衡，那么企业的人才队伍的稳定性、活力势必受到影响。一般来说，70 后、80 后员工经验丰富、老沉稳重，能确保企业不盲目冒进，确保企业朝着正确的方向前进。而年轻的 90 后员工为企业的发展注入了新活力。

因此企业的人才队伍需要不同年龄段的人才加入，应避免大部分人才年龄太大或太小。企业的人才队伍年龄太大，思想保守，难以改革创新；反之思想浮躁，无法踏踏实实做事。这都不利于企业健康持续发展，甚至会成为企业发展的隐患。

第二，人力资源供求失衡。目前，很多企业遭遇了人力资源供求失衡，有的企业人力资源供求严重失衡，直接阻碍了企业的正常发展。人力资源供求失衡有两类：一类是人力资源供大于求，这会导致企业内部人才浮于事，内耗严重，工作效率低下；另一类是人力资源供小于求，这会导致企业的人才努力工作仍然无法完成工作任务，企业的资源被浪费，例如设备闲置，固定资产利用率低。

人力资源失衡会导致企业毁于一旦，犹如企业传承中的“定时炸弹”。因此，HR 和管理者一定要高度重视人力资源失衡问题，大力探索解决人力资源失衡的方法。而 HR 和管理者居安思危，可以时刻防范企业的人才危机。

8.1.1 莫让“百年基业”毁于一旦

人力资源失衡会让企业的“百年基业”毁于一旦。有“百年基业”的企业倒下的为数不少，原因也多种多样。然而，最令人痛惜的是人力资源失衡导致“百年基业”毁于一旦。因为人力资源失衡是 HR 和管理者完全可以掌控的。人力资源是企业的第一资源，企业遭遇人力资源严重失衡，是 HR 和管理者不重视人力资源平衡的缘故，会给企业带来毁灭性的灾难，HR 和管理者有不可推卸的责任。

人才资源对企业发展来说，犹如燃油对飞机飞行那样重要。试想一下，正在空中飞行的飞机，突然燃油不足，即将耗尽，无法飞行到最近的机场降落，会出现什么样的后果？后果一定很不乐观，有可能瞬间坠落机毁人亡，这并不是耸人听闻，类似的事情时有发生。同理，企业的人力资源失衡，也就是企业需要的人才严重短缺，这使企业在发展中会随时遭遇毁于一旦的危险。

为避免“百年基业”毁于一旦，HR 和管理者必须抓住一个关键因素——人力资源平衡。然而，大多数企业的人力资源难以达到完全的平衡，经常处于不平衡的状态，要么人力资源供大于求，要么人力资源供小于求，我们这里讲的人力资源平衡是相对平衡。因此，HR 管理者要每时每刻关注企业人力资源的供求情况，把解决人力资源不平衡当作一项长期的、重要的任务。与此同时，HR 和管理者要掌握一定的解决人力资源不平衡的方法。

针对不同类型的人力资源失衡，往往有不同的应对方法。这里我们主要探究人力资源供求失衡问题的解决方法。前文我们讲到人力资源供求失衡有两类：人力资源供小于求和人力资源供大于求。

针对人力资源供小于求，应对的主要方法有两种：内部重组和外部补充。

（1）**内部重组**。一般来说，企业内部的某个部门人员不足，其他部门有可能过剩。针对这种情况，我们优先采用内部重组方法。内部重组有 5 种措施：① 内部调岗，比如在企业销售旺季，销售部的人员不足，而行政部的人员富余，可以调几位行政部的人员到销售部，弥补销售部人员不足；② 内部招募，HR 可以通过内部推荐、布告法等补充人员；③ 培训和晋升计划，针对企业高级技术人才、高管人才出现短缺，HR 可以通过此措施进行人员储备；④ 适当延长工时，并支付合理的加班费，针对人员短缺不严重，员工愿意挣加班费，可以采用此措施，需要强调这只是一个短期应急的措施，因为员工经常加班会造成身心疲惫，降低工作效率，管理者也可以让熟悉该职位工作的人员完成此岗位工作，给予替补人员合理的补贴，这有利于提高人员的工作效率；⑤ 激励和培训，激励和培训是解决人力资源供小于求的最有效的方法，可以激发员工的热情，提高工作效率，提升业务技能，从而减少人力资源的需求，进而实现人力资源的供求平衡。

当企业的人才缺口较大的时候，仅用内部重组方法很难解决，还需要采用外部补充的方法。

（2）**外部补充**。外部补充主要有 3 种措施：① 外部招募，有 5 个途径——熟人推荐、网络招聘、猎头公司、校园招聘、发布广告；② 制定非全日制工作计划，例如，企业可以返聘退休员工，让其继续在原岗位上工作，它适用于企业有价值的岗位；③ 全日制临时工、外派，它适用于企业不重要的岗位。

针对人力资源供大于求，我们应对的主要方法有 4 种。

（1）**增加无薪假期**。比如，让员工休一个月无薪的假期，然后继续上班。这既有效地减少了企业的人力成本压力，又让员工得到了充分休息。它是应对企业人力资源供过于求的较合适的方法。

（2）**提前退休**。企业可以适当地放宽员工退休的年龄和条件限制。比如，增加有吸引力的退休条件，将会吸引不少员工心甘情愿地选择提前退休。

（3）**暂停人员补充**。当员工退休、离职之后，HR 不再补充人员。

（4）**裁员**。经济不景气、企业效率低下的时候，管理者往往被迫裁员来降低人力成本。2016 年 6 月郭台铭告诉夏普员工“企业要复兴必须裁员”。裁员是最无奈、最有效的解决人力资源供大于求的方法。裁员会对员工造成巨大经济损失，很多员工不愿意成为裁员对象。因此裁员是一项很棘手的工作。HR 进行裁员往往需要遵循 3 个步骤：**首先，制定优厚的裁员政策，比如发放优厚的失业金；其次，尽量先裁那些想辞职的员工；最后，裁工作绩效低下的员工。无疑，这有利于 HR 顺利进行裁员**。

管理者时刻关注企业的人力资源平衡状态，与 HR 一起解决人力资源不平衡问题，力求企业的人力资源保持平衡，可为企业的发展提供充足的人力资源，进而实现企业基业长青。

8.1.2 居安思危，时刻防范人才危机

人力资源失衡会导致企业人才危机出现。人力资源严重失衡会让企业的人才危机雪上加霜。人才危机成为了企业发展中的痼疾。要有效解决企业的人才危机顽疾，HR 和管理者必须改变自己的思维，要具有居安思危的思维，要有危机感。HR 只有具有居安思危的思维，才能时刻防范人才危机，将人才危机扼杀在萌芽状态。人才危机对企业的危害深远，会动摇企业的发展根基，会导致企业的大厦轰然倒塌。人才危机会引发经济危机。而经济危机往往会给企业造成致命的打击。这绝不是危言耸听。在经济危机中衰落、倒下的企业数不胜数。因此，企业的管理者和 HR 一定要对此高度重视，并积极地采取防范措施。

我经过长期的研究和实践总结出，HR 管理者需要从两个层面采取防范人才危机的措施。

第一层面，时刻关注核心人才队伍的情况，一旦发现其有异常举动，第一时间采取应对措施。传统的业务管理者认为，业务部人才危机是人力资源的事情，而 HR 也这么认为。事实上能深深吸引优秀人才的是强大的团队、有魅力的领导者。因此，当 HR 发现优秀人才厌倦企业、萌生离开企业的想法时，应首先与业务管理者沟通，让业务管理者认识到人才流失对企业业务的危害，然后与业务管理者一起商讨防范人才危机的措施。

第二层面，建立企业核心人才队伍的甄别和监控机制。管理者和 HR 首先需要建立清晰的人才标准，这样才能判断出哪些员工是能力强的、有抱负的、合格的人才。也许一些传统的管理者会胸有成竹地说：“我们有人才标准，我们建立了能力模型进行人才识别。”但是，这样识别人才的效果越来越差。某大型国企在 10 年前建立了初级的领导力模型，当企业的业务战略发生巨大变化之后，这个领导力模型的许多内容不再适用。因此，更准确地说，管理者需要建立统一、清晰、适应业务战略的人才标准，定期盘点人才队伍

的数量、质量、匹配情况、供需情况等，明确关键人才的界限并建立监控机制。

因此在人才危机的问题上，管理者和 HR 要积极地甄别高潜力的人才并舍得投入资源培养他们。因为高潜力的人才是企业的关键人才，能保持企业的竞争优势。

美国某连锁超市把店经理视为企业的关键人才，缘由是连锁店店经理的管理能力直接决定连锁店的成败和兴衰。该超市的 HR 管理者在长期考核连锁店后发现了一个秘密：一个杰出的店经理比一个业绩最差的店经理创造的年利润额高出 700 万元，比普通的店经理的年利润额高出 300 万元。连锁店的数量越多，优秀的店经理创造的价值更能明显地增加股东的价值。于是该公司的董事会一致要求 HR 管理者和企业管理者甄别高潜力的人才，并想方设法培养杰出的店经理。

很显然，杰出的店经理可以创造出丰厚的利润，是该连锁超市的关键人才。这启发连锁超市的管理者要竭尽全力地发掘高潜力的人才，并将他们培养成为杰出的店经理。

高潜力的人才创造力很强大，是企业利润的主要贡献者，是企业富强的巨大推力。基于此，企业 HR 和管理者应该立即在企业内外发掘高潜力的人才，帮助企业建设起优秀的人才队伍。无疑，这体现了管理者居安思危的人才管理思维，可有效地防范企业人才危机。

8.2 战略式人力资源，为企业提供“新鲜血液”

战略式人力资源管理又称战略性人力资源管理。战略式人力资源成为人力资源行业的发展趋势。

为了更好地了解战略式人力资源管理，我们需要区分 2 组概念。

（1）**“策略”和“战略”这两个概念**。“策略”和“战略”最早是军事领域的术语，策略是指根据形势发展变化而制定的行动方针和斗争方式；战略是指指导战争整体局面的规划或计划，是事关整个战局发展的大政方针和策略。可见，战略的概念高于策略。

（2）**战略式人力资源管理和人力资源战略（规划）管理的概念内涵差别很大**。人力资源战略是企业总体战略的重要组成部分，是企业总体战略的下属概念，它指企业基于对所处的内外环境和条件以及各种相关因素进行全面系统分析，从企业整体利益和发展目标入手，对企业人力资源管理与开发所做出的总体策划。人力资源战略管理就是对人力资源战略以及其规划进行全面的控制、协调、监督、指挥的过程。战略式人力资源管理的内涵很丰富，主要有 4 个方面的内容。

第一，战略性人力资源管理是现代企业的一种全新的管理理念，专家对其概念的定义并不完全相同，但是都强调企业管理者应该把人力资源视为比资金、技术等更珍贵的资源，将其上升为企业发展战略层面，并系统地进行管理。

第二，战略式人力资源管理要求 HR 管理者和企业管理者不仅要具备战略规划管理的知识和技能，而且要拥有很强的决策能力和执行能力。

第三，战略式人力资源是系统化管理人力资源的过程。它强调人力资源的整体性、规划性、方向性、时空性。它要求 HR 管理者基于企业总体发展战略及时地制订出人力资源战略规划，不遗余力地落实人力资源战略规划，全面地监督、控制战略规划，并积极地反馈、修订战略规划。

第四，战略性人力资源管理是人力资源发展的较高阶段。

简言之，战略式人力资源是一种全新的管理理念，将人力资源上升到了企业战略管理的新高度，达到了彻底转变管理职能和角色的目的，从而确立了以可持续发展为目标、以增强核心竞争力为导向的现代企业人力资源管理体系。无疑，它可为企业提供“新鲜血液”。

管理者开展战略式人力资源管理常采用以下3个有效措施，如图8-1所示。

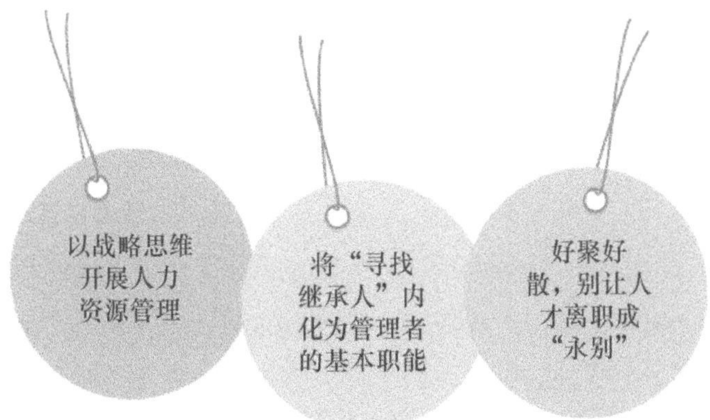

图 8-1 开展战略式人力资源管理的 3 个有效措施

8.2.1 以战略思维开展人力资源管理

俗话说，思维决定高度，思维决定成败，思维决定出路。管理者做人力资源管理的思维往往决定人力资源管理的成效。很多企业不重视人力资源管理，不少企业没有设置人力资源部门。即使设置人力资源部门的企业，其人力资源管理基本上干着打杂的活，与战略扯不上任何关系。人力资源管理要摆脱这种现状，管理者必须改变思维，站在较高的高度上进行人力资源管理。这要求管理者用战略思维开展人力资源管理。

管理者进行战略式人力资源管理，首先要转变思维，使自己具有前瞻性、系统性的战略思维。

那么，如何以战略思维开展人力资源管理呢？这是每一位管理者都在考虑的问题。我经过深入的探究和长期的实践，总结出以战略思维开展人力资源管理需要从两方面进行，即招聘配置、培训开发。

在招聘配置方面，需要分两步进行。

第一步，分析业务部门需要什么样的人才。人力资源管理者在为业务部门配置人员的时候，首先要捋一捋企业的整体战略，清楚现有的人力资源存量对战略达成的好处和弊端，哪些人才是企业需要的，哪些人才是企业不需要的，在用人方面绝不能一味地听从业务部门的。业务部门的招聘需求一般是老总加多少任务，就加多少人，业务部门的领导一般不会让现有的人员完成更多的任务。业务部的一些项目夭折，业务部的领导不会分流为这些项目所配置的人员，但是接到新任务后会立即想办法加人。总而言之，没有人会嫌自己的兵多。为此，人力资源管理者一定要结合企业的整体战略进行招聘配置。

这样进行招聘配置，才算真正做到了以战略思维开展人力资源管理。以战略思维开展人力资源管理，人力资源管理者能为企业招聘配置到有利于企业长远发展的人才、提高企业核心竞争力的人才。

例如，某研发工业机器人的公司，要研发出最先进的机器人产品，离不开技术支持。可以说先进的技术是其最核心的竞争力。那么，该公司的管理者首先需要寻求技术人才，因为这是公司活下去的根本要素。为了活得更好，必须抢占更大的市场。管理者接下来还需要寻找市场营销人才和销售人才。最后，人力资源管理者还要明确企业的战略，是采用差异化战略还是成本战略？研究资料可知，在工业机器人行业中国外的品牌处于领先地位，国内的品牌在技术创新上不占优势，又要抢占市场，同时，国内的工业机器人品牌之间不断地打价格战。因此，国内的工业机器人企业要想持续发展，适合采用成本战略。这要求工业机器人的整个供应链环环相扣，并且所有环节低成本高效运作，采用整体协作的方法将成本降到最低。

该公司开展人力资源管理，既考虑到了企业眼前的生存，又考虑到了企业未来的发展。这无不体现了该企业的管理者以战略思维开展人力资源管理。

可见，人力资源管理者以战略思维开展人力资源管理离不开掌握企业的整体战略，离不开与用人部门深度交流，从而可清楚业务部需要什么样的人才，什么时候要人，进而为企业招聘到推动企业持续发展的人才。

第二步，分析业务部门什么时候要人。人力资源管理者明白企业需要什么样的人才固然重要，但是明白何时用人更加重要。因为过早地引进人才，会让人才找不到用武之地，甚至在闲散中耗尽斗志；反之，会招不到匹配的人才，还会让企业错过发展的最佳时机。可见，人力资源管理者把握引进人才的时机十分重要。这要求人力资源管理者具有战略思维，不仅知道企业现在需要什么人才，而且能科学地预测企业未来某时需要什么人才，从而用前瞻性、系统性的思维开展人力资源管理。

在培训开发方面，需要把握两个点：一是上端，即培训需求的调查；二是下端，即培训结果评价。其中，上端直接影响培训开发的成效，尤为重要。这里我们主要讨论上端，即培训需求调查。过去，人力资源管理者以一般的思维做培训需求调查，先通知各部门的文员来领取培训需求调查表，让其根据此表询问部门同事的培训需求，并汇总在此表中，请领导审批，最后，请文员将此汇总表交回人力资源部。人力资源管理者再重复一遍文员的工作，最后仅仅比文员多做一项财务预算而已。

如果人力资源管理者用战略思维开展培训需求调查工作，效果会大不一样。我们以上文提到的工业机器人企业为例。工业机器人的企业战略关键要素是技术创新、市场扩展、成本领先。因此，企业在培训开发方面只需要以这3个要素为中心就可做到纲举目张。如果企业战略收缩了，那么对应的工作方向也随之收缩；反之，企业战略扩张了，那么对应的工作方向也随之扩张。另外，人力资源管理者需要向业务部门管理者咨询4个重要问题：**(1)业务部门在职能战略上的目标；(2)面临的问题；(3)年度培训的期望；(4)通过培训想实现什么样的目标。**最后，人力资源管理者离不开与员工交流，因为员工才是培训的主体。这样人力资源管理者方可制订系统性、前瞻性的培训开发计划，从而获得突出的人才培训效果。

管理者坚持以战略思维开展人力资源管理，可以在合适的时间为企业引进合适的人才，从而为企业人才队伍不断注入“新鲜血液”。

8.2.2 建立一套合理的继承人制度

俗话说，一山不容二虎。但是群龙也不能无首。从企业人才管理角度而言，企业不能一日无主。企业领导也是人，不会永远陪着企业，总有一天会去世。如果企业领导者意外去世，难免会造成企业一时群龙无首的混乱，甚至会给企业发展埋下隐患。

山西海鑫钢铁集团的掌门人李海仓当年遭遇枪击身亡，使海鑫钢铁集团一时群龙无首。而李海仓生前并没有指定继承者。董事会在仓促之下任命其年仅22岁的正在海外上学的儿子李兆会为掌门人。李兆会觉得自己年轻没有资历，挑不起海鑫钢铁集团掌门人的重担，不愿意挑此重任。但是，迫于海鑫集团一时找不到合适的继承人，李兆会硬着头皮接过海鑫钢铁集团的接力棒。然而，11年之后，李兆会领导的海鑫钢铁集团便走上了破产的不归路。

究其根源，创始人没有建立起一套合理的继承人制度，没有把“寻找继承人”作为管理者的基本职能。同时，这也表明领导人突然去世是企业发展的巨大风险。因此，人力资源管理应该把企业领导人的意外死亡纳入到企业风险管理之中。应对此风险的有效方法就是将“寻找继承人”内化为管理者的基本职能。也就是说，只要企业发展一天，管理者就一天不能停止寻找、培养企业的继承人。

寻找继承人对企业的人力资源管理具有深远意义。管理者重视寻找继承人，可以避免企业因找不到合适的接班人而衰落。据调查研究所知，未来十年，我国大部分民营企业面临找不到继承人的危机。管理者时刻帮助企业寻找继承人，还可以避免人力资源管理被人才要挟。某公司制造部杜经理对本年度的考核成绩很不满，在周一的主管会议上向人力资源高经理公开提出一个要求——“不加薪，就跳槽”。高经理把此事向董事会做了汇报。他说：“如果我们一口回绝了杜经理的要求，那么杜经理会挂冠求去，公司会出现一个严重空缺的职位。”方总经理也说：“寻找、培养一个能代替杜经理的人，是一件既浪费时间又吃力的事情，至少数月，还会影响公司的正常生产。”人力资源袁总经理说：“如果我们答应杜经理的要求，那么杜经理以后还会以此加薪。这会让管理屈服于威胁，为日后的人力资源管理留下隐患。”可见，管理者不重视寻找继承人，会导致人力资源管理被不忠于企业的人才牵着鼻子走，会造成企业关键职位人才短缺。因此，“寻找继承人”对企业的人力资源管理很重要。

有远见的企业管理者往往将“寻找继承人”内化为管理者的基本职能，可实现基业长青。

百事可乐从 20 世纪 90 年代开始，其首席执行官就需要花 1/3 的工作时间在公司内部寻找数位有潜力的人并把他们培养成继承人。如今，百事可乐成长为百年企业，并获得了持续发展。

这启示我们的企业家、管理者将“寻找继承人”内化为管理者的基本职能，从而促进企业持续发展。管理者将“寻找继承人”视为主要的管理内容、内化为基本的管理职能，可以避免企业关键职位人才短缺。我经过长期的研究和实践，总结出使用此方法需要把握 3 个关键点。

第一，要趁早。2016 年 2 月，在亚布力企业家论坛年会上，马云谈了有关寻找继承人的看法，他说，寻找企业的继承人有两个要点，其中一个要点就是非常重视，及早考虑，就像生孩子一样，要趁着年轻、精力旺盛的时候进行。雀巢总裁包必达上任的第一天就开始着手培养继承人，把寻找继承人完全当作总裁的基本管理职能。日本知名的咨询公司 TOMA 集团，传承了五代，拥有 123 年的历史。其继任者从继承人幼时就开始培养。第五代继承人藤间秋男上幼儿园的时候就经常被父母带到公司，上中学时就开始接触公司事务，这些体验培养了他对会计、法务的兴趣，这恰恰是公司的主要业务。这让他顺利成为 TOMA 集团的社长，即第五代继任者。

第二，要善于选择、培养、锻炼人才。尤其要善于锻炼人才，给其创造必要的工作机会和充分磨炼的舞台，促使其早日成才。

第三，要有完善的继承人培养管理制度。选择什么样的人并不是最重要的，用什么样的制度选人才是最重要的。

没有哪个企业家不想基业长青，这离不开合适的继承人。企业获得合适的继承人不仅能保持稳定持续发展，而且能绝处逢生。因此，企业家、管理者要重视寻找“继承人”，最好将寻找“继承人”内化为管理者的基本职能。

8.2.3 好聚好散，做好离职人才管理

作为管理者一定要重视人才离职，并做好人才离职管理。随着人才离职周期缩短，人力资源管理者和企业管理者会处理越来越多的人才离职事务。也许你遇到人才离职会很生气，认为其极不负责、不够忠诚，但是愤怒只会让事情更加复杂。所以，管理者面对人才离职最好遵循好聚好散的原则，别让人才离职成为“永别”。

好聚好散会让企业多一个粉丝，即员工被雇主的包容大度所感动，即使离开老东家也绝不会怨恨老东家，反而会在新同事面前炫耀自己碰上了一个大度的老板，甚至会主动地推荐老东家的品牌。随着人才竞争不断加剧，人才在社交网络中话语权增大，我们建议管理者一定要处理好人才离职问题，遵循好聚好散的原则，可以有效减少离职员工在社交网络上抱怨老东家的事件。那么，管理者如何与人才好聚好散呢？管理者与离职的人才好聚好散需要解决好 4 个问题。

第一，让谁来通知员工？通知者不是企业高管、HR，而是离职员工的直属经理。理由是员工更加信任直属经理，更易接受直属经理的决定。

第二，什么时候告诉员工？为了方便员工找新工作，我们建议管理者最好周一告诉员工。这样员工完全有可能在接下来的 4 天内找到新工作。同时，这样可以降低离职对员工带来的焦躁不安。

第三，在什么地方与员工谈论离职的事情？毕竟员工离职并不是什么光彩的事情，不愿意被更多的同事听到。所以，管理者不要在办公室里与员工谈离职的事情，最好在空置的办公室或者闲置的会议室。这既保护了离职员工的尊严，又可避免影响整个团队的工作氛围。

第四，用什么样的方式通知员工？管理者最好采用面对面、一对一的通知方式告知员工离职消息。这可以让离职员工感受到公司对此事的重视和对自己的尊重。

管理者与主动离职的员工好聚好散，需要遵循两个步骤。

第一，亲切地询问员工离职的原因，并礼节性地挽留。这可以让离职员工进一步肯定管理者对企业的价值。

第二，严格按照劳动合同办理员工离职交接手续，结算清楚员工的工资和奖金，确保员工在企业的最后利益。有的管理者主动提出为离职员工暂时代缴社保，甚至为优异的人才举行欢送会。这可使企业在离职员工心中留下包容、关怀的好印象，也给企业留下了潜在的商机，比如离职员工成长了、创业了，可与公司重新合作。

管理者以好聚好散为原则处理人才离职，可以避免人才心怀怨恨离开企业，甚至在社交网站上说企业的坏话。一旦离职的员工在社交网站上说企业的坏话（但是真话），迄今为止没有哪个企业能安然无恙的，有的企业高管被迫离职，有的企业品牌受损，有的企业惹上了官司。管理者以好聚好散为原则处理人才离职，还可以让离职员工成为企业品牌的终身传播者。对于人才来说，离职是一件大事，往往会被家人、朋友问起。如果员工没有一点怨言跟家人、朋友谈离职的事情，就是变相地宣传企业的品牌。可见，好的人才离职管理可以让人才对企业心怀感恩，即使不说企业的好话，至少不会说企业的任何坏话。无疑，这有利于维护企业品牌形象，甚至可以促进企业品牌传播。

总而言之，既然缘分已尽，无论是雇主还是雇员苦苦纠缠已经于事无补，好聚好散才是上上之策。好聚好散可以使人才离职这件事变得更加简单，可以避免人才与管理者剑拔弩张，可以让人才离职不再成为“永别”。

8.3 双重传承，让企业在“风雨飘摇”中坚定不移

企业在追逐百年企业梦想的过程中会经历狂风暴雨的历练，任何一家企业都想在风雨中屹立不倒，都想坚持到太阳出来。这需要管理者采取一定的应对“风雨”的策略。**让企业在“风雨飘摇”中坚定不移，管理者可以采取两大策略（图 8-2）：一是能力传承，内部“传帮带”复制优秀人才；二是文化传承，坚持愿景和使命为人才指引方向**。这也是我们所说的“双重传承”，可以为企业塑造合适的、优秀的人才，进而增强企业的竞争力、抵抗力。

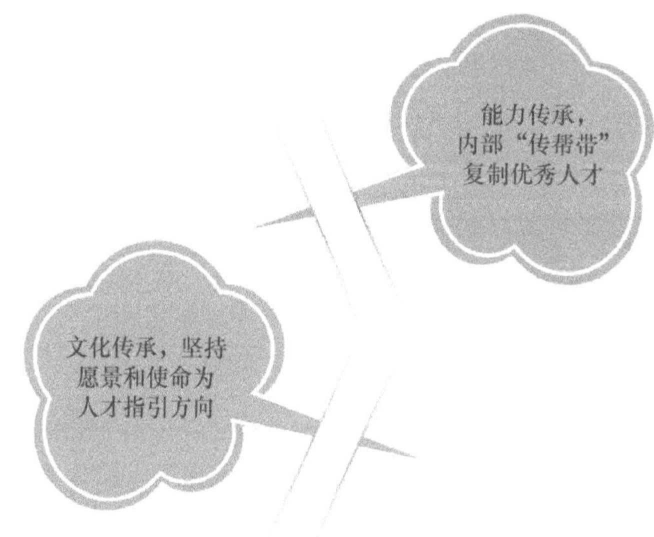

图 8-2 管理者保持企业在“风雨飘摇”中坚定不移可以采取的两大策略

8.3.1 能力传承，内部“传帮带”复制优秀人才

优秀人才、骨干人才是企业发展的巨大动力。企业需要成批的优秀人才，而事实上不少企业的优秀人才缺口很大，在短期内很难补起来。然而，优秀人才的培养不可能一蹴而就，往往需要漫长的时间。所以，管理者采用普通的人才培养方法在短期内无法让人才的技能达到优秀的程度，也无法培养出众多的优秀人才来支持企业快速发展。

与此同时，企业内部的顶尖人才的技能得不到传承。顶尖人才的技能已达到了炉火纯青的境界，伴随着他们离职、退休，这种技能有可能失传。这对于企业和技能精湛的人才而言，是一种莫大的损失。而且，一旦企业失去这些技能精湛的人才，有可能再也找不到技能如此超群的人才，这必然会降低企业的竞争力。因此，管理者一定要重视企业优秀人才的能力传承，最有效的方法就是提倡能力传承，采取的主要措施是内部“传帮带”复制优秀的人才。

像 IBM、华为这样以技术为驱动的企业，优秀人才能力传承对它们尤为重要，因为优秀人才能力传承直接决定企业的竞争力。技术驱动的企业复制优秀人才的核心是技能传承。某汽车公司经过实践证明“传帮带”是最有效的培养优秀人才的方法。该企业通过技能顶尖的老工程师“手把手”教新人、“一帮一”带新人，希望更快地提升新人的技能，从而将新人复制成优秀的工程师。事实证明，一个新的工程师的工作态度往往与其导师类似，即工作态度认真的导师往往能带出工作态度认真的徒弟；技能精湛的老工程师往往能带出技能优秀的工程师。因此，管理者让具有顶尖技能的老工程师“传帮带”新人，可以帮助企业快速地复制出优秀的工程师人才。

同样，企业培养管理人才也可以采用内部“传帮带”复制优秀人才。

海底捞培养管理人才采用了内部“传帮带”措施，培养出了许多管理人才。

海底捞严格考核管理者培养人才的能力。这使管理者很重视对每一位人才的培养，从而培养出了成千上万名管理人才。在小区经理的培养方面，采用“传帮带”的方式，让店长当小区经理的师傅，向小区经理传授管理经验、企业文化和服务品质。海底捞的店长和小区经理就是师徒关系。这种关系有效地传承了企业文化，促进了管理人才的快速成长。

海底捞之所以如此成功，在于海底捞的CEO重视培养管理人才，努力将每一位人才培养成了管理人才。

“传帮带”复制优秀人才有6个步骤：**(1)找到优秀的人才作为导师；(2)让导师做给员工看；(3)让员工做给导师看；(4)导师再做给员工看；(5)让员工做给大家看；(6)让员工看自个做的。**

企业发展离不开管理能力超群的高管和具有工匠精神的技能大师。他们是企业的核心资源，是企业发展的不竭动力。一家企业要富强离不开这样的人才，一家企业要快速持续发展需要将顶尖人才的能力传承给新人。而内部“传帮带”是能力传承最有效的措施，它发挥了优秀人才的榜样作用、教练作用，可快速帮助企业复制出批量的优秀人才，从而实现企业的“星火代代相传”。

8.3.2 文化传承，坚守愿景和使命为人才指引方向

俗话说，十年企业靠机会，百年企业靠文化。文化对企业持续发展的重要性不言而喻。因此，管理者不仅要建设企业文化，更要不遗余力地进行文化传承。

文化是企业的灵魂，是企业不可或缺的组成部分。纵观那些持续发展的企业，哪个没有深厚的企业文化？驰名海内外的老药铺同仁堂重视“以人为本，开拓创新”的文化传承，实现了300年的基业。海尔重视“创业精神、创新精神”的文化传承，成长为闻名全球的中国企业。阿里巴巴重视“客户

第一”的文化传承，获得了全球的客户，曾获得“2015 年全球最佳零售商”荣誉称号，成为全球第二大网络公司。这些企业因为重视文化传承获得了持续发展。

实践表明，企业文化是企业的核心竞争力，是企业可持续发展的不竭动力。独特的企业文化是企业的独特竞争力，任何对手都难以复制它。无疑，企业要实现基业长青，进行文化传承至关重要。

文化传承与企业的人才培养相关。文化传承是培养新人才的起点，是塑造优秀人才的有效工具。文化传承在企业人才管理方面的作用也越来越明显。尤其是企业的愿景和使命对人才的发展有指引作用。因此，管理者在进行文化传承的过程中须着重坚守企业愿景和使命，这可让人才在企业找到明确的奋斗方向，不再迷茫，死心塌地地为企业做贡献。

愿景、使命是企业文化的重要组成部分。愿景指一家企业的前景和发展方向高度概括的描述。通常由企业对未来的展望和企业的核心理念组成。愿景是一幅前景，是可促使企业的团队成员前进的理想。

阿里巴巴的愿景是“分享数据的第一平台”“幸福指数最高的企业”“活 102 年”，即阿里巴巴希望成为首家为客户提供免费数据的企业，希望成为一家让员工幸福的企业，更希望成长为“102 岁”横跨 3 个世纪的百年企业。无疑，这可使人才扎根于阿里巴巴，为阿里巴巴的愿景持续奋斗，对阿里巴巴的发展充满信心。

企业使命为企业确立了一个经营的基本指导思想、原则、方向、经营哲学等，是企业实现长远目标必须承担的责任。

美国的电脑科技公司微软的使命是“让每个家庭和办工桌上都有一台电脑”，这个使命指引比尔 · 盖茨和他的团队成员不断努力，如今微软基本实现了这一使命，并成为了全球最大的电脑软件提供商。

迪士尼以“让世界更加快乐”为使命，让迪士尼员工心甘情愿为客户开心、企业发展付出全部精力。

总而言之，企业文化中的愿景、使命具有增强企业凝聚力和向心力的作用。愿景、使命，在内要得到团队成员认同，在外要体现企业的特色。如此，愿景和使命才能凝聚人心，增强团队向心力，提升企业竞争力。

那么企业如何进行文化传承呢？企业进行文化传承需要把握2个关键点：**一是要让人才认同企业使命，二是要让人才愿意为企业愿景奋斗**。这要求管理者首先要坚守愿景和使命，方可让人才接受企业的愿景和使命，并以愿景和使命为奋斗方向，进而使企业实现文化传承。管理者只有坚持不懈地进行企业文化传承，企业才有生生不息的无限可能。

只有管理者不折不扣地坚守企业的愿景和使命，以此选择并聚集合适的人才，企业文化才能在一代又一代的人才中传承下去，从而形成企业的核心竞争力，成为企业持续发展的恒久动力。

www.ingramcontent.com/pod-product-compliance
Ingram Content Group UK Ltd.
Pitfield, Milton Keynes, MK11 3LW, UK
UKHW062004290726
14090UKWH00022B/1379